DAS KREUZSTICH-BUCH

DAS KREUZSTICH-BUCH

DOROTHY WOOD

Fotografiert von Lucy Mason

BECHTERMÜNZ VERLAG

Originaltitel: The Ultimate Cross Stitch Companion
Originalverlag: Lorenz Books, an imprint of
Anness Publishing Limited

Zusätzliche Bilder des Buches wurden mit freundlicher
Genehmigung der folgenden Institutionen reproduziert:
Bridgeman Art Library, London (Seite 8), Embroiderers' Guild
(Seiten 11 und 12 links oben), Visual Arts Library, London (Seite 9
oben links), Witney Antiques, Oxfordshire (Seiten 9 rechts,
10, 12 rechts, 13 außer unten rechts).

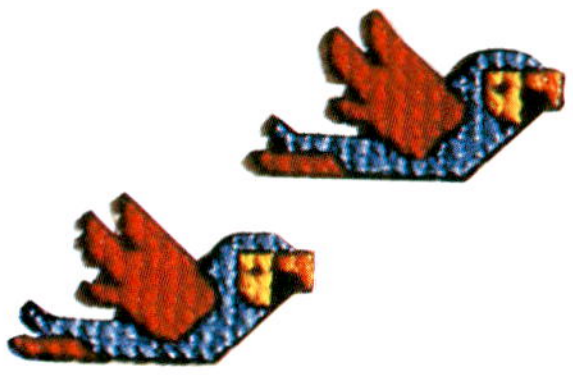

Deutsche Erstausgabe

Aus dem Englischen von Erica Mertens-Feldbausch
Fotografien: Lucy Mason
Kreuzstichvorlagen: Ethan Danielson
Gesamtherstellung: Mohndruck Graphische Betriebe GmbH, Gütersloh
Printed in Germany
ISBN 3-86047-430-8

INHALT

EINFÜHRUNG

Das Sticken ist, wie viele andere althergebrachte Freizeitbeschäftigungen, derzeit wieder im Kommen. Besonders mühelos zu erlernen und lohnend ist der Kreuzstich – eine Stickart, bei der es einzig auf Sauberkeit und Akkuratesse ankommt, und die sich für schlichte und aufwendige Muster gleichermaßen eignet.

Für Kreuzstickereien verwendet man zumeist gleichmäßig gewebte Stoffe, auf denen die Stiche akkurat ausfallen. Am einfachsten zu verarbeiten ist Aida-Stoff, bei dem mehrere Fäden zu Gewebekästchen zusammengefaßt sind, die das Sticken erleichtern. Neben dem bei Anfängern und Fortgeschrittenen gleichermaßen beliebten Aida-Stoff sind aber auch andere Stoffe in Leinenbindung mittlerweile wieder gefragt. Das Besticken solcher Stoffe erscheint auf den ersten Blick zwar mühsamer, doch an das Abzählen von Fäden gewöhnt man sich rasch, und das ansprechende Resultat ist das Mehr an Mühe durchaus wert.

Bei vielen Stickereien in diesem Buch wird mit dem altbewährten Sticktwist gearbeitet, aber auch andere Stickgarne wie beispielsweise Perl- und Blumengarn wirken ausgesprochen effektvoll. Zu jedem Modell gibt es eine leicht verständliche Arbeitsanleitung, und die nützlichen Hinweise in den Abschnitten über Grundstiche, Techniken und dergleichen mehr bieten Hilfestellung bei allen Fragen der Kreuzstickerei.

Kompliziertere Projekte werden zusätzlich durch übersichtliche Schritt-für-Schritt-Fotos erläutert. Und wenn es darum geht, die fertige Stickarbeit optimal zur Geltung zu bringen, können Sie sich beim Fertigstellen überdies noch in der Kunst des Nähens, Malens und einfacher Holzarbeiten üben.

Die Geschichte des Kreuzstiches

Die Römer bezeichneten die Kunst des Stickens als »Malen mit der Nadel«. Ihren eigentlichen Namen aber erhielt die Stickerei, diese uralte, seit über 2000 Jahren bekannte Handwerkskunst, von den Babyloniern.

Gegen Ende des 19. und zu Beginn des 20. Jahrhunderts wurde in Ägypten und entlang der alten Handelswege eine Vielzahl antiker Gräber und Grabstätten freigelegt. Im Zuge dieser Ausgrabungen förderte man unter anderem zahlreiche bestickte Stofffragmente zutage, die aber zumeist zerfielen, nachdem sie mit der Luft in Berührung gekommen waren.

Aus der Zeit vor dem 12. Jahrhundert sind nur sehr wenige Stickereien erhalten geblieben. Anhand von Wandmalereien, Plastiken und Schmuckstücken, von kolorierten Handschriften und Gemälden weiß man jedoch, daß man auch damals schon eine Fülle von Stickereien in Kreuzstich und anderen Techniken angefertigt hatte.

Der Kreuzstich, ursprünglich nichts anderes als eine praktische Methode, Tierhäute mit Schnüren aus Leder oder Darm fest miteinander zu verbinden, entwickelte sich im Laufe der Zeit zu einer farbenfrohen und überaus dekorativen Handarbeit. In nahezu allen Kulturen findet sich die Kreuzstickerei in der einen oder anderen Form als Dekoration und Verzierung für Kleidung und Gebrauchsgegenstände. Überdies zierten aufwendige Kreuzstickereien und andere Varianten der Stickkunst Zeremoniengegenstände, Embleme und Insignien und spiegelten Gedankengut, Ideen und Glauben der Menschen wider. Die einzelnen Länder oder Regionen entwickelten ihre eigenen, unverwechselbaren Farbkombinationen und Muster und hatten für Kreuzstickereien ihre ganz speziellen, vielfältigen Verwendungszwecke.

Mittel- und Fernost

Typisch für die Nomadenstämme Indiens und Pakistans sind die kunstvoll gearbeiteten, vielfarbigen und dekorativen Trage- und Hängetaschen für die Aufbewahrung und den Transport ihrer Habseligkeiten. Diese wunderschönen Behältnisse sind raffiniert angefertigt und haben viele Geheimfächer. In Westpakistan und Thailand verziert man üblicherweise Passen und Sättel von Kleidungsstücken mit Kreuzstich; gestickt wird dabei nach altem Brauch mit dunkelrotem und rosafarbenem Garn auf schwarzem Grund.

Seit eh und je hoch geschätzt sind chinesische Stickereien, doch ob die Kreuzstickerei ursprünglich aus China stammt oder über die alten Handelswege aus Persien, Griechenland und Ägypten kam, ist nicht eindeutig geklärt. Zweifellos aber ist die Verbreitung der Kreuzstickerei über den europäischen Kontinent nicht zuletzt der historischen Seidenstraße zu verdanken.

Einander ähnelnde, traditionelle Muster wie beispielsweise das Gittermuster, finden sich in einer Vielzahl von Ländern, die geographisch weit entfernt voneinander liegen. Naturgemäß ist es deshalb schwierig, den eigentlichen Ursprung vieler altüberlieferter

LINKS: Zwei nähende Frauen. Darstellung in einer französischen Handschrift des frühen 14. Jahrhunderts.

OBEN: Im 18. Jahrhundert verbrachten Frauen viel Zeit damit, Hauswäsche anzufertigen und auszubessern. Rechts: Musterstreifen mit Bordürenmustern und Buchstaben. An der Stellung der beiden Tiere ist zu erkennen, daß das Musterband auf dem Knie liegend bestickt wurde. (Whitney Antiques)

Motive aufzuspüren. Aber es ist faszinierend zu vergleichen, wie unterschiedlich dieses und jenes Thema in der für die einzelnen Länder charakteristischen, einheimischen Stickkunst interpretiert und dargestellt wird – Länder, die einander so fern sind wie beispielsweise Spanien und China.

WESTEUROPA

Seit dem Mittelalter bildete die Kunst des Stickens ein bedeutsames dekoratives Element in Kirchen und den Wohnsitzen des Adels, und zwischen dem 12. und 14. Jahrhundert war englische Paramentenstickerei in ganz Europa ein Begriff. Die ersten Stickarbeiten stammten zumeist von einschlägigen Handwerksgilden oder kamen aus Klöstern. Fadengebundene Stickerei gewann jedoch erst seit Anfang des 16. Jahrhunderts mehr und mehr an Beliebtheit.

STICKEN AUF GITTERLEINEN (STRAMIN)

Mit zunehmendem Wohlstand wuchs auch die Nachfrage nach kunstvoll verzierten Kleidern, Einrichtungs- und Gebrauchsgegenständen als sichtbarem Ausdruck neu erworbenen Reichtums. Ein Großteil der Stickarbeiten kam zwar nach wie vor aus einschlägigen Werkstätten, doch mit der Zeit versuchten sich Angehörige aller Gesellschaftsschichten in der Kunst des Stickens. Von nun an war so manches europäische Landhaus mit gestickten Gebrauchs- und Einrichtungsgegenständen vollgestopft.

Gobelins nachempfundene Stuhlbezüge, Bettdecken und Vorhänge, Wandbilder und sogar Teppiche stickte man in Gobelinstich auf Stramin oder Leinen. Sehr populär wurden auch Stickbilder, und als besonders vornehm galten Bücher in besticktem Einband, die man zur Schonung in gleichfalls bestickten Leinensäckchen aufbewahrte.

MUSTERTÜCHER

Ursprünglich waren Mustertücher nichts anderes als lange Leinenstreifen mit einer Zusammenstellung gängiger Stickstiche und -muster. Sie dienten als Stickvorlagen und wurden zusammengerollt im Nähkasten aufgehoben. Später kamen Alphabete und Zahlenreihen hinzu, und nicht selten dienten diese Streifen als Lernhilfe für Kleinkinder.

Mit der Zeit wandelte sich der Leinenstreifen zum Viererecktuch, wies häufig ein Bordürenmuster auf und wurde zum dekorativen Stickbild. Im 18. und 19. Jahrhundert gehörte das Anfertigen von wenigstens einem Mustertuch zu den Pflichtübungen junger Mädchen. Aus Armenschulen und Waisenhäusern stammende Mustertücher waren grundsätzlich einfarbig rot bestickt und von Mädchen angefertigt worden, die Kammerzofe werden wollten. Mustertücher aus dieser Epoche wiesen in der Regel fromme oder erbauliche Texte und Bilder auf. Bibelsprüche, Psalmen und Hymnen waren ebenso beliebt wie Darstellungen von Adam und Eva oder eines Lebensbaumes.

Im Laufe der Jahre schwand die Vielfalt der auf den Mustertüchern festgehaltenen Stickstiche, bis Ende des 18. Jahrhunderts schließlich der Kreuzstich im Vordergrund stand. Motive wie Bäume, Vögel, Schmetterlinge und andere Tiere gewannen zunehmend an Popularität, und schließlich kamen, wie bereits erwähnt, Buchstaben und Zahlen hinzu.

UNTEN: Mit Seidenfaden auf Woll-Etamin gestickt, weist dieses Mustertuch von 1806 Alphabete, Bordürenmuster und einen frommen Spruch auf; dazu Motive wie Schmetterlinge und Blumen aus einem englischen Garten. (Whitney Antiques)

OBEN: Dieses bezaubernde, von der 11jährigen Ann Rumgay mit bunten Wollfäden gestickte Mustertuch zeigt Alphabete, Zahlen und bordürenartig angeordnete kleine Motive.(Whitney Antiques)

INDUSTRIELLE REVOLUTION

Mit der im 18. Jahrhundert einsetzenden Industriellen Revolution veränderte sich die Lebensweise vieler Menschen in Großbritannien. Anfangs, als die Leute vom Lande in die Städte zogen, um sich in den neuen Textilfabriken zu verdingen, hatten sie mit vielerlei Mühsal zu kämpfen. Doch dann, mit steigendem Lebensstandard, konnten sich die Frauen der neu entstandenen Mittelschicht Haushaltshilfen leisten und ihre Freizeit mit Handarbeiten verbringen – einer Beschäftigung, die ursprünglich Privileg wohlhabender Damen gewesen war. Mit viel Unbefangenheit, Phantasie und schlichten Sticktechniken entstanden Bezüge für Stuhlsitze und Fußschemel, Kaminschirme und kunstvoll gearbeitete Vorhangschabracken, Hüllen für Gebetbücher und Behältnisse für Taschenuhren und Zigarren.

WOLLSTICKEREI

Die Wollstickerei kam im frühen 19. Jahrhundert in Mode. Für diese aus Deutschland stammende Sticktechnik verwendete man Stramin, auf den das Muster aufgedruckt war. Im viktorianischen Zeitalter weithin verbreitet, stellte die Wollstickerei zwar nicht unbedingt eine Bereicherung der Stickkunst dar, verhalf aber dem ursprünglichen Zweck des Mustertuches zu neuer Geltung. Charakteristische Wollstickmuster wurden auf Leinenreste gestickt oder als Einzelmotive zusammengetragen und in Form dekorativer Bordüren verarbeitet.

STICKEREI IM WANDEL DER ZEIT

Nach der Großen Ausstellung von 1851 begann sich der Geschmack in Sachen Stickarbeiten zu verändern. Wollstickerei galt nun als kitschig, phantasielos und langweilig, und mit der Zeit entstanden Gruppen, die es sich zum Ziel gesetzt hatten, die künstlerische und handwerkliche Qualität der Stickkunst zu vervollkommnen. Man beauftragte Architekten und Designer wie beispielsweise G.F. Bradley und William Morris mit dem Entwurf von Stickarbeiten, die dann von Vereinigungen wie die Ladies' Ecclesiastical Embroidery Society und die Royal School of Art Needlework ausgeführt wurden. Die Royal School of Needlework, wie sie heute heißt, wurde 1872 gegründet. Sie bot jungen Damen der Gesellschaft Gelegenheit, sich Fertigkeiten im Nähen und Sticken anzueignen, und erklärtes Ziel war es, die Kunst des Stickens zu verfeinern. Innerhalb kurzer Zeit sehr bekannt, motivierte diese Schule zur Gründung ähnlicher Institutionen in anderen größeren Städten Großbritanniens. Eine der einflußreichsten Schulen dieser Art war die Glasgow School, deren Arbeit weitgehend von dem schottischen Kunstgewerbe-Designer Charles Rennie Mackintosh geprägt war. Anläßlich der Einhundertjahr-Ausstellung von 1876 inspirierten einige Schaustücke der Royal School of Needlework zwei einflußreiche amerikanische Designer zur Gründung der Society for Decorative Arts in New York. Damit gaben sie den Anstoß zur Neubelebung und Vervollkommnung von vielerlei Formen des Kunstgewerbes - zu einem Trend, der sich quer durch die Vereinigten Staaten bemerkbar machte.

OBEN: Ein Beispiel aufwendiger Wollstickerei.

KREUZSTICHARBEITEN

Häkeln, Stricken und Sticken waren in den zwanziger und dreißiger Jahren nach wie vor die von Frauen bevorzugten Freizeitbeschäftigungen. Fertigpackungen für Kreuzsticharbeiten waren sehr gefragt, und häufig fanden sich in Zeitschriften kostenlose Stickvorlagen.

Nach dem Zweiten Weltkrieg änderte sich der Geschmack von Grund auf, und an die Stelle kunstvoller Stickereien trat nun ein eher nüchterner skandinavischer Stil. Zunehmend populär wurden nun geometrische Kreuzstichmuster und Hardangerstickerei.

DIE ZUNFT DER STICKERINNEN

Ihre hohe Qualität und ihren Facettenreichtum verdankt die moderne Stickerei nicht zuletzt der 1920 gegründeten Embroiderers' Guild, einer Art Zunft oder Innung der Stickerinnen. Louisa Pesel, erste Präsidentin dieser Vereinigung, ermunterte ihre Mitglieder, sich in Museen nach historischen und ethnischen Quellen umzusehen. Und als das Reisen in fremde Länder zunehmend einfacher wurde, ließen sich die Stickerinnen insbesondere in Asien und Europa von der einheimischen Stickkunst inspirieren. Basis dieser Folklore-Stickarbeiten waren schlichte, althergebrachte Stiche wie Kreuzstich, Kettenstich und Holbeinstich. Im Laufe der sechziger Jahre kam Kunstgewerbe wieder in Mode, und vor allem ethnische Stickereien waren sehr begehrt.

Bedauerlicherweise wird der Handarbeitsunterricht an den Schulen immer mehr zum Stiefkind, aber die meisten Menschen verfügen heute über mehr Freizeit als je zuvor. Kreuzstickerei ist eine ebenso unkomplizierte wie lohnende Freizeitbeschäftigung – ein Hobby, das in den letzten 20 Jahren immer beliebter geworden ist und mit immer neuen Stoffen und Garnen reichlich Abwechslung bietet.

OBEN LINKS: Reste von bestickten Gewändern aus Mytilene in Griechenland (spätes 18. Jahrhundert).
OBEN: Dieses Mustertuch aus dem Jahre 1667 zeigt eine ungeheure Vielfalt an Stichen sowie Motive wie beispielsweise »Boxer-Köpfe« mit Haaren aus ausgezupften Seidenfäden. (Whitney Antiques)
LINKS: Kreuzstickerei aus der Region Kaukasien/Nordwest-Persien (18. Jahrhundert).

OBEN LINKS: Dieses seidene Mustertuch – eine ungewöhnliche englische Darstellung der Kreuzigung – wurde 1824 von Caroline Spring gestickt. (Whitney Antiques)
OBEN RECHTS: Malerisches, von Elizabeth Ross 1837 mit Seiden- und Florettgarn gesticktes Mustertuch. Vögel, Blumen und Häuser waren beliebte Motive. (Whitney Antiques)
OBEN: Gestickt wurde diese Tischwäsche - ein Hochzeitsgeschenk – Ende der 40er Jahre in England.
Links: Mustertuch in sehr plastisch wirkender Wollstickerei aus dem Jahre 1850. (Whitney Antiques)

Stickgarne

Sticktwist dürfte das für Kreuzstickerei populärste und vielseitigste Garn sein. Daneben steht aber noch eine bunte Palette anderer Stickgarne zur Verfügung. Perlgarn läßt hübsche, erhabene Stiche entstehen, und Tapisseriewolle – auf Stramin mit 28 oder 32 Stich/10 cm verarbeitet – wirkt solide und rustikal. Neben anderen bekannten Garnen wie Mattstickgarn oder Vierfachgarn werden für die Projekte in diesem Buch auch neuere Garne verwendet, wie beispielsweise seidiges Effektgarn oder das rustikal wirkende Blumengarn (Nordin), das geradezu ideal für das Besticken von Leinen ist. Und auf dem Markt erscheinen ständig neue Produkte. Halten Sie auch Ausschau nach Blumengarn, das mit gedämpften Naturfarben eingefärbt ist, und nach speziellen, für die Kreuzstickerei hergestellten Metallgarnen.

TAPISSERIEWOLLE

Seit eh und je für Petit-point-Stickerei benutzt, eignet sich Tapisseriewolle auch für allerlei Kreuzsticharbeiten. Normalerweise wird sie für die Anfertigung von strapazierfähigen Kissenhüllen sowie von Schemel- und Stuhlbezügen auf grobem Stramin (28 Stich/10 cm) verstickt.

PERLGARN

Dieses perlenartig schimmernde, gedrehte Garn ist in über 300 Farben und unterschiedlichen Stärken auf dem Markt. Perlgarn ergibt auf einer Vielzahl von Stoffen leicht erhabene Strukturen.

BLUMENGARN (NORDIN)

Für Zählstoffe sehr zu empfehlen ist das rustikale, auch als Nordin bezeichnete Blumengarn. In seiner Dicke entspricht das einfädige Garn etwa zwei bis drei Sticktwistfäden; es ist durchgehend einfarbig, aber auch teilgefärbt erhältlich.

STICKTWIST

Beliebtestes Stickgarn ist der in über 400 Farbtönen lieferbare Sticktwist. Das vielseitige Garn läßt sich in sechs Einzelfäden teilen. Einzelfäden unterschiedlicher Farben ergeben – zu einem Stickfaden zusammengefaßt – interessante Farbeffekte.

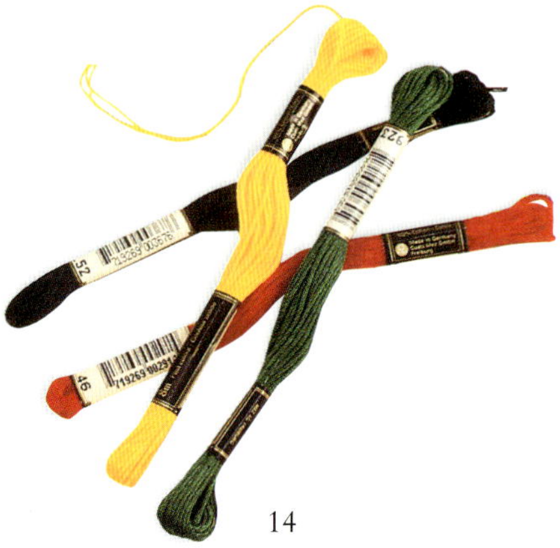

EFFEKTGARN

Glänzendes Effektgarn aus Rayon oder Viskose schimmert wie kostbare Seide, ist aber wesentlich preiswerter. Das nur einfarbig lieferbare Garn besteht aus vier Einzelfäden, die sich bei Bedarf farblich »in der Nadel« mischen lassen.

METALLGARN

Anders als früher existieren heute spezielle Metallgarne, die sich auch für Kreuzstickerei eignen. Erhältlich sind sie in einer Vielfalt von Farben sowie in Gold und Silber. Darüber hinaus gibt es noch sehr feine Metallbeilauffäden, die zusammen mit normalem Stickgarn verarbeitet werden und der Stickerei reizvollen Glanz oder Schimmer verleihen.

Stoffe

Zählstoffe (Stickleinen) haben dieselbe Anzahl von Kett- und Schußfäden. Die Fadendichte pro 2,5 cm Gewebe bestimmt die Anzahl von Stichen oder Fäden pro 10 cm. Je höher die Fadenzahl, desto feiner das Gewebe. Aida- und Hardanger-Stoffe werden in Fadengruppen (auch Gewebekästchen oder -quadrate genannt) gewebt und gemessen. Kreuzsticharbeiten auf Stickleinen mit 112 Fäden/10 cm sind genauso groß wie eine Stickerei auf Aida-Stoff mit 56 Stich/10 cm, weil bei Stickleinen über zwei Fäden gestickt wird.

STICKLEINEN

Früher verarbeitete man nur reines Leinen. Mittlerweile gibt es allerlei Mischgewebe in einer Vielfalt von Farben.

AIDA- UND HARDANGER-STOFF

Diese begehrten Handarbeitsstoffe sind in Fadengruppen gewebt und bilden Gewebekaros, über die gestickt wird.

Aida-Stoff wird in Dichten von 32 bis 70 Stich/10 cm hergestellt. Hardanger ist ein Material von 88 Stich/10 cm und eignet sich für Feinstickereien oder wird über zwei Fadenpaare mit 44 Stich/10 cm bestickt.

STICKBÄNDER

Aida- und Leinenstickbänder gibt es in unterschiedlichen Breiten mit und ohne Zierkanten. Bestickte Bänder lassen sich auf Stoff aufnähen oder zu Schleifen, Vorhangschlaufen oder kleinen Säckchen verarbeiten.

SPEZIALPRODUKTE

Für die Anfertigung von Tischdecken, Servietten, Kinderwagendecken und dergleichen sind Spezialprodukte mit größeren oder kleineren Gitterfeldern erhältlich, die mit Stickereien ausgefüllt werden. Besonders effektvoll wirken auch Zählstoffe mit eingewebten Lurexfäden.

STRAMIN (GITTERLEINEN)

Doppel- und einfädiger Stramin (Monostramin) wird für Petit-point-Stickerei, aber auch für Kreuzsticharbeiten verwendet. Sehr gut geeignet für das Sticken auf Stramin sind Tapisseriewolle und Perlgarn.

STRAMINGITTER (»WASTE CANVAS«)

Stramingitter oder Waste Canvas benutzt man als Stickhilfe bei ungleichmäßigem Gewebe oder Fertigprodukten. Dieses Spezialprodukt ohne Webkante wird am Ende Faden für Faden herausgezogen.

NICHT FRANSENDER STICKGRUND

Plastikgitter, verfestigten Stramin und Stickpapier verarbeitet man für Stickarbeiten, bei denen der Stickgrund keinesfalls ausfransen darf.

WEITERES MATERIAL

Als hilfreich erweisen sich Vlieseline zum Aufbügeln und doppelseitiges Aufbügelvlies, wenn es darum geht, Stickarbeiten zu verstärken oder auf einen Untergrund zu applizieren.

1: Stickleinen; 2: Plastikgitter, Stickpapier, Aufbügelvlies (doppelseitig), Vlieseline zum Aufbügeln; 3: Aida- und Leinenstickbänder; 4: Waste Canvas (Stramingitter) mit 56 bzw. 40 Stich/10 cm; 5: Aida- und weißer Hardanger-Stoff; 6: Verschiedene Stramine; 7: Spezialprodukte.

HANDWERKSZEUG

AHLE UND SICHERHEITSNADEL

Mit einer Ahle oder Sicherheitsnadel kann man Stoffschläuche umdrehen sowie Kordeln und Bänder durch Tunnel ziehen.

ALLZWECKKLEBER

Allzweckkleber eignet sich zum Kleben von Papier, Pappe und Karton. Halten Sie sich beim Kleben von Stoff an die Herstellerhinweise.

BASTELMESSER (CUTTER)

Zum Schneiden von Karton immer eine scharfe Klinge und ein Stahllineal verwenden sowie eine Schneidematte oder ein Brettchen unterlegen.

DOPPELSEITIGES KLEBEBAND

Mit dem doppelseitigen Klebeband läßt sich Stoff auf Karton aufziehen. Es ist sauberer als Klebstoff und erspart das zeitaufwendigere Spannen mit Schnur oder Faden.

DREHRAHMEN

Drehrahmen verwendet man vorwiegend für Stramin oder für längere Stoffstücke wie beispielsweise längliche Mustertücher oder Klingelzüge. Ober- und Unterkante des Stickgrundes werden an den Gurtbändern der Rundstäbe festgenäht, und der Stoff wird dann aufgerollt, bis er straff gespannt ist.

DURCHSCHUBNADEL

Mit diesem länglichen, nadelähnlichen Instrument können Stoffschläuche leichter umgedreht werden; ebensogut tut es aber auch eine Ahle oder Sicherheitsnadel.

FARB- UND FILZSTIFTE

Mit farbig ausgemalten Stickmustern läßt sich wesentlich leichter arbeiten als mit Schwarzweißvorlagen.

FARBKARTE

Eine Farbkarte kann man sich aus einem Stück Kunststoff oder Karton zurechtschneiden. Mit Hilfe einer solchen Karte ist es möglich, das für eine Arbeit benötigte Stickgarn in Längen vorgeschnitten und nach Farben sortiert griffbereit zu halten.

HEFT- UND NÄHGARNE

Heftgarn ist in der Regel weiß und reißt leichter als Nähgarn. Bei weißem Stickgrund empfiehlt es sich, Orientierungslinien mit farbigem Garn zu heften. Zusammengenäht und fertiggestellt werden die Stickarbeiten mit farblich passendem Nähgarn.

KREPPBAND

Kreppband, auf Stoffkanten geklebt, verhindert ein Ausfransen des Materials. Außerdem hält es vorübergehend Holz- oder Kartonteile zusammen, solange der Kleber trocknet.

KURVENSCHNEIDER

Dieses Spezialgerät ist ideal zum Ausschneiden kleiner runder Formen aus Pappe und Karton. Legen Sie zum Schneiden eine Schneidematte oder ein Brettchen unter.

LOCHZANGE

Mit der Lochzange lassen sich mühelos einzelne Löcher stanzen.

MARKIERSTIFT (FEIN)

Mit diesem Spezialstift kann man auf waschbarem Stoff feine Markierungslinien zeichnen. Gut sichtbar auf dunklen Stoffen ist Silber, und Gelb eignet sich gut für helleres Material.

MARKIERSTIFT (VERBLASSEND)

Die Farbe dieser Markierstifte verblaßt nach wenigen Tagen von selbst. Sie sind für Stickereien zu empfehlen, die nach dem Fertigstellen nicht gewaschen werden.

MAßBAND UND LINEAL

Beides ist unentbehrlich zum Abmessen von Stoff, Papier und Karton. Verwenden Sie beim Zurechtschneiden von Karton mit einer scharfen Schneidklinge immer ein Stahllineal.

MILLIMETERPAPIER

Millimeterpapier wird zum Zeichnen von Stickvorlagen benutzt und ist in Kästchen von jeweils 10 mm unterteilt. Für Stickvorlagen in Originalgröße eignet sich am besten Rasterfolie mit entsprechend großen Kästchen.

NADELN

Grobsticknadeln besitzen ein großes Öhr, durch das sich das Stickgarn mühelos fädeln läßt, und eine stumpfe Spitze, die den Stickgrund nicht beschädigt. Erhältlich sind sie in Stärken von grob (14) bis fein (26). Chenillenadeln ähneln den Grobsticknadeln, haben aber eine feine Spitze.

PINSEL

Nehmen Sie Qualitätspinsel und passen Sie Art und Größe dem Projekt an. Zum Auftragen von emulsionsähnlichen Farben sind Schwammpinsel zu empfehlen. Sie hinterlassen keine Borstenspuren und erleichtern das Malen von geraden Kanten.

RUNDER STICKRAHMEN

Rundrahmen gibt es in unterschiedlichen Größen. Ideal für die meisten Zählstoffstickereien ist ein kleiner Rahmen, der während der Arbeit verschoben wird. Nehmen Sie das Stickgut immer aus dem Rahmen, wenn Sie Ihre Arbeit unterbrechen oder beenden. Für Stramin sind Rundrahmen ungeeignet, weil die stramm aufeinandersitzenden Ringe das Gewebe beschädigen.

SCHEREN

Halten Sie mehrere Scheren parat - Stoffschere, Papierschere und eine kleine Stickschere zum Abschneiden von Stickfäden. Praktisch ist auch eine Zickzackschere; gezackte Stoffränder fransen nicht so leicht aus.

SCHNEIDERKREIDE

Sie dient zum Markieren von Schnitt- und Stepplinien.

SPANNRAHMEN

Der Spann- oder Steckrahmen besteht aus vier Holzleisten, die sich zu beliebigen Rahmengrößen zusammenfügen lassen, und eignet sich besonders für kleine quadratische oder rechteckige Stoffstücke. Der Stickgrund wird strammgezogen und bis zum Abschluß der Stickarbeit mit Reißzwecken oder Heftklammern auf dem Rahmenleisten fixiert.

STICKRAHMEN

Für Kreuzsticharbeiten verwendet man in der Regel einen Rahmen. Der Stoff wird gespannt, und die Stiche fallen gleichmäßig und akkurat aus. Für jedes Projekt wird ein bestimmter Rahmen empfohlen, aber Stickrahmen gibt es in vielerlei Versionen und möglicherweise hegen Sie eine Vorliebe für einen ganz bestimmten Typ.

OBERE REIHE: Drehrahmen, Rundrahmen, Spannrahmen, Millimeterpapier, Rasterfolie, Durchschubnadel, Lochzange, Bastelmesser (Cutter), Farbkarte, Maßband, doppelseitiges Klebeband, Kreppband, Farbstifte.
ZWEITE REIHE: Kurvenschneider, Schneiderkreide, Lineal.
DRITTE REIHE: Sicherheitsnadel, Stecknadeln, Nähnadeln, Durchziehnadel (Ahle), Sticknadeln.
UNTERE REIHE: Schneiderschere, Zickzackschere, Papierschere, Stickschere, Allzweckkleber, Heftgarn, Nähgarn, verblassender Markierstift, Bleistift, feiner Markierstift, Schwammpinsel, Borstenpinsel.

TRANSPARENTE RASTERFOLIE

Solche Folien sind in unterschiedlichen Rastergrößen erhältlich, wenn es darum geht, Zeichnungen, Fotos oder Bilder in Kreuzstichvorlagen umzusetzen.

Grundstiche

Kreuzstiche werden entweder als Einzelstiche oder in einer Reihe in zwei Arbeitsgängen gearbeitet. Einerlei ob Einzelstich oder Kreuzstichreihe – die Deckstiche sollten immer in der gleichen Richtung liegen. Beim Sticken von Bordüren oder detaillierten Mustern empfiehlt es sich, eine Stecknadel in den Stoff zu stecken, die die Richtung der Deckstiche anzeigt.

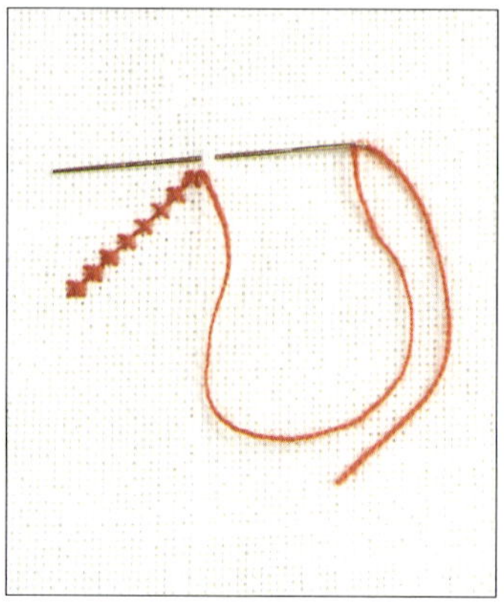

EINZELKREUZSTICH

Er wirkt etwas erhaben, und man sollte ihn für einzelne Stiche und kleine Details verwenden. Überdies eignet sich der Einzelkreuzstich hervorragend für das Sticken mit Tapisseriewolle.

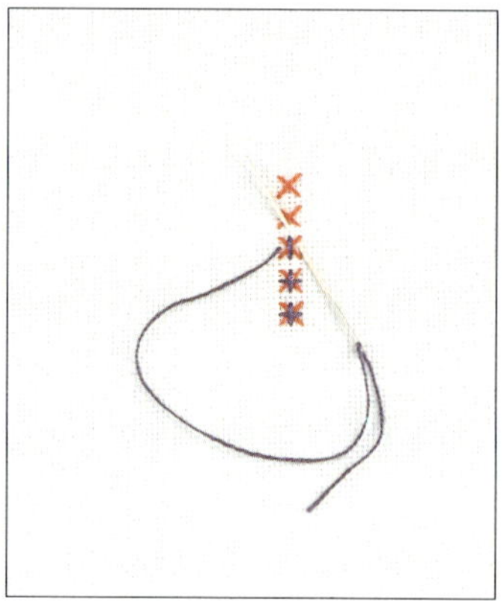

STERNSTICH

Dieser dekorative Stich besteht aus einem Einzelkreuzstich und einem darüber gelegten Kreuz. Gestickt wird er ein- oder zweifarbig.

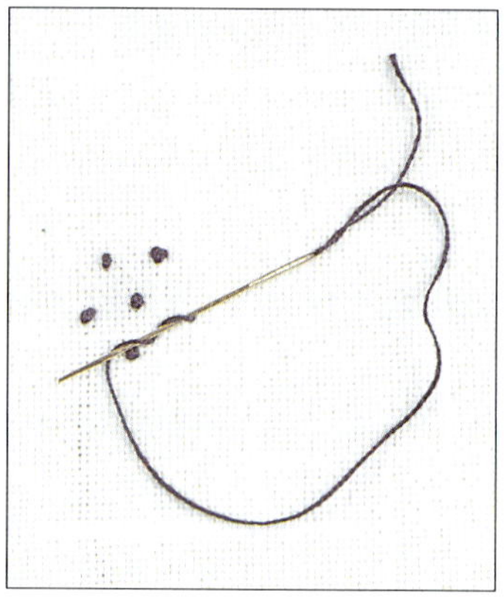

KNÖTCHENSTICH

Der erhabene Knötchenstich ist ideal für winzige Details wie beispielsweise Augen, Blumenstempel und Beeren oder verleiht größeren Kreuzstichflächen plastische Struktur.

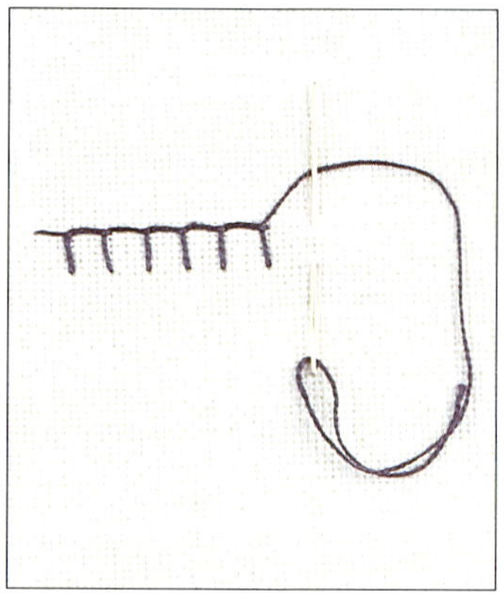

FESTONSTICH

Versäubern Sie mit diesem Stich vor Beginn der Stickarbeit die Stoffkanten. Außerdem wird der Festonstich als dekorative Einfassung von Platzdeckchen, Taschen und Beuteln benutzt.

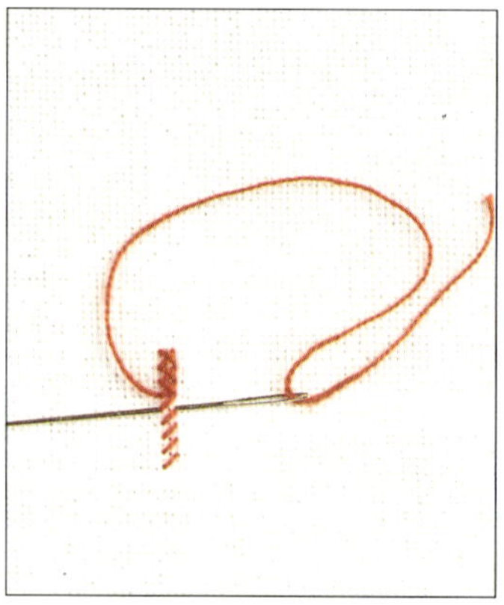

KREUZSTICHREIHE

Führen Sie zunächst alle Grundstiche in einer geraden oder diagonalen Reihe aus. Anschließend folgen in einem zweiten Arbeitsgang in der Rückreihe alle Deckstiche.

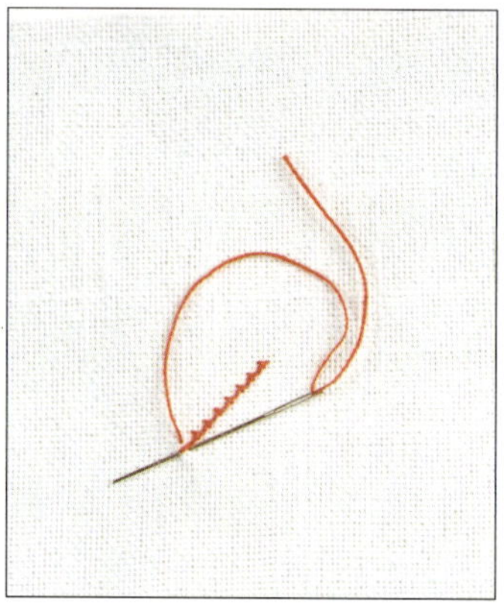

DREIVIERTELKREUZSTICH

Verwendet wird dieser Stich vor allem dann, wenn es um Details oder klar abgegrenzte Farbwechsel geht. Er besteht aus einem halben und einem Viertelkreuzstich.

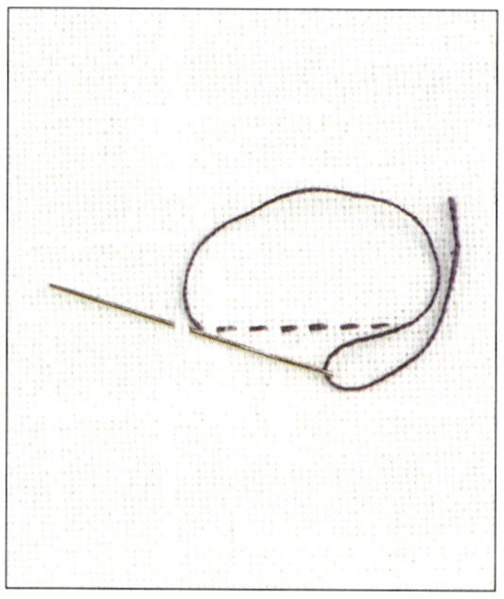

VORDERSTICH

Mit Vorderstichen heftet man Orientierungslinien und stickt dekorative Details. Der Holbeinstich ist ähnlich, nur werden bei ihm in einem zweiten Arbeitsgang die Zwischenräume ausgefüllt.

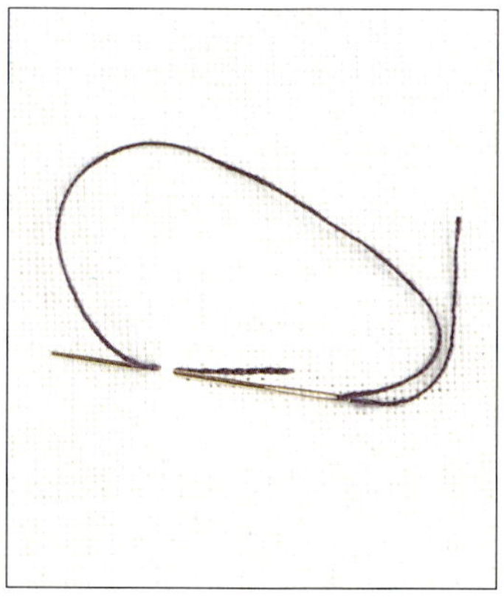

RÜCKSTICH

Mit dem geraden, leicht erhabenen Rückstich stickt man Linien und arbeitet man Konturen rund um Kreuzstichflächen heraus. Rück- und Kreuzstich haben dieselbe Länge.

Sticken nach Zählmustern

Die Stickvorlagen dieses Buches bestehen aus farbigen Kästchen mit Symbolen sowie geraden Linien. Dank der Symbole kann das Zählmuster gut photokopiert und bei Bedarf vergrößert werden. Jedes farbige Kästchen bedeutet einen Kreuzstich, und die geraden Linien symbolisieren Rückstiche.

Aus der detaillierten Beschreibung zu jedem Projekt ist ersichtlich, wie die exakte Position des Motivs zu markieren ist und wo man mit dem Sticken beginnt. In der Regel kennzeichnen zwei senkrecht beziehungsweise waagrecht verlaufende Orientierungslinien die Stoffmitte. Insbesondere bei größeren Stücken ist es ratsam, die Markierungslinien sorgfältig mit gleichmäßigen, kleinen Stichen zu heften. Gestickt wird dann von der Motivmitte nach außen.

Die Stichgröße richtet sich nach Art und Qualität von Stickgrund und Stickgarn. Einige Stoffe, z. B. Aida und Hardanger, sind in Fadengruppen gewebt, die das Auszählen und Sticken ziemlich einfach machen. Bei Zählstoffen, wie beispielsweise Stickleinen, wird über eine bestimmte Anzahl von Fäden gearbeitet. Lassen Sie sich aber von einem Stickgrund in Leinwandbindung nicht abschrecken. Auf den ersten Blick erscheint die Arbeit mühsam, doch in Wirklichkeit geht das Sticken leicht von der Hand und die Resultate sind das Mehr an Mühe allemal wert.

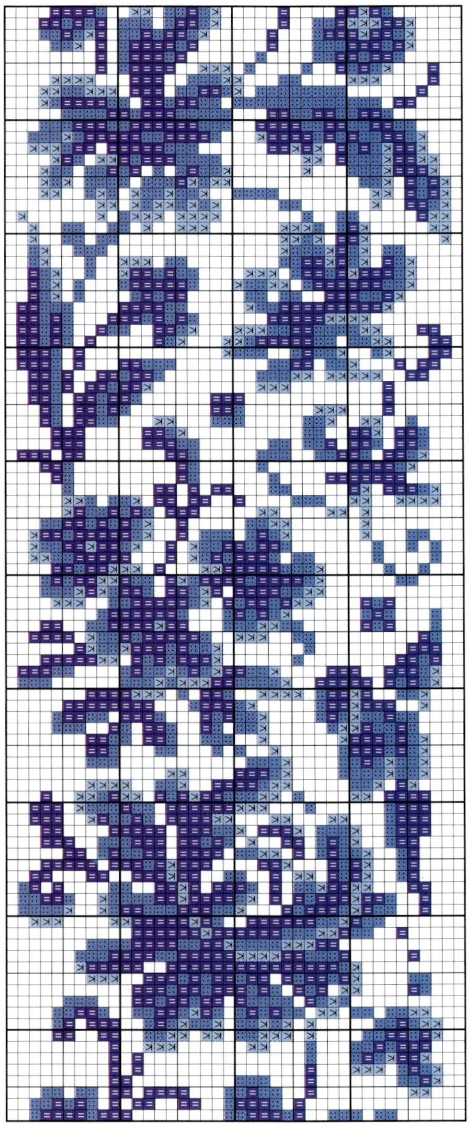

Musterrapport

Mitunter ist ein Zählmuster aufgrund von Platzmangel nur teilweise abgebildet, beispielsweise bei Regal- oder Vorhangbordüren mit einem sich ständig wiederholenden Motiv oder Musterblock (Rapport). In den Arbeitsanleitungen der einzelnen Projekte sind die Anschlußstellen für den nächsten Rapport genau angegeben. Rapportmuster werden so oft wie erforderlich wiederholt.

Zählmuster-Viertel

Lesen Sie die Arbeitsanleitung sorgfältig durch und sehen Sie sich das Gesamtmotiv an, ehe Sie mit dem ersten Viertel einer Stickvorlage beginnen. Das Endergebnis hängt davon ab, auf welche Weise die Wiederholungen gestickt werden. Bei »Viertel«-Vorlagen gibt es dreierlei Vorgehensweisen:

1 Zunächst ein Viertel sticken, danach das Spiegelbild davon arbeiten und abschließend wiederum das Spiegelbild der fertigen Hälfte sticken. (Ein exaktes Spiegelbild ergibt sich, indem man einen Spiegel hochkant an den Rand der Stickvorlage hält und das umgekehrte Zählmuster auf ein Stück Millimeterpapier überträgt.)

2 Teilen Sie den Stickgrund mit Hilfe von Heftlinien in vier gleich große Quadrate und sticken Sie dasselbe Motiv in jedes der vier Felder.

3 Sticken Sie ein Viertel des Gesamtmotivs, drehen Sie dann das Stickgut um 90°, und arbeiten Sie das zweite Viertel. Wiederholen Sie diesen Vorgang noch zweimal, bis das gesamte Motiv fertiggestellt ist.

Tips zu Beginn einer Stickarbeit

Den Stoff vorbereiten

Für viele Stickarbeiten in diesem Buch werden Zählstoffe verwendet, die leicht ausfransen, und deshalb tut man gut daran, die Kanten vor dem Sticken zu versäubern. Die zum Kantenversäubern erforderlichen Stoffzugaben wurden bei der Berechnung der Stoffmenge berücksichtigt.

Kreppband

Man klebt das Kreppband auf die Stoffkante und fixiert es samt Stoff mit Heftklammern oder Reißzwecken auf den Leisten des Spannrahmens.

Zickzackstich

Stoffkanten von Teilen, die später ohnehin zusammengesteppt werden, versäubert man am besten im Zickzackstich mit der Nähmaschine.

Festonstich

Zum Versäubern von Stoffkanten optimal geeignet. Machen Sie beim Umstechen einen schmalen Saum oder fassen Sie die offene Kante ein.

Von links nach rechts: Kreppband, Zickzacknaht und Festonstich.

Einen Rundrahmen umwickeln

Rundrahmen bestehen aus zwei Ringen – einem geschlossenen Innenring und einem äußeren Ring mit Stellschraube. Der Stickgrund wird zwischen beide Ringe eingelegt und die Stellschraube des Außenringes dann soweit angezogen, daß der Stoff straff gespannt ist. Um Stoff und Stickerei nicht zu beschädigen, umwickelt man den inneren Ring mit einem schmalen Baumwollstreifen. Denken Sie daran, daß vor allem feine Stoffe und Stickarbeiten im Stickrahmen Schaden nehmen können. In diesem Fall ist es ratsam, mit einem Rundrahmen zu arbeiten, der größer ist als die bestickte Fläche. Spannrahmen eignen sich ideal für kleine Stoffstücke, und für größere Teile verwendet man am besten einen Drehrahmen.

Fadenanfänge und -enden

Beginnen kann man auf zweierlei Art. Am Schluß den Faden auf der Rückseite unter mehreren Stichen hindurchführen und abschneiden.

1 Einen Stickfaden doppelt nehmen, in die Nadel einfädeln und einen halben Kreuzstich arbeiten. Dann die Nadel durch die Schlinge auf der Rückseite führen.

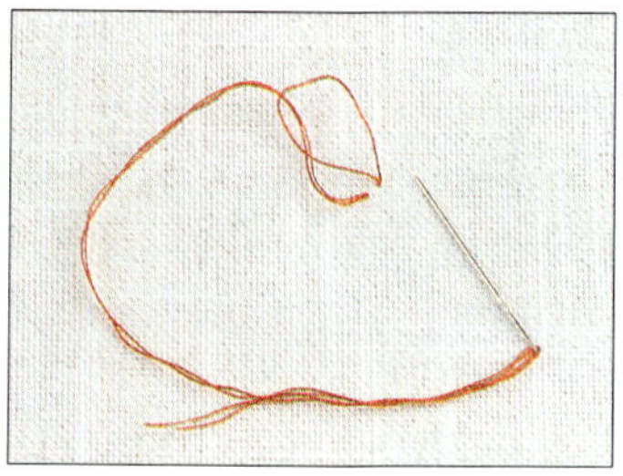

2 Den Fadenanfang etwa 5 cm lang an der Rückseite des Stoffes hängen lassen und nach einigen Kreuzstichen zwischen den Stichen verwahren.

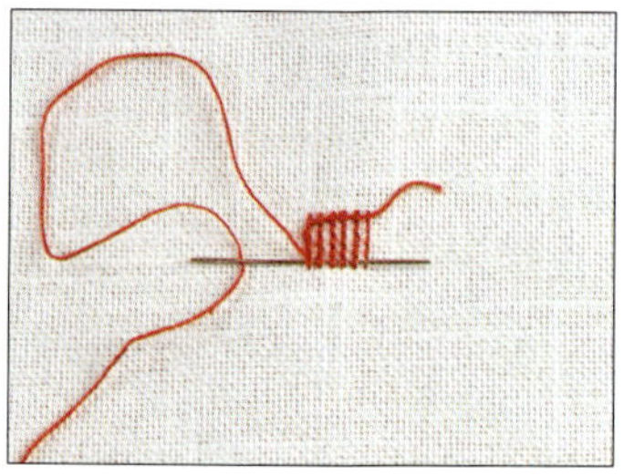

Waste Canvas (Stramingitter)

Mit Hilfe von Waste Canvas kann man gewöhnlichen Stoff oder Fertigteile wie Handtücher oder Kissen in Kreuzstich besticken. Stramingitter, ein Spezialprodukt in Dichten von 40, 48 oder 56 Stich/10 cm, läßt sich Faden für Faden herausziehen. Bei Bedarf tut es auch gewöhnlicher Stramin – vorausgesetzt, die Fäden sind nicht zu fein verdreht.

1 Ein Stück Waste Canvas (Stramingitter) auf das zu bestickende Gewebe heften. Es sollte wesentlich größer als das Stickmotiv sein.

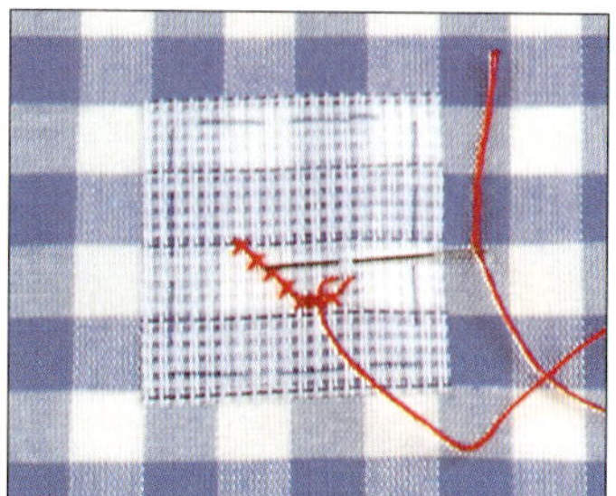

2 Das Motiv durch beide Stofflagen hindurch sticken und darauf achten, daß die Stiche so gleichmäßig wie möglich ausfallen.

3 Nach dem Sticken das Stramingitter ausfransen und die Fäden einzeln herausziehen. Zuvor den Stramin vorsichtig hin- und herzieht, um die Fäden zu lockern.

DAS GESTICKTE WERK FERTIGSTELLEN

ECKEN ABSCHRÄGEN

Abgeschrägte Ecken an Tischtüchern und Platzdeckchen wirken ungemein akkurat, tragen nicht auf und überstehen bei sorgsamer Ausführung jede Wäsche.

1 Die Saumzugabe umschlagen, mit den Fingern kniffen und wieder aufklappen. Die Ecke von Kniff zu Kniff diagonal abschneiden und den Saum wieder umschlagen.

2 Von der Saumzugabe 0,5 cm nach innen und feststecken. Die abgeschrägten Kanten der Ecke mit Hohlstichen festnähen und den Saum von Hand oder mit der Maschine nähen.

SPANNEN

Zum Spannen von Stickbildern sollte man immer Faden verwenden; die Stickerei läßt sich dann ohne weiteres von der Unterlage abnehmen, falls sie einmal gereinigt werden muß. Kleine Stickarbeiten hingegen, die man nicht ewig aufbewahrt, kann man rasch und mühelos mit doppelseitigem Klebeband aufziehen.

1 Den Karton auf die erforderliche Größe zurechtschneiden, rundum an den Kanten entlang doppelseitiges Klebeband aufkleben und die Schutzfolie abziehen. Die Stickerei straffziehen, die Stoffkanten kräftig auf das Klebeband drücken und die Ecken sauber abschrägen.

AUF KARTON AUFZIEHEN

Mustertücher oder Stickbilder sollen in der Regel längere Zeit Freude bereiten, und deshalb ist beim Aufziehen besondere Sorgfalt vonnöten. Benutzen Sie nur säurefreien Karton und meiden Sie Kleber oder Klebeband, die saure Rückstände auf dem Stoff hinterlassen.

Die nebenstehend beschriebene, unkomplizierte Methode bietet eine Gewähr dafür, daß Ihre Stickerei absolut fadengerade und positionsgenau aufgezogen wird.

1 Den Karton auf die erforderliche Größe zuschneiden; dabei gegebenenfalls einen breiteren Unterrand einkalkulieren, und die Mitte der Ober- und Unterkante markieren. An allen Seiten des Kartons die Mittellinien der Stickerei markieren und einzeichnen. Nun die Stickarbeit mit der Rückseite nach oben auf einer flachen Unterlage ausbreiten und den Karton auflegen.

2 Heftlinien der Stickerei und Bleistiftlinien auf dem Karton exakt aufeinander ausrichten. Die Stoffoberkante über den Kartonrand legen und in der Mitte feststecken. Den Stoff etwas dehnen und am unteren Rand sowie an den Seitenrändern ebenso verfahren. Anschließend an allen vier Kanten den Stoff von der Mitte aus im Abstand von 2,5 cm feststecken. Der Stoff muß fadengerade bleiben und darf sich nicht verziehen.

3 Mit einem langen, doppelten Faden die gegenüberliegenden Kanten mit einem Stichabstand von ca. 12 mm im Zickzackverband zusammenhalten. Bei Bedarf einen weiteren Doppelfaden anknoten. Nach dem Zusammenfügen die Fäden der Reihe nach einzeln nochmals fest anziehen und das Fadenende vernähen. Die Ecken abschrägen oder einschlagen und mit den beiden anderen Seiten ebenso verfahren.

Dekorative Verzierungen

Stickarbeiten werden häufig mit allerlei Beiwerk garniert, und Kreuzstickereien bilden hier keine Ausnahme. Einerlei ob asiatisches, mit Shisha-Spiegeln und Quasten verziertes Motiv oder traditionelles, mit viktorianischer Spitzenborte besetztes Lavendelsäckchen – dekorativer Zierat verleiht einer ohnehin schon hübschen Kreuzstickerei noch eine besondere Note.

Perlen

Perlen werden mit doppeltem Faden aufgenäht, der anders als beim normalen Sticken mit einem Knoten gesichert wird. Nähen Sie die Perlen einzeln auf, und zwar so, als würden Sie einen halben Kreuzstich arbeiten.

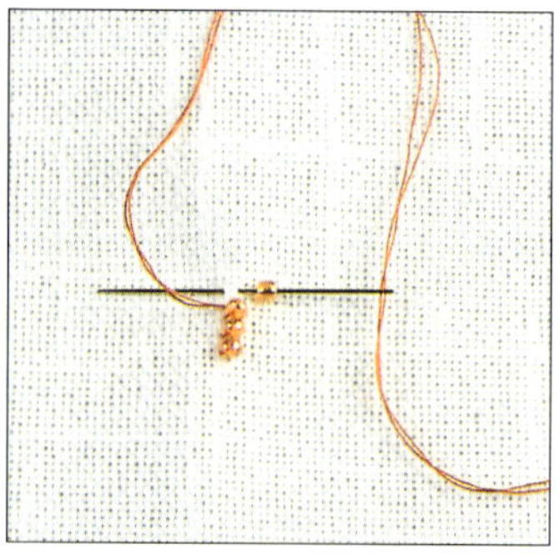

Knöpfe

Mit einem auffälligen Kreuzstich aufgenähte vierlöchrige Knöpfe wirken ausgesprochen dekorativ.

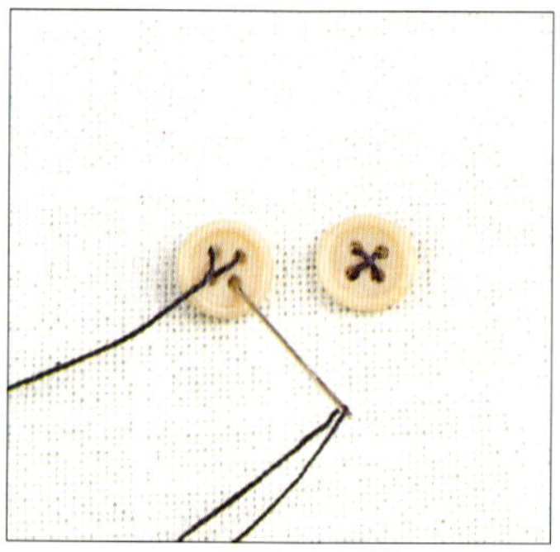

Zierband

Gitterförmig aufgenähtes Zierband sieht effektvoll aus und ergibt Felder für kleine, sich wiederholende Kreuzstichmotive. Es sollte genauso breit sein wie ein Kreuzstich und wird vor dem Sticken fadengerade aufgeheftet. Soll das Band diagonal laufen, ist es einfacher, zuerst das Muster zu sticken.

1 Die Bändchen in beiden Richtungen auflegen und feststecken. Auf gleichmäßige Zwischenräume achten und dann die Bandenden festnähen.

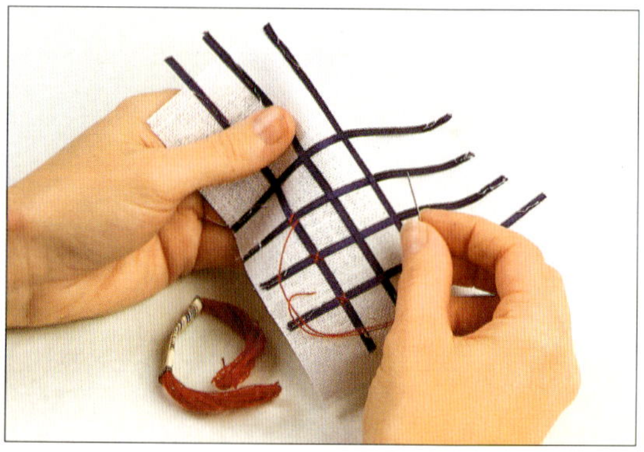

2 Über jeden Schnittpunkt einen Kreuzstich arbeiten. Denken Sie daran, daß bei diagonal aufgenähten Bändern der Kreuzstich hochkant steht.

Kordel drehen

Stickgarn eignet sich gut zum Herstellen feiner, ein- oder mehrfarbiger Zierkordeln.

Wieviel Garn dafür vonnöten ist, hängt von der Dicke und Länge der Kordel ab. Über den Daumen gepeilt, ergibt 1 Meter Garn etwa 40 cm Kordel.

1 Knoten Sie mehrere Fäden in der 2-fachen Länge der fertigen Kordel an beiden Enden zusammen. Ein Ende an einem Türgriff einhängen, durch das andere Ende einen Stift schieben und diesen wie einen Propeller drehen.

2 Den Stift drehen, bis die Kordel anfängt, sich zusammenzuzwirnen. Nun den Fadenstrang in der Mitte fassen und die Enden zusammenführen. Die Kordel dabei glattstreichen und beide Enden miteinander verknoten.

SHISHA-SPIEGEL

Diese unregelmäßigen Spiegelstückchen werden auf Kleidung und Wandbehänge aufgenäht, um Böses fernzuhalten. Einem alten Glauben nach flüchten böse Geister beim Anblick ihres Spiegelbildes.

Traditionelle Shisha-Spiegel gibt es in Ethno-Läden; ebensogut tut es aber auch eine große, glänzende Pailette. Vor dem Aufnähen sollte man den Fetisch mit einem Stückchen doppelseitigen Klebeband oder einem Tröpfchen Klebstoff fixieren.

1 Arbeiten Sie jeweils zwei senkrechte und waagrechte Spannstiche über den Rand des Shisha-Spiegels. Dabei die waagrechten Fäden an den Ecken so um die senkrechten schlingen, daß eine Art Rahmen entsteht.

2 Mit der Nadel dicht am Shisha-Spiegel ausstechen, eine Schlinge um den Spannstich legen, den Faden vorsichtig Richtung Körper ziehen und wieder einstechen.

3 Mit diesen Langettenstichen das Spiegelplättchen einfassen und dabei immer zwischen den Fäden der vorangehenden Schlinge ausstechen. Abschließend den Faden auf der Rückseite vernähen.

QUASTEN ANFERTIGEN

Aus Stickgarn selbst hergestellte, farblich abgestimmte Quasten bilden bei so mancher Stickarbeit gewissermaßen das Tüpfelchen auf dem i. Quasten lassen sich auf vielerlei Art und Weise herstellen, im Prinzip handelt es sich dabei aber immer wieder um dasselbe Verfahren.

Die beiden hier vorgestellten Methoden sind ziemlich einfach. Die Quaste in der oberen Reihe eignet sich vor allem für Kissenecken und Lesezeichen, in die Variante darunter ist ein Stück Kordel oder Stoffschlauch eingearbeitet, so daß sie hin- und herbaumeln kann. Noch dekorativer wirken Quasten, die mit Perlen besetzt sind oder bei denen die Einzelfäden des Köpfchens unter einer Abdeckung aus dicht an dicht sitzenden Knopflochstichen verschwinden.

1 Ein Stück Karton etwas länger als die fertige Quaste zuschneiden, mit Stickgarn bis zur gewünschten Quastendicke umwickeln und einen Faden unter dem gewickelten Strang durchziehen.

2 Die Schlingen an der Unterkante aufschneiden und das Bündel mit Hilfe eines Seemannsknotens zusammenhalten. Zu diesem Zweck die Fadenenden zweimal miteinander verschlingen und dann festziehen.

3 Nun das obere Quastenende mit einem weiteren Faden mehrfach umwickeln, so daß ein Köpfchen entsteht. Die Fadenenden wie unter Punkt 2 verknoten und abschneiden.

1 Stickgarn um Karton wickeln, die Schlaufen an einer Seite aufschneiden. Ein Stück Kordel an einem Ende mit einem Knoten versehen und ihn in die Mitte des Fadenbündels schieben.

2 Den Knoten ringsum mit Fäden abdecken und das Fadenbündel knapp oberhalb des Knotens mit einem Faden fest zusammenbinden.

3 Die Kordel überstehen lassen, alle Quastenfäden nach unten streichen. Das Bündel unterhalb des Knotens zusammenbinden, so daß ein Köpfchen entsteht, Enden begradigen.

SCHRÄG-STREIFEN ZUSCHNEIDEN UND NÄHEN

Schrägstreifen - diagonal zum Fadenlauf des Stoffes geschnitten – eignen sich hervorragend zum Einfassen von Kanten sowie zum Anfertigen von Paspeln und Stoffschläuchen. Die Streifen dehnen sich der Länge und Breite nach und lassen sich deshalb bei abgerundeten Ecken mühelos verarbeiten.

1 Den Stoff über Eck falten, bis Webkante und Fadenlauf eine Linie bilden, und den Umbruch bügeln. Mit Schneiderkreide parallel zum Falz Linien zeichnen und die einzelnen Streifen abschneiden. Ihre Breite richtet sich nach den jeweiligen Erfordernissen, liegt aber in der Regel bei 5 bis 8 cm.

2 Schrägstreifen werden dem Fadenlauf folgend zusammengesteppt. Wie man dies macht, ist aus der Abbildung ersichtlich. Bei einem Stoff mit deutlich erkennbarer rechter und linker Seite die Streifen rechts auf rechts liegend zusammensteppen. Anschließend die Naht breitbügeln und überstehende Ecken abschneiden.

STOFFSCHLÄUCHE ANFERTIGEN

Für das Anfertigen eines Stoffschlauches wird ein Schrägstreifen der Länge nach gefalzt und zusammengesteppt. Die Nahtzugabe bildet nach dem Umdrehen des Schlauches eine Art Wattierung. Stoffschläuche kann man anstelle einer Kordel als Zugband verwenden, man kann sie ähnlich wie Zierbänder als plastisch wirkende Dekoration auf Kreuzsticharbeiten aufnähen oder geflochten als Taschengriffe benutzen.

1 Einen 5 cm breiten Schrägstreifen zunächst bügeln, damit er sich nicht mehr allzu sehr dehnt, dann der Länge nach falzen und im Abstand von etwa 8 mm zur Umbruchlinie zusammensteppen. Die Nahtzugabe zurückschneiden und den Stoffschlauch auf eine Durchschubnadel schieben.

OBEN: Mit etwas Phantasie verarbeitet, wird aus einem Stoffschlauch ein plastisch wirkendes, dekoratives Element für Kreuzstickereien mit ethnischen oder modernen Mustern.

2 Mit einer solchen langen Durchschubnadel läßt sich ein Stoffschlauch am einfachsten umdrehen. Normalerweise genügt aber auch eine lange, dicke, stumpfe Nadel, ein Ahle oder eine der Breite nach passende Sicherheitsnadel. Soll der Schlauch etwas mehr auftragen, zieht man beim Umdrehen oder danach einige Wollfäden ein.

KISSEN FERTIGSTELLEN

Kissen gibt es in allen Formen und Größen. Kleine Duft- oder Kräuterkissen sehen besonders hübsch mit einer Spitzenborte oder einer Rüsche aus, während sich Paspeln und Kordeln vor allem zum Einfassen größerer Kissen eignen.

MIT SPITZENBORTE EINFASSEN

1 Messen Sie den Kissenumfang, schneiden Sie die doppelte Länge Spitzenborte ab und steppen Sie an der geraden Kante der Borte zwei Kräuselnähte. Die Reihfäden auf passende Länge zusammenziehen, die Rüschen gleichmäßig verteilen, rechts auf rechts auf den Stoff stecken und heften. Die Schmalseiten des Spitzenbesatzes motivgenau übereinanderlegen, gegebenenfalls zurückschneiden und von Hand zusammennähen.

GEPASPELTE NÄHTE

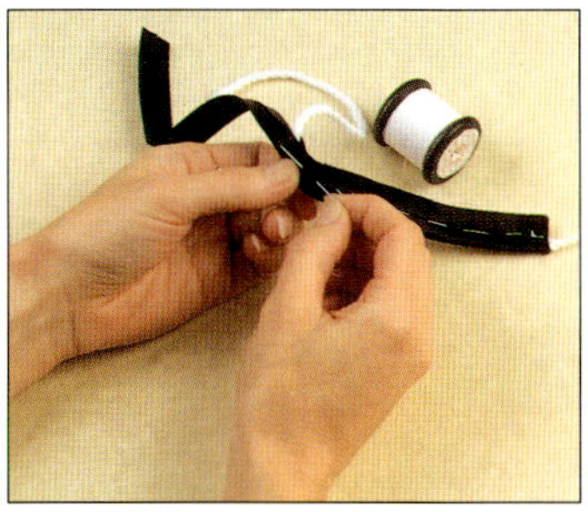

1 Einen Schrägstreifen in Länge des Kissenumfanges anfertigen, mit der rechten Seite nach außen um eine Einziehkordel legen und dicht an der Kordel entlang heften.

2 Die Schnurpaspel rechts auf rechts auf die Stoffkante heften. Die Paspelenden überlappen oder die Paspel vorher abmessen, markieren, Schrägstreifen vor dem Aufheften des letzten Paspelabschnittes zusammennähen.

Die Schnurpaspel dieses hübschen Sofakissens hat dieselbe Farbe wie eines der verarbeiteten Stickgarne.

RAHMEN ODER PASSEPARTOUT BEZIEHEN

Bilder- und Spiegelrahmen sowie Passepartouts für Photos werden im Prinzip auf dieselbe Art und Weise bezogen. Mit der Erfindung des doppelseitigen Klebebandes wurde das Aufziehen auf Karton wesentlich einfacher.

1 Einen Karton auf das gewünschte Format zurechtschneiden, den Passepartout-Ausschnitt einzeichnen und ausschneiden. Üblicherweise ist der untere Passepartout-Rand etwas breiter als die übrigen drei Ränder.

2 Die Stickerei mit der rechten Seite nach unten ausbreiten und das Passepartout auflegen. Die inneren Stoffecken einknipsen und den Stoff auf etwa 1,5 cm Breite zurückschneiden. An der Innenkante des Passepartouts doppelseitiges Klebeband aufkleben und die Stoffränder andrücken. Der Stoff muß an den Kanten entlang fadengerade verlaufen. Die äußeren Ecken abschrägen, Stoffränder umklappen und festkleben. Das Passepartout ggf. auf eine Verstärkung montieren und in einen Rahmen einpassen.

Eigene Muster gestalten

Das vorliegende Buch befaßt sich nicht nur mit der Verarbeitung von Garnen und Stoffen, die heute in bunter Vielfalt erhältlich sind, und macht Vorschläge für Experimente, sondern möchte seine Leserinnen und Leser auch dazu anregen, mit zunehmendem Selbstvertrauen eigene Muster für Kreuzsticharbeiten zu gestalten.

Egal wie man die Sache angeht - ohne Inspirationen geht es nicht. So können Sie beispielsweise in der Natur vorkommende Formen zeichnen, malen oder photographieren: Muscheln und Kieselsteine am Strand, eine Schale mit leuchtend bunten Früchten oder einen Blumenstrauß. Vom Menschen geschaffene Gegenstände, z. B. Bauwerke, bleiben oftmals völlig unbeachtet, aber auch hier findet sich so mancherlei Anregung: eine interessant gestaltete Tür vielleicht, Lichtreflexe in einem Fenster oder ein ausgefallenes Fliesenmuster. Tragen Sie Zeichnungen und Photographien von Dingen zusammen, die Sie ansprechend finden, und machen Sie sich nichts daraus, wenn die schöpferischen Einfälle auf sich warten lassen. Nicht selten gibt ein scheinbar nichtssagendes Detail Anstoß zu einer dekorativen Arbeit und führt ganz unverhofft zu einem gelungenen Resultat.

Oben: Aus einer bunten Vielfalt von Gegenständen wie diesen hier aus Indien und Pakistan erwächst eine Fülle von Ideen. Rechts: Postkarten, Geschenkpapiere, Stoffreste und dergleichen mehr – eine wahre Fundgrube für Anregungen.

Anregungen erhalten Sie nicht nur im persönlichen Umfeld, sondern erwachsen mitunter auch aus Bildern und Gegenständen, mit denen man nicht tagtäglich zu tun hat. Kunstgalerien und Museen mit ihren Werken von Künstlern aus aller Welt sind eine unerschöpfliche Quelle von Anregungen. Hier finden sich nicht nur Zeichnungen und Gemälde, sondern auch Gewebe, Kleidungsstücke, Töpferwaren und vielerlei andere Gebrauchsgegenstände.

Eine wahre Fundgrube für Ideen ist das traditionelle Handwerk. Seit eh und je stellten Handwerker Gegenstände her und verzierten sie auf kunstvolle Art und Weise, die über reine Zweckmäßigkeit weit hinausging. Diese Leute kamen keineswegs auf die Idee, Entwürfe zu zeichnen oder zu malen, sondern ließen sich von den Farben und Landschaften ihres Lebensraumes inspirieren. Sie setzten ihre Phantasie ein und bedienten sich der verfügbaren Farben und Materialien.

Das Hauptproblem, dem sich so mancher bei der Gestaltung eigener Entwürfe stellen muß, ist die Umsetzung eines dreidimensionalen Gegenstandes in eine zweidimensionale, auf Papier gebannte Form. Viele Menschen halten sich für künstlerisch unbegabt und trauen es sich nicht zu, eigene Entwürfe nach der Realität zu zeichnen oder zu malen. In diesem Fall sollte man auch andere Quellen der Inspiration in Betracht ziehen – beispielsweise Bücher, Zeitschriften und Photographien, Postkarten, Geschenkpapier und dergleichen mehr. Was hier an Anregungen angeboten wird, ist bereits zweidimensional und läßt sich unmittelbar in einen eigenen Entwurf einbeziehen.

Detaillierte Darstellungen von ausgefallenen Gegenständen wie diesen herrlichen Keramikgefäßen lassen sich vielleicht irgendwann einmal in ein interessantes Kreuzstichmuster umsetzen.

Anregungen für Experimente

Experimentieren Sie ...mit Garnen

Der Kreuzstich ist ein einfacher Stich, der sich unter Verwendung einer breitgefächerten Farbpalette zu kunstvoll gearbeiteten Motiven zusammenfügen läßt.

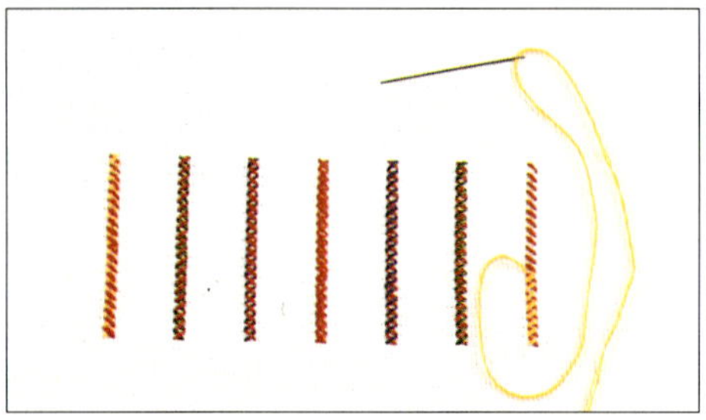

1 Mischen Sie die Farben der Stickfäden, indem Sie Grund- und Deckstich in unterschiedlichen Farben arbeiten. Diese Technik findet sich sehr häufig bei indischen Textilien und wirkt am eindrucksvollsten auf farbigem Stickleinen oder eingefärbtem Stramin.

Um die Anzahl der Farben zu begrenzen oder um unmerkliche Farbübergänge zuwege zu bringen, kann man den Kreuzstich auch zweifarbig sticken.

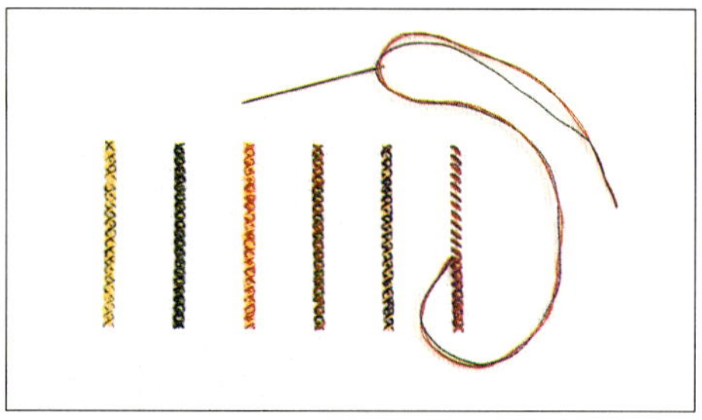

2 Farben kann man auch »in der Nadel« mischen. Fädeln Sie zwei oder drei verschiedenfarbige Fäden in die Nadel, und arbeiten Sie dann den Kreuzstich wie gewohnt.

Knobeln Sie einmal aus, wieviele Kombinationen beim Einsatz der vier Grundfarben Rot, Blau, Grün und Gelb möglich sind. Dezente Effekte zeigen sich auch bei einem Wechsel der Stickfäden, das heißt, wenn man die Farbe der Grund- und Deckstiche ständig miteinander austauscht. Bei manchen Stickgarnkombinationen entstehen dunkle Farben, bei anderen wiederum leuchtende, helle Töne. Kreuzstichreihen – abwechselnd in hellen und dunklen Garnkombinationen gestickt – wirken im Rahmen eines gestreiften Bordürenmusters sehr plastisch.

Ein ähnlicher Effekt stellt sich auch bei diagonalen Kreuzstichreihen mit »normal« oder senkrecht gearbeiteten Stichen ein. Und ein interessanter Blickfang ergibt sich aus der Kombination beider Kreuzstichversionen. Zweifarbig gearbeitet wird auch häufig der Sternstich. Sticken Sie zunächst einen normalen Kreuzstich, und nehmen Sie für das darüberliegende Kreuz eine kontrastierende Farbe.

Schlichte Grußkarte

Nach dem Experimentieren mit verschiedenfarbigen Stickgarnen sollten Sie es probehalber einmal mit einer gestickten Grußkarte versuchen.

1 Spannen Sie ein Stück Cashel Leinen (112 Fäden/10 cm) oder Aida-Stoff (54 Stich/10 cm) in einen Rundrahmen, und markieren Sie die senkrechte und waagrechte Mittellinie mit Hilfe von Heftstichen.

2 In jedes Viertel des Stickgrundes ein Quadrat mit 2,5 cm Seitenlänge sticken. Verwenden Sie für jedes Quadrat eine andere Farbkombination, und arbeiten Sie die Kreuzstiche über zwei Gewebefäden. Die fertige Stickerei von links dämpfen und in eine Passepartout-Karte montieren.

...mit Stoffen

Seit eh und je benutzt man Monostramin für Petit-point-Stickereien, bei denen der gesamte Stickgrund mit Perlstichen (halbe Kreuzstiche) ausgefüllt wird. Beim Kreuzstich verarbeitet man doppelt so viel Garn und sticht in jedes Gewebeloch zweimal ein. Daher ist für Kreuzstickerei ein gröberer Stickgrund notwendig. Petit-point-Arbeiten werden üblicherweise mit Tapisseriewolle auf Stramin mit 40 Stich/10 cm gestickt; für eine gleichfalls mit Tapisseriewolle gestickte Kreuzsticharbeit hingegen ist ein Stramin mit 28 oder 32 Stich/10 cm erforderlich.

Experimentieren Sie mit Garnen auf Stramin unterschiedlicher Dichte. Stramin, zumeist weiß oder beigefarben, wird oft so dicht bestickt, daß vom Gewebe nichts mehr zu sehen ist. Man kann ihn aber auch bemalen. Sprayfarben eignen sich hervorragend zum Bemalen des Gewebes, durchfärben kann man es mit Textilfarben. Verfestigter Stramin franst nicht aus und läßt sich vor dem Sticken in beliebige Vierecke schneiden. Kleine, auf gefärbten Stramin gestickte Motive – auf Büttenpapier montiert oder auf einen Hintergrund aus kontrastfarbenem Stoff aufgenäht – wirken ungemein dekorativ.

Oben: Tragen Sie die Farbe mit einem Schwamm auf beide Seiten des Stramins auf, und lassen Sie sie vor dem Sticken gründlich trocknen.

...MIT ZÄHLMUSTERN

Kreuzstichzählmuster können auf unterschiedliche Weise umgesetzt werden. Auf Hardanger-Stoff, Stickleinen oder anderem Zählstoff lassen sich Form und Größe eines Motivs ohne weiteres verändern. Probieren Sie es einmal mit einem schlichten Herz-Motiv.

FORM UND GRÖßE VERÄNDERN

1 Sticken Sie ein winziges Motiv wie das hier abgebildete Herz einfädig mit Sticktwist über einen Gewebefaden und daneben dasselbe Motiv zweifädig und über zwei Gewebefäden.

2 In die Länge ziehen läßt sich das Herz, indem man waagrecht über zwei und senkrecht über drei Gewebefäden arbeitet. Und ein breites Herz erhalten Sie, wenn Sie umgekehrt waagrecht über drei und senkrecht über zwei Fäden arbeiten.

RECHTS: Dieses Herz-Motiv wurde mit Blumengarn (Nordin) auf Cashel Leinen (112 Fäden/10 cm) gestickt, mit Perlgarn Nr. 5 auf Stramin von 40 Stich/10 cm sowie mit Tapisseriewolle auf Stramin von 28 Stich/10 cm.

MAßSTAB VERÄNDERN

Muster nach Zählvorlage kann man auch mit einem anderen Garn auf einen anderen Stoff sticken; so entsteht dasselbe Motiv in einer anderen Größe. Genauso wie Sie vielleicht ein Kreuzstichmuster aus diesem Buch für einen anderen Gegenstand verwenden, können Sie ein Motiv in unterschiedlicher Größe auf mehrere zusammengehörige Objekte aufsticken.

...MIT BUCHSTABEN

Schon seit alters her dienten Buchstaben als dekoratives Element. Suchen Sie sich aus den vielen heute erhältlichen Kreuzstichversionen das Ihnen am besten zusagende Alphabet heraus, und verleihen Sie den einzelnen Lettern eine individuelle Note.

1 Zeichnen Sie mehrere kleine Motive, die Sie in die Buchstaben einarbeiten wollen. Anschließend Transparentpapier auflegen und die Motive mit farbigen Filzstiften oder Buntstiften kopieren.

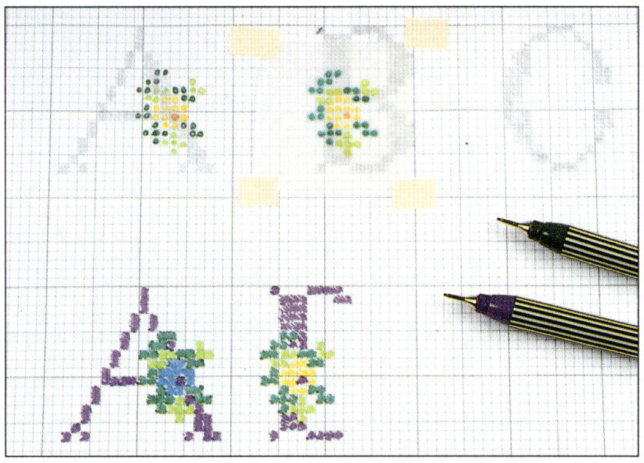

2 Einige Buchstaben auf Millimeterpapier einzeichnen, ein durchgepaustes Motiv auflegen und hin- und herschieben, bis es an der gewünschten Stelle sitzt. Das Transparentpapier fixieren und den Buchstaben samt Ornament kopieren. Wiederholen Sie das Ganze mit anderen Buchstaben, und experimentieren Sie dabei mit verschiedenen Motiven.

STICKTIP

Monogramme – also Gruppen aus zwei oder mehr Buchstaben – lassen sich mit Hilfe dieser Methode mühelos gestalten. Übertragen Sie die Buchstaben auf Millimeterpapier, pausen Sie einen davon durch, und schieben Sie ihn solange über den anderen, bis Ihnen die Anordnung zusagt. Dann das Transparentpapier mit Klebeband fixieren, das Monogramm durchzeichnen und dabei die Buchstaben soweit erforderlich überlappen beziehungsweise ineinanderschlingen.

Motive übertragen

Heutzutage, im Computerzeitalter, ist es möglich, Bilder direkt in ein Kreuzstich- oder Graphikprogramm einzuspeisen und auf diese Weise seine eigenen Zählmuster zu gestalten. Auf dem Bildschirm kann das Motiv vereinfacht werden, indem man die Farbtöne ineinanderfließen läßt und so die Anzahl der benötigten Farben verringert. Die Nuancen lassen sich ohne weiteres abwandeln und interessante Details, Bordüren und Motive zu reizvollen Mustern zusammenfügen.

Die meisten von uns müssen sich allerdings für das Gestalten und Übertragen von Zählmustern nach wie vor mit Millimeter- und Transparentpapier begnügen. Schlichte Motive kann man durchpausen und auf Millimeterpapier übertragen, aber die einfachste Methode ist die Verwendung von Rasterfolie, einer durchsichtigen, mit Rastern unterschiedlicher Größe bedruckten Kunststoffolie. Kreuzstichmuster lassen sich auch mit einem Farbkopierer nach Bedarf vergrößern oder verkleinern; danach legt man die dem Stickgrund entsprechende Rasterfolie auf und fertigt die Zählvorlage an.

1 Legen Sie auf ein Bild von derselben Größe wie die Kreuzstickerei die passende Rasterfolie auf und fixieren Sie sie sorgsam mit Klebeband. Nun den Kreuzstich entweder direkt nach dem Raster arbeiten oder das Motiv auf Millimeterpapier übertragen. Mit vorwiegend einer Farbe ausgefüllte Kästchen werden auch mit diesem Farbton gestickt. Weist ein Kästchen hingegen halb und halb zwei Farben auf, wird das Gewebequadrat mit zwei Dreiviertelkreuzstichen in jeweils diesen Farbtönen ausgefüllt.

STICK-TIP

Bei einer Bildvorlage, die größer oder kleiner ist als die fertige Kreuzstickerei, läßt sich durch Verwendung einer entsprechenden Rasterfolie der Maßstab verkleinern beziehungsweise vergrößern.

Ist z. B. die Vorlage für eine Stickerei von 40 x 40 cm, die mit Tapisseriewolle auf Stramin von 28 Stich/10 cm gearbeitet werden soll, nur 20 x 20 cm groß, fertigen Sie in diesem Fall einfach ein Zählmuster auf einer Rasterfolie mit 56 Stich/10 cm an, und schon haben Sie das gewünschte Format des Motivs.

Motive durchpausen

Bei Bildvorlagen, die kleiner sind als die fertige Stickerei, geht es manchmal rascher, wenn man unter Verwendung von Transparent- und Millimeterpapier das Motiv durchpaust und vergrößert. Denken Sie immer daran, daß das Ergebnis letztendlich von der Sorgfalt abhängt, mit der die ursprüngliche Abbildung durchgepaust wurde. Zeichnen Sie immer mit einem sehr spitzen, harten Bleistift, und achten Sie auf eine detailgetreue Wiedergabe.

1 Legen Sie Transparentpapier über das Bild, fixieren Sie es mit Kreppband, und zeichnen Sie mit einem spitzen Bleistift sorgsam die Konturen des Motivs nach. Versuchen Sie, möglichst viele kleine Details miteinzubeziehen; das vergrößerte Motiv gewinnt dadurch an Akkuratesse und Lebendigkeit.

2 Das Transparentpapier umgekehrt auf das Millimeterpapier legen, das Motiv zurechtrücken und die Konturen exakt nachzeichnen. Sie drücken sich seitenverkehrt ab. Für eine originalgetreue Wiedergabe bekritzeln Sie die Rückseite des Transparentpapiers mit Bleistiftstrichen und ziehen die Linien nach.

EIN MOTIV VERGRÖSSERN

1 Umranden Sie das Motiv mit einer Rechtecklinie, und ergänzen Sie es nach Belieben. In diesem Fall wurde dem Blütenkopf noch ein Stengel angefügt.

Nun ein großes, ähnlich geformtes Rechteck im exakten Ausmaß der fertigen Kreuzstickerei zeichnen. Die Kästchen des kleinen Rechtecks waagrecht und senkrecht auszählen und dieselbe Zahl auf dem großen Raster markieren. Übertragen Sie nun – von links nach rechts arbeitend – Kästchen für Kästchen die Linien der kleinen Vorlage auf den größeren Raster.

2 Das Motiv mit Filz- oder Buntstiften ausmalen und Blütenblätter und Blumenstempel schattieren. Unter Verwendung von Waste Canvas (40 Stich/10 cm) kann das Motiv nun unmittelbar nach der Vorlage auf dem Millimeterpapier gestickt werden; bei Verarbeitung von Zählstoff überträgt man es auf die der Gewebedichte entsprechende Rasterfolie.

Oben: Nach dem Übertragen kann man das Motiv als kleines Detail verarbeiten oder – wie auf diesem Kissen – zum großzügig gestalteten Blickfang machen.

MOTIVE DREHEN

In diesem Stadium ließe sich der Entwurf in ein Computerprogramm einspeisen. Mittlerweile gibt es eine Fülle von PC-Mustersätzen für Kreuzstickereien, die das Ausprobieren verschiedener Farbgebungen für ein und dasselbe Motiv beschleunigen und mehr Variationsmöglichkeiten bieten. Computerprogramme erlauben es, ein Kreuzstichmotiv senkrecht oder waagrecht darzustellen oder um 45° bis 90° zu drehen – ein unschätzbarer Vorzug, wenn es um ein über vier Ecken zu führendes Bordürenmuster geht. Steht ein Computerprogramm nicht zur Verfügung, genügt auch die altbewährte Methode, ein Motiv mit Hilfe eines Spiegels zu drehen.

1 Stellen Sie einen geraden Spiegel hochkant im 45°-Winkel auf das Zählmuster, und zeichnen Sie das im Spiegel sichtbare Eckmotiv auf ein Stück Millimeterpapier. Um das vollständige Spiegelbild eines Motivs zu erhalten, stellt man den Spiegel hochkant an die Motivkante und zeichnet dann die seitenverkehrte Abbildung.

Schnittvorlagen

Für keine dieser Schnittvorlagen sind exakte Maße angegeben. Sie lassen sich nach Bedarf vergrößern, und am besten tut man dies mit Hilfe eines Photokopierers oder eines auf den vorangehenden Seiten beschriebenen Rastersystems. Die mehrfarbigen Abbildungen auf Seite 33, 34 und 35 dienen als Arbeitsvorlagen für die Modelle, deren wenige Kreuzstichkombinationen kein Zählmuster erfordern.

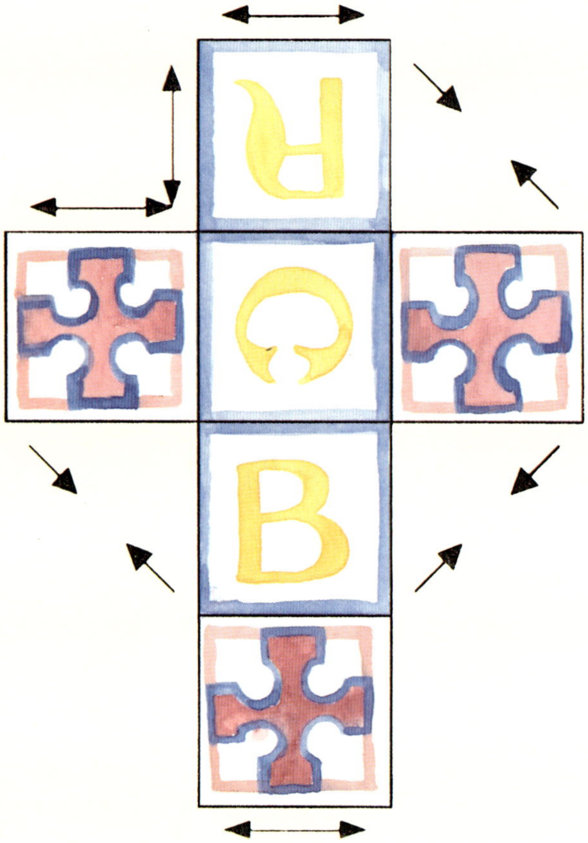

BUCHSTABENWÜRFEL
Keltenzeit und Mittelalter

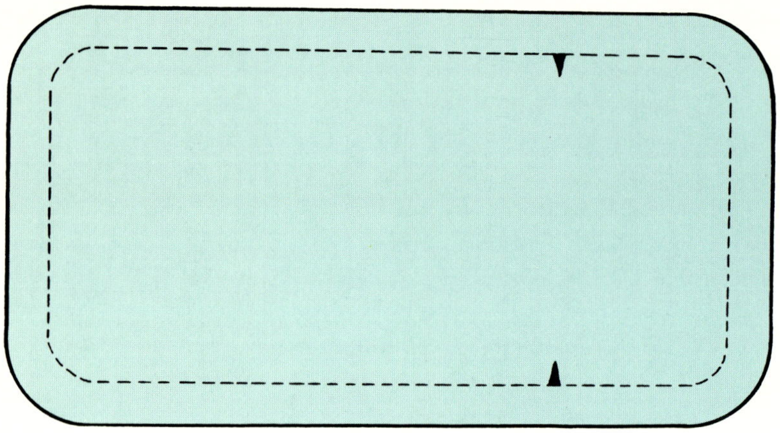

MEHRZWECKBÖRSE
Keltenzeit und Mittelalter

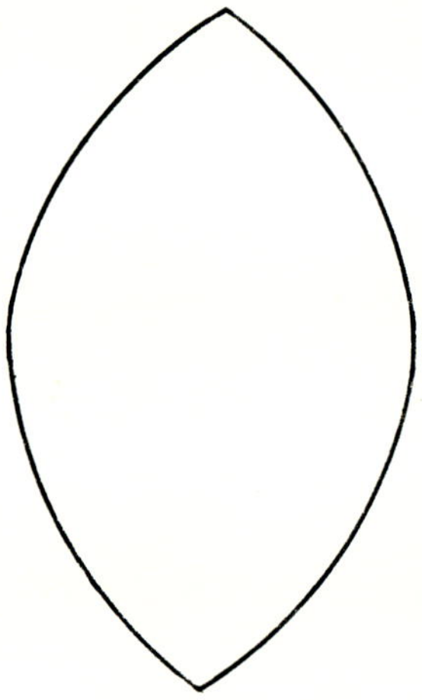

WEIHNACHTSSCHMUCK IN SCHWARZSTICKEREI
Keltenzeit und Mittelalter

NEUN-STERNE-BILD
Folklore

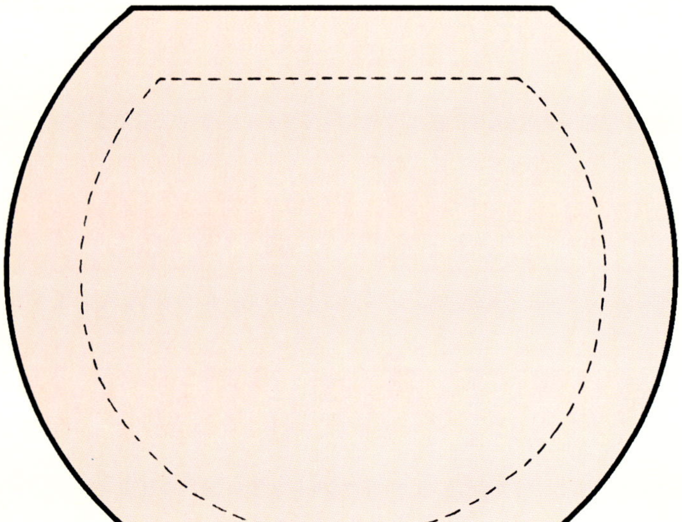

BRILLENETUI
Keltenzeit und Mittelalter

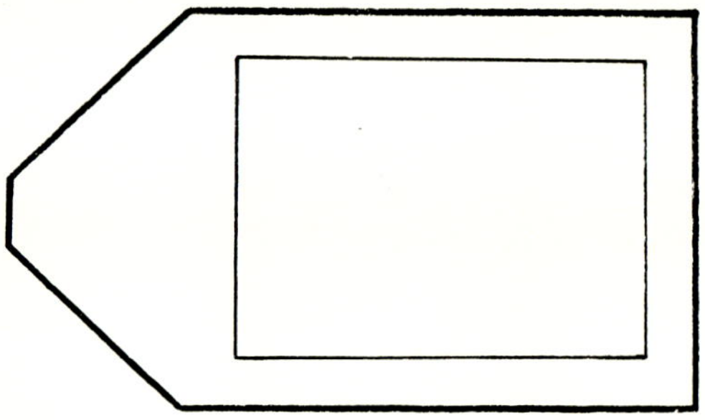

GESCHENKANHÄNGER
Traditionelles

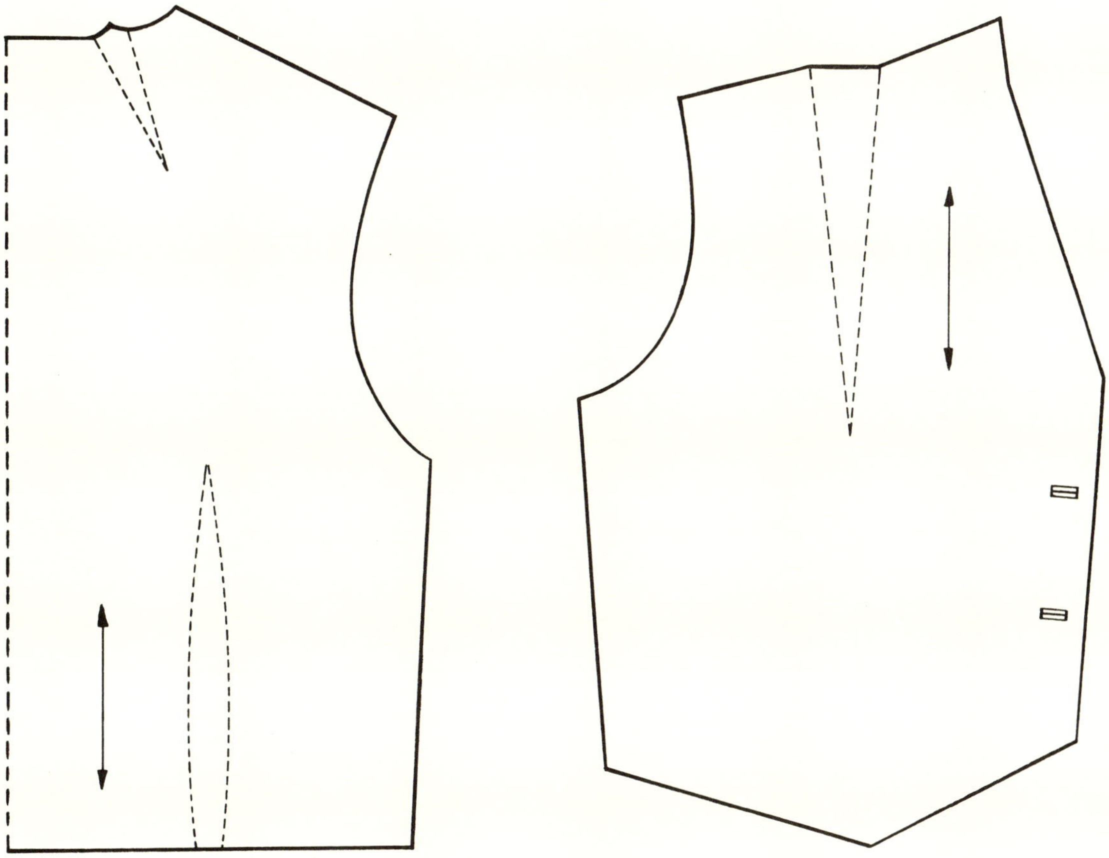

WESTE
Keltenzeit und Mittelalter

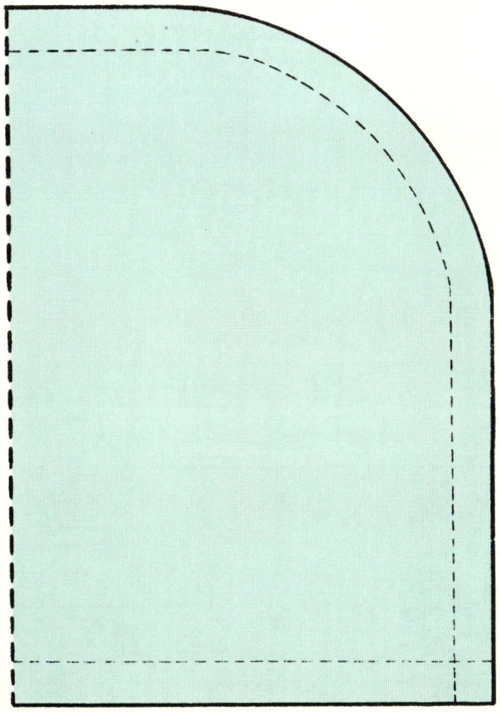

TEEWÄRMER
Traditionelles

BESTICKTES BÜCHLEIN
Moderne Muster

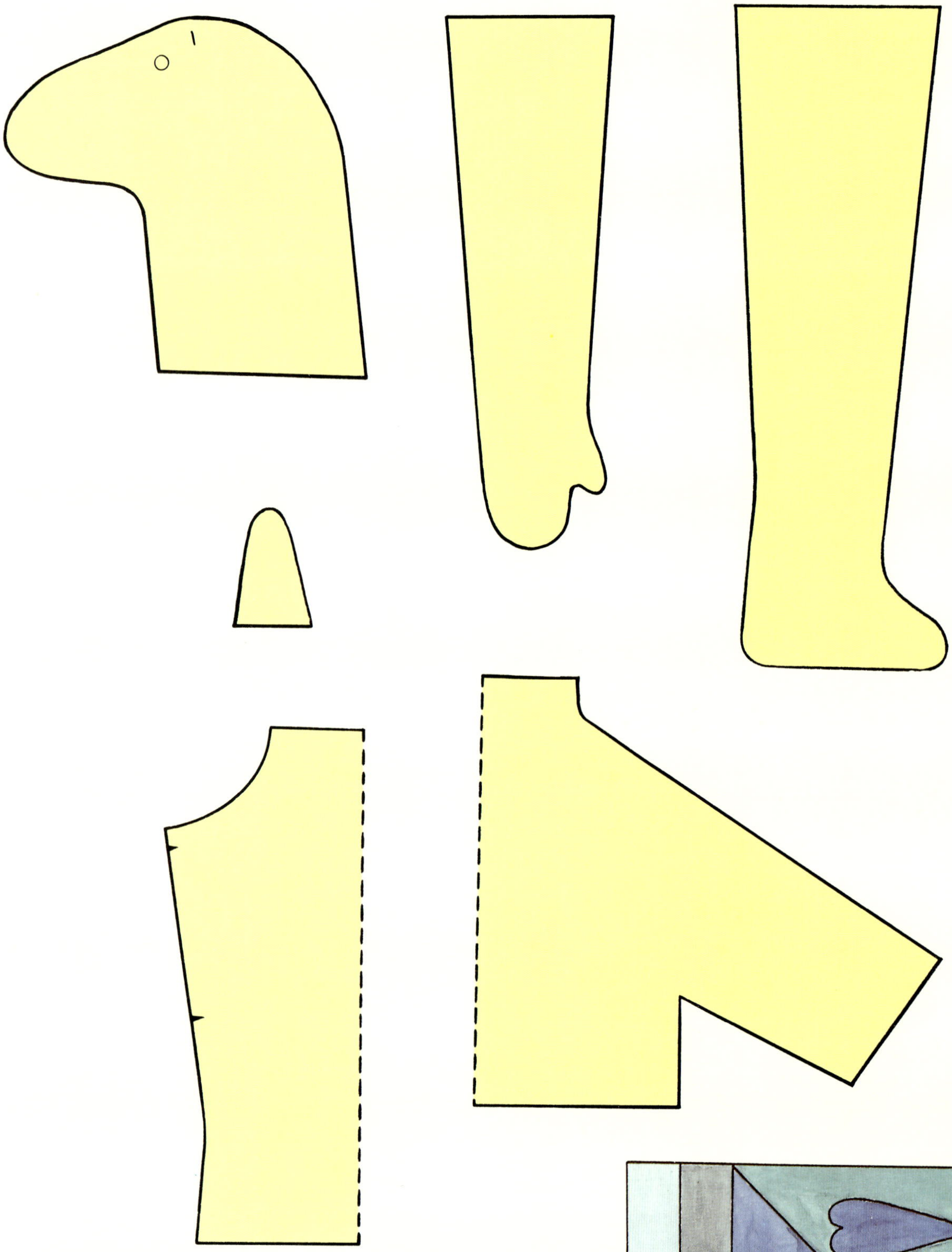

PARTY-PFERDCHEN
Folklore

TABLETTDECKCHEN
Folklore

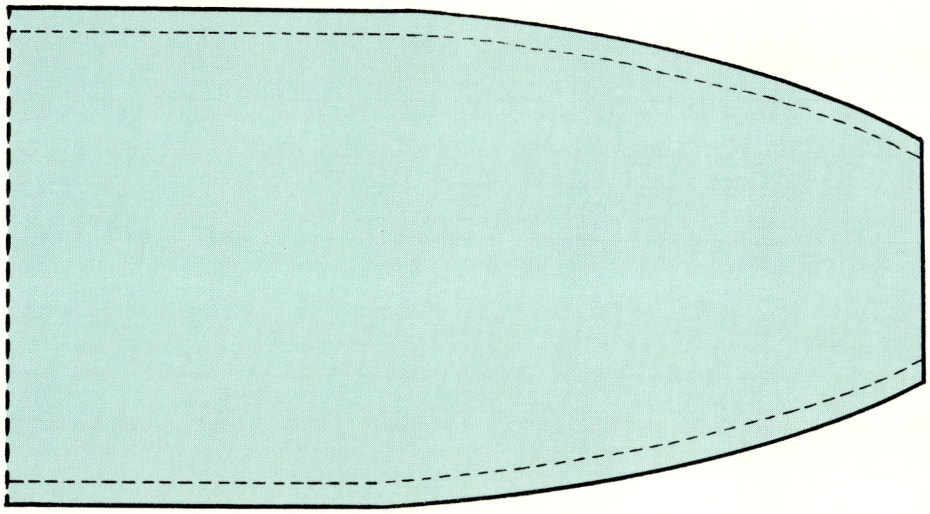

VORHANGSCHLAUFEN
Moderne Muster

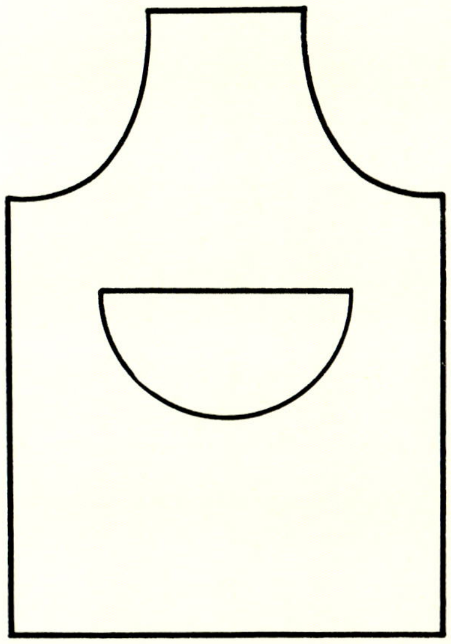

GARTENSCHÜRZE
Moderne Muster

KINDERWESTE
Moderne Muster

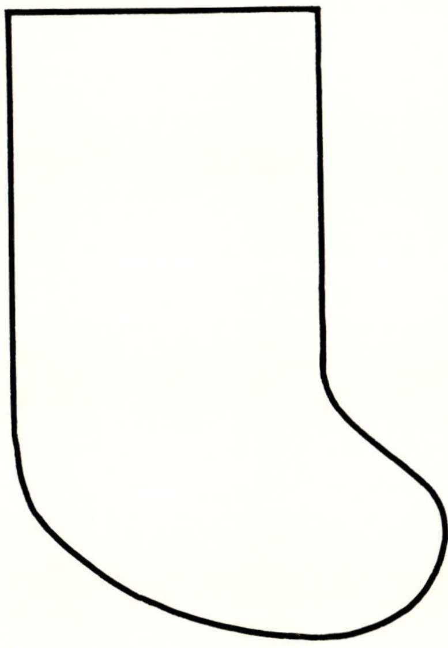

WEIHNACHTSSTRUMPF
Traditionelles

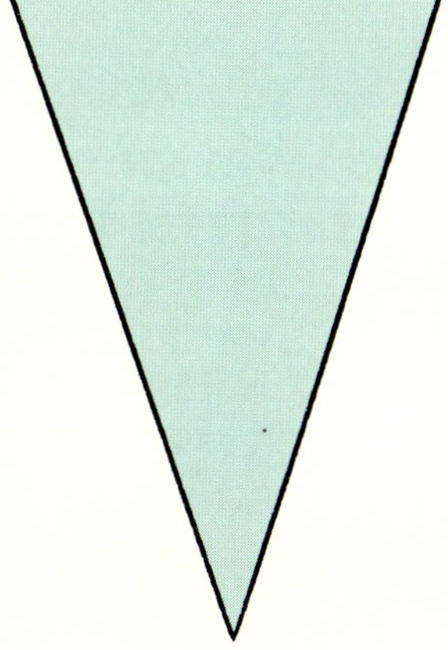

SCHERENETUI
Traditionelles

KINDERTÄSCHCHEN
Moderne Muster

KAPITEL 1

KELTENZEIT UND MITTELALTER

In den Stickmustern dieses Kapitels spiegeln sich die ganze Pracht und Farbenfreude mittelalterlicher Feste und malerischer Turniere wider. Vorbilder für die reiche Auswahl an kunstvoll gearbeiteten Knoten- und Flechtmotiven sowie für all die anderen farbenfrohen Stickereien waren die ornamentale Steinmetzkunst der Keltenzeit, der ungemein dekorative Zierat in alten, kolorierten Handschriften und die herrlich gestalteten, bunt bemalten Fenster mittelalterlicher Kirchen und Klöster.

Mittelalterliche Vorhangschlaufen

Diese hübschen, rustikalen Vorhangschlaufen halten einen schweren Vorhang oder eine Portière zurück.

MATERIAL

70 cm naturfarbener Rupfen
Stickwolle in den in der Tabelle angeführten Farben
Sticknadel
Rundrahmen
70 cm Futterstoff
70 cm Wattierung
Nähgarn
Heftgarn
Nähnadel
Stecknadeln
Schere
2 große Messing-Vorhangringe

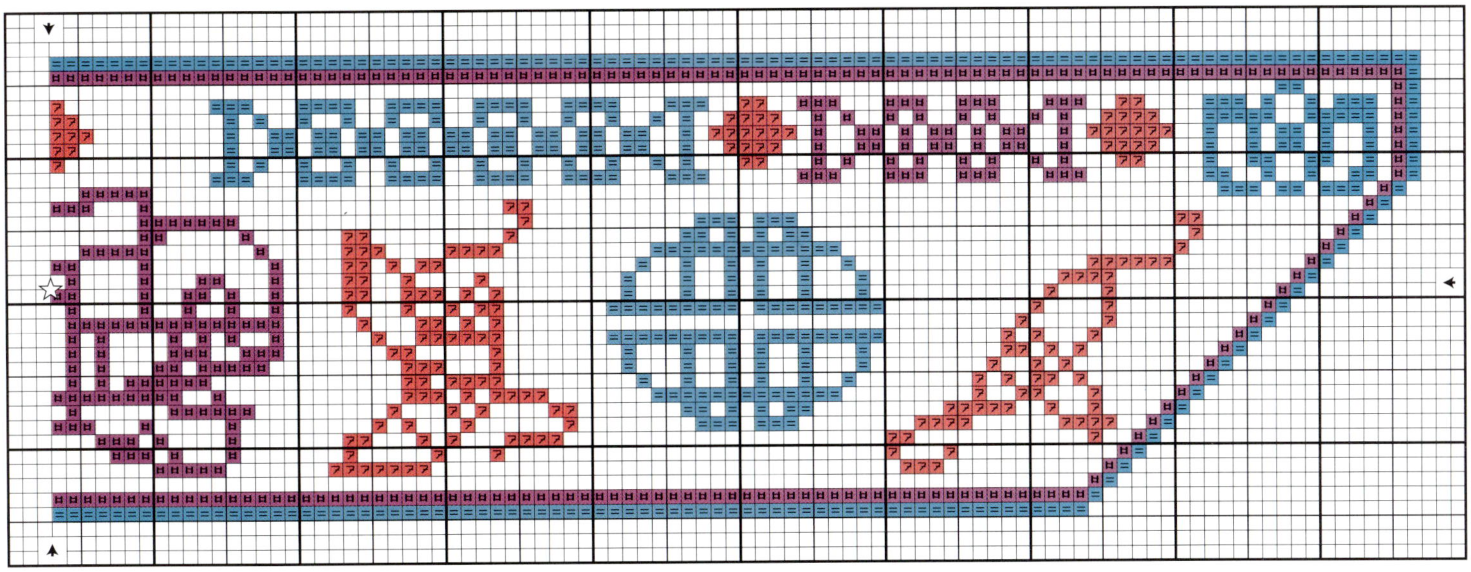

STICKEN

Die Größe der Vorhangschlaufen hängt von der Art des Rupfens ab und muß den Vorhängen angeglichen werden. Zählen Sie in beiden Richtungen je 20 Fäden ab, markieren Sie das Quadrat mit Stecknadeln, und messen Sie es ab. Es entspricht 10 Kästchen auf der Zählvorlage. Rechnen Sie nun die erforderliche Länge und Breite der Vorhangschlaufe aus plus Rundumzugabe für die Fransen, und schneiden Sie den Rupfen entsprechend zu. Markieren Sie die Mittellinien in beiden Richtungen mit Heftstichen, und arbeiten Sie die Kreuzstiche über zwei Fäden. Die fertige Stickerei von links dämpfen und die Zugabe auf 12 mm zurückschneiden.

Anchor

- 8400 (2 Stränge)
- 8630 (5 Stränge)
- 8592 (4 Stränge)
- ☆ Mittelpunkt

1 Fertigstellen: Futterstoff in Schlaufengröße zuschneiden, rundum 12 mm breit einschlagen und umbügeln. Wattierung etwas kleiner zuschneiden. Die Vorhangschlaufe mit der rechten Seite nach unten ausbreiten, Wattierung und Futter auflegen. Das Futter durch alle Lagen feststecken und dicht an der Kreuzstichkante entlang festnähen.

2 Nähen Sie nun an die Innenseiten der Schmalkanten je einen Vorhangring, und fransen Sie den Rupfen mit Hilfe einer stumpfen Nadel bis zur Kreuzstichkante vorsichtig aus. Die zweite Vorhangschlaufe ebenso arbeiten.

Mittelalterliches Kissen

KELTENZEIT
UND
MITTELALTER

Leuchtende Farben und großzügige heraldische Motive treffen gewiß den Geschmack von Teenagern. Zum Rekeln auf dem Bett hat das Kissen gerade die richtige Größe.

MATERIAL

46 x 46 cm Zweigart Sudan-Stramin, 29 Stich/10 cm (Art. 699)

Tapisseriewolle in den in der Tabelle angeführten Farben

Sticknadel

Drehrahmen

46 x 56 cremefarbener Unterstoff

Nähgarn

Heftgarn

Nähnadel

Stecknadeln

Schere

Nähmaschine

180 cm naturfarbene Kordel

Kissen, 40 x 40 cm

STICKEN

Markieren Sie auf dem Stramin die Mittellinien in beiden Richtungen mit Heftstichen. Die Kissenhülle nach Zählmuster arbeiten und anschließend die fertige Stickerei beschweren, um sie rechtwinklig auszurichten und die Stiche zu glätten.

1 Fertigstellen: An den beiden Schmalseiten des Unterstoffs einen 1 cm breiten Saum steppen, den Stoff in der Mitte auseinanderschneiden und die gesäumten Seiten soweit überlappen, bis sie ein 40 x 40 cm großes Quadrat bilden.

2 Die Unterstoffteile zusammenheften, Kissenober- und Rückseite rechts auf rechts zusammenstecken, heften und mit der Nähmaschine rundum zusammennähen.

3 Die Nahtzugaben zurückschneiden, die Ecken einknipsen und die Kissenhülle wenden. Nun die Kordel entlang der Naht von Hand annähen, die Hülle vorsichtig von links dämpfen und das Kissen hineinstopfen.

	Anchor		Anchor		Anchor
= =	8588	x x	9078	⌂ ⌂	8114
> >	8414	\ \	8016	∧ ∧	8140
↘ ↘	8004	■ ■	9768	x x	8788
/ /	8714	◇ ◇	9096	☆	Mittelpunkt
И И	8784	◸ ◸	8218		

Kissen mit keltischem Muster

Am wirkungsvollsten kommt dieses Kissen mit anderen, zwanglos auf einer Couch verteilten Kissen in unterschiedlichen Blau- und Gelbtönen zur Geltung.

KELTENZEIT UND MITTELALTER

MATERIAL

35 x 35 cm Zweigart Sudan-Stramin, 29 Stich/10 cm (Art. 699)

Tapisseriewolle in den in der Tabelle angeführten Farben

Sticknadel

Drehrahmen

30 x 38 cm dunkelblauer Unterstoff

Nähgarn

Heftgarn

Nähnadel

Stecknadeln

Schere

Nähmaschine

125 cm blaue Kordel

Kissen, 30 x 30 cm

STICKEN

Markieren Sie auf dem Stramin die Mittellinien in beiden Richtungen mit Heftstichen. Die Kissenhülle nach Zählmuster arbeiten und anschließend die fertige Stickerei beschweren, um sie rechtwinklig auszurichten und die Stiche zu glätten.

1 Fertigstellen: An den beiden Schmalseiten des Unterstoffs einen 1 cm breiten Saum steppen, den Stoff in der Mitte auseinanderschneiden und die gesäumten Seiten soweit überlappen, bis sie ein 30 x 30 cm großes Quadrat bilden. Die Unterstoffteile zusammenheften, Kissenober- und Rückseite rechts auf rechts zusammenstecken, heften und mit der Nähmaschine rundum zusammennähen.

2 Die Nahtzugaben zurückschneiden, die Ecken einknipsen und die Kissenhülle wenden. Nun die Kordel entlang der Naht von Hand annähen, die Hülle vorsichtig von links dämpfen und das Kissen hineinstopfen.

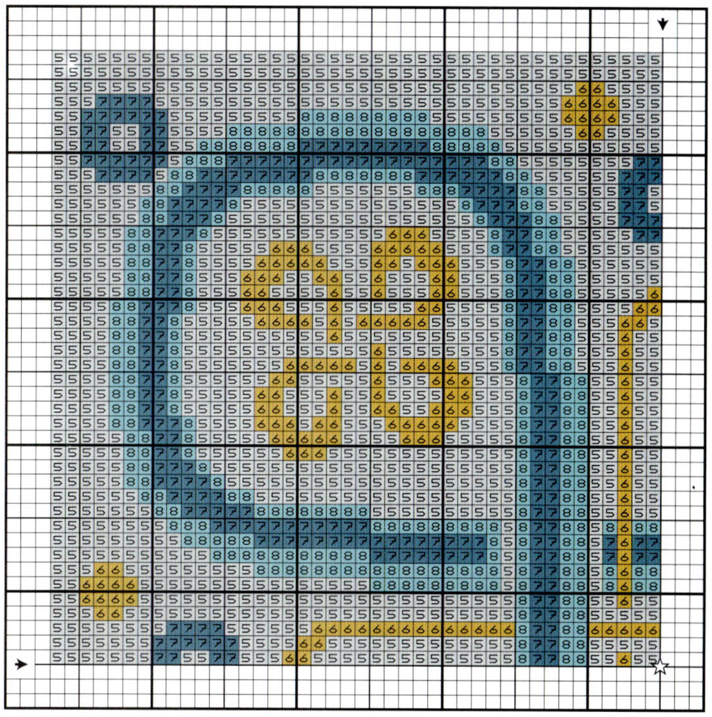

Anchor		Anchor		
5 5	8704 (8 Stränge)	7 7	8836 (2 Stränge)	☆ Mittelpunkt
6 6	8020 (2 Stränge)	8 8	8896 (4 Stränge)	

KELTENZEIT
UND
MITTELALTER

KAMINSCHIRM

In ein schlichtes Holzgitter eingepaßt, verbirgt das phantasievolle Drachenmotiv die leere Kaminöffnung.

MATERIAL

51 x 61 cm Zweigart Bantry/Quaker Cloth, 112 Fäden/10 cm (Art. 3993), graublau

Sticktwist in den in der Tabelle angeführten Farben

Sticknadel

Rundrahmen

robustes Nähgarn

Heftgarn

Nähnadel

Karton zum Aufziehen

Cutter

Stahllineal

Kamingitter

STICKEN

Obwohl ziemlich großflächig, ist dieses Motiv auf relativ feines Stickleinen gearbeitet. Sie tun sich leichter, wenn Sie den Stoff in einen Rundrahmen spannen und das Motiv in kleinen Abschnitten sticken.

1 Markieren Sie auf dem Stickgrund die Mittellinien in beiden Richtungen mit Heftstichen, nehmen Sie zum Sticken zwei Fäden in die Nadel, und arbeiten Sie den Kreuzstich über zwei Gewebefäden. Die Rückstiche auf den Drachenflügeln einfädig mit Farbe 900 und alle anderen Rückstiche zweifädig mit Farbe 403 sticken.

2 Fertigstellen: Die beendete Stickerei vorsichtig von links dämpfen. Den Karton zum Aufziehen auf Gittergröße zurechtschneiden, die Stickerei darüberspannen und das Ganze in die Rahmenöffnung einpassen.

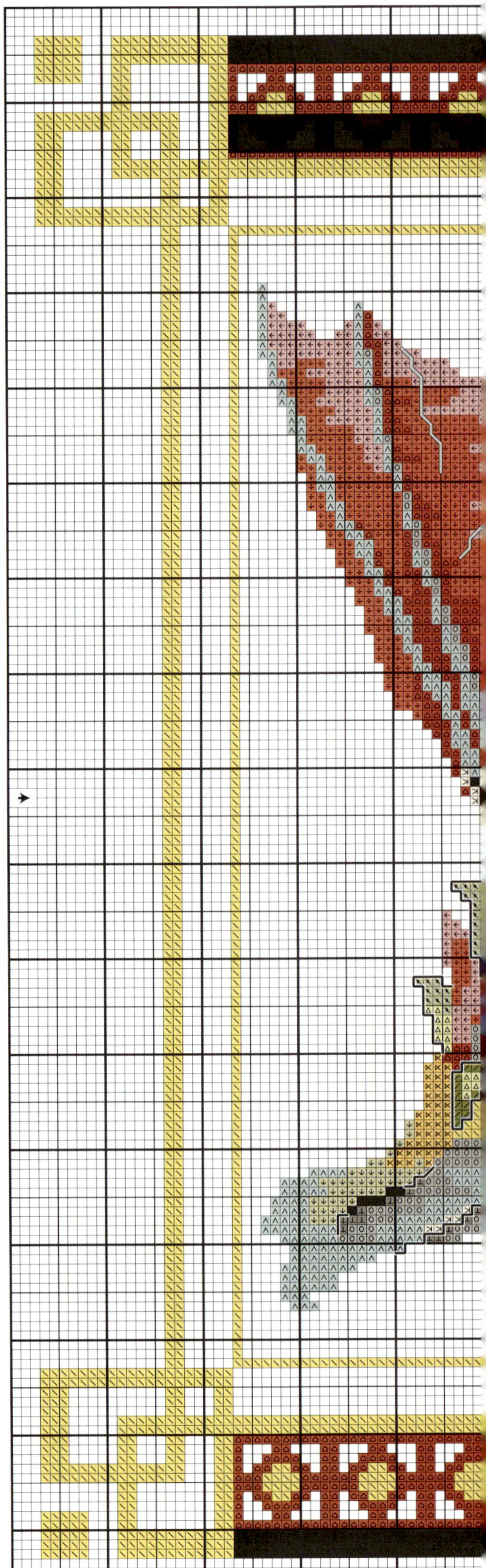

Anchor	Anchor	Anchor	Anchor	Anchor	
357	856	945	403	868/5975	
830	891 (2 Stränge)	1014 (2 Stränge)	274/875	849/877	
831	898	5975	779/877	853/855	
853	900	8581	830/943	831/898	
855	943	273	830/831	898/945	☆ Mittelpunkt

KELTENZEIT
UND
MITTELALTER

Serviettenring

Über eine schlichte Leinenserviette gestreift, wirkt dieser Serviettenring ausgesprochen elegant.

MATERIAL

5 x 15 cm Monostramin, 40 Stich/10 cm

Sticktwist in den in der Tabelle angeführten Farben

Sticknadel

5 x 15 cm cremefarbener Filz

Nähnadel

Schere

STICKEN

Nehmen Sie zum Sticken alle sechs Fäden in die Nadel. Die Stiche liegen besser, wenn man den Sticktwist zunächst in Einzelfäden trennt und diese dann zusammen einfädelt. Die fertige Stickerei vorsichtig von links dämpfen.

1 Fertigstellen: Die Ecken diagonal zurückschneiden und den überschüssigen Stramin auf die Rückseite umschlagen.

2 Den Filzstreifen passend zurechtschneiden und beide Teile mit Knopflochstich verbinden. Den Ring schließen und beide Schmalseiten mit Knopflochstich zusammenfügen.

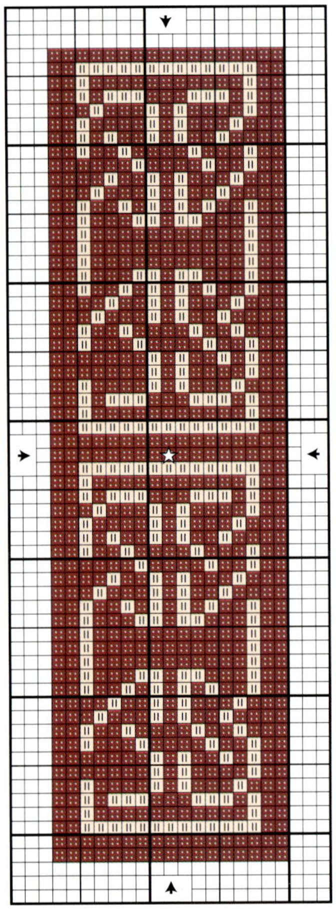

Anchor
276
70
☆ Mittelpunkt

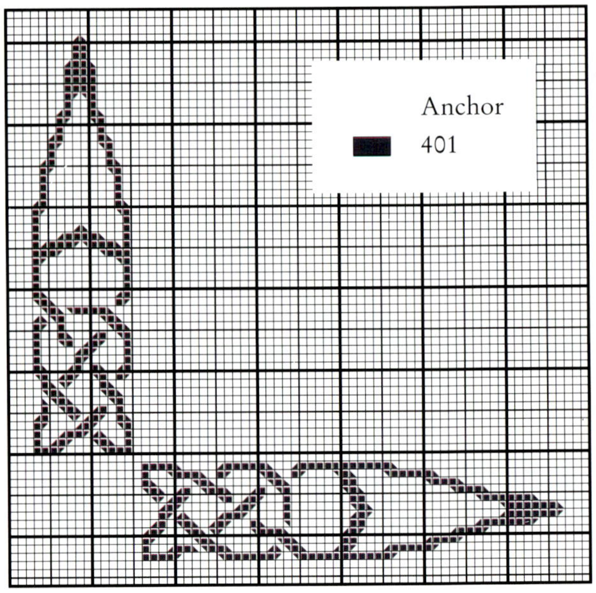

SERVIETTE

Der keltische Knoten auf dieser Serviette mit Fransensaum ist rasch und mühelos zu sticken.

STICKEN

Heften Sie 5 cm von der Stoffkante entfernt an zwei Seiten des Stickleinens eine Orientierungslinie, sticken Sie das Motiv mit zwei Fäden in der Nadel nach Zählmuster in die markierte Ecke, und arbeiten Sie den Kreuzstich über zwei Gewebefäden. Die fertige Stickerei vorsichtig von links dämpfen.

1 Fertigstellen: 4 cm von der Stickerei entfernt die Stoffkante fadengerade abschneiden und die Serviette auf eine Breite von 2,5 cm ausfransen.

MATERIAL

40 x 40 cm Stickleinen, 112 Fäden/10 cm, blaßgrau

Anchor Sticktwist 401

Sticknadel

Rundrahmen

Heftgarn

Nähnadel

Schere

STUHLBEZUG

Mit diesem interessant gemusterten, wärmenden Bezug wird aus einem abgenutzten Mahagonistuhl wieder ein ansprechendes Möbelstück. Der Bezug paßt auf jeden gängigen Eßzimmerstuhl mit losem Sitz.

MATERIAL

56 x 56 cm Zweigart Sudan-Stramin, 29 Stich/10 cm (Art. 699)

Tapisseriewolle in den in der Tabelle angeführten Farben

Sticknadel

Drehrahmen

56 x 56 cm Kattun

Heftgarn

Schere

Polsternägel

Hammer

gepolsterter Stuhlsitz

STICKEN

Markieren Sie auf dem Stramin die Mittellinien in beiden Richtungen mit Heftstichen. Den Stramin auf den Rahmen spannen und von der Mitte aus mit dem Sticken beginnen. Die fertige Stickerei beschweren, um sie rechtwinklig auszurichten und die Stiche zu glätten, und danach vorsichtig von links dämpfen.

1 Fertigstellen: In der Mitte der Vorderkante beginnend, die Stickerei über das Sitzpolster ziehen und an der Unterseite mit einem Polsternagel fixieren. Von dort aus nach links und rechts alle 5 cm einen Polsternagel einschlagen. An der rückwärtigen Sitzkante und den beiden Seitenkanten ebenso verfahren. Überschüssigen Stramin an den Ecken zurückschneiden, damit er so wenig wie möglich aufträgt.

2 Abschließend auf der Sitzunterseite ein quadratisches Stück Kattun mit Polsternägeln befestigen.

	DMC		DMC
7 7	7472 (4 Stränge)	1 1	7590 (7 Stränge)
– –	7406 (5 Stränge)	2 2	7544 (4 Stränge)
I I	7591 (9 Stränge)	☆	Mittelpunkt

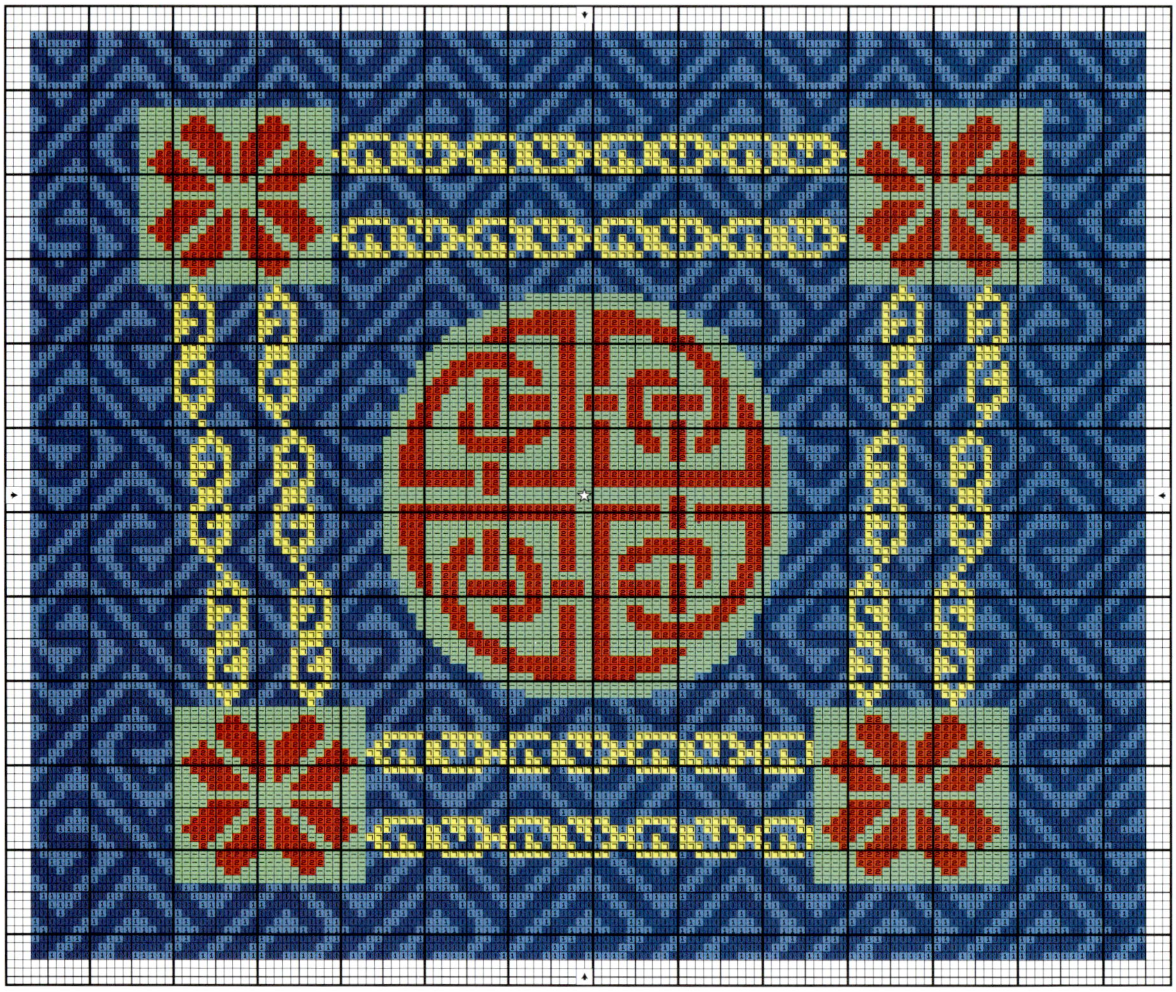

KELTENZEIT
UND
MITTELALTER

Dame im Turm

Inspiration für dieses ebenso schlichte wie anmutige Sujet war eine Darstellung in einer üppig kolorierten, mittelalterlichen Handschrift.

MATERIAL

25 x 30 cm Zweigart Sulta Hardanger, 88 Stich/10 cm (Art. 1008), weiß

Sticktwist in den in der Tabelle angeführten Farben

Sticknadel

Spannrahmen

robustes Nähgarn

Heftgarn

Nähnadel

Schere

Karton zum Aufziehen

Cutter

Bilderrahmen

STICKEN

Markieren Sie auf dem Hardanger-Gewebe die Mittellinien in beiden Richtungen mit Heftstichen. In der Mitte beginnend, mit drei Fäden in der Nadel sticken und den Kreuzstich über zwei Gewebekästchen arbeiten.

1 Fertigstellen: Sticken Sie nach Abschluß der Kreuzsticharbeit die Rückstiche gleichfalls mit drei Fäden in der Nadel.

2 Die Heftfäden herausziehen und die fertige Stickerei vorsichtig von links dämpfen. Den Karton auf die richtige Größe zurechtschneiden, die Stickerei aufziehen und das Bild in den Rahmen einpassen.

DMC	DMC	Rückstich
353	798	310
321	310	
740	415	☆ Mittelpunkt
743	317	
912	434	

ZIERBUCHSTABE

In einem schlichten, farblich auf die Stickerei abgestimmten Kiefernholzrahmen kommt dieser Zierbuchstabe optimal zur Geltung.

MATERIAL

15 x 15 cm Stickleinen, 112 Fäden/10 cm, cremefarben

Sticktwist in den in der Tabelle angeführten Farben + Goldfaden

Sticknadel

robustes Nähgarn

Heftgarn

Nähnadel

Karton zum Aufziehen

Cutter

Kiefernholzrahmen

Holzfarbe

Pinsel

STICKEN

Markieren Sie auf dem Stickleinen die Mittellinien in beiden Richtungen mit Heftstichen. Nehmen Sie einen Faden Sticktwist beziehungsweise zwei Goldfäden in die Nadel und arbeiten Sie den Kreuzstich über einen Gewebefaden.

1 Fertigstellen: Die Heftfäden herausziehen und die beendete Stickerei vorsichtig von links dämpfen.

2 Den Bilderrahmen, farblich zur Stickerei passend, zweimal streichen und trocknen lassen.

3 Schneiden Sie den Karton auf das passende Format, legen Sie ihn auf die Rückseite der Stickerei, und achten Sie darauf, daß das Motiv in der Mitte sitzt. Die Stickerei auf den Karton aufziehen und in den Rahmen einpassen.

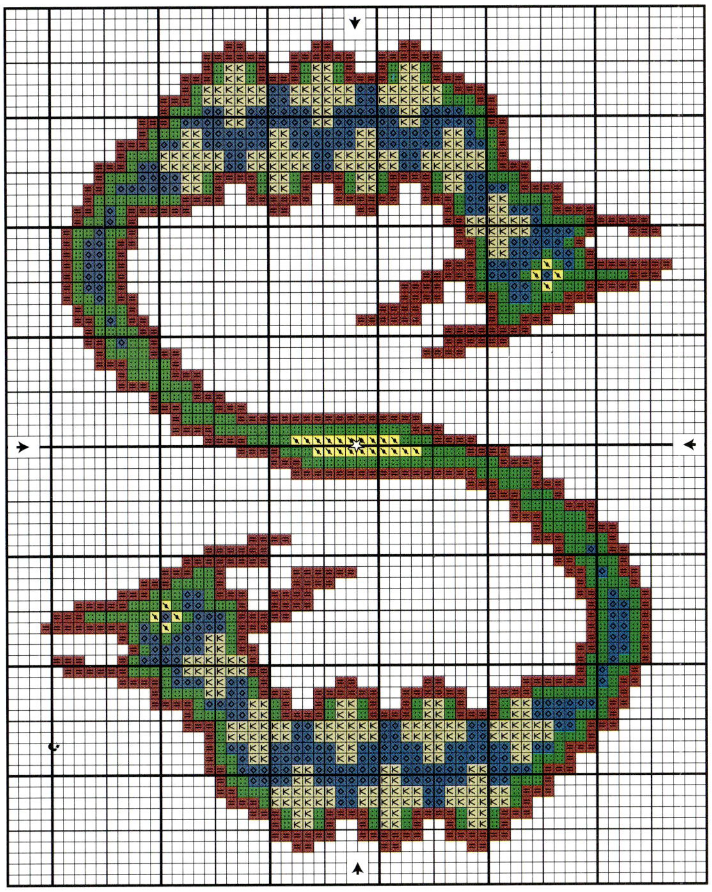

DMC		DMC	
==	3721	∷	367
ꓘꓘ	3046	◇◇	312
↘↘	Goldfaden Art. 284	☆	Mittelpunkt

EINKAUFSBEUTEL

Praktisch, robust und hübsch bestickt – ein vielseitiger Einkaufsbeutel, in dem Sie sogar Kartoffeln nach Hause tragen können.

MATERIAL

50 cm Zweigart Linda, 107 Fäden/10 cm (Art. 1235), beigefarben

Sticktwist in den in der Tabelle angeführten Farben

Sticknadel

Rundrahmen

50 cm Kattun zum Abfüttern

18 x 18 cm dünne Vlieseline zum Aufbügeln

Nähgarn

Heftgarn

Nähnadel

Schere

Nähmaschine

STICKEN

Schneiden Sie für den Einkaufsbeutel zwei Teile Stickleinen von jeweils 41 x 45 cm zu, markieren Sie im Abstand von 4,5 cm zum oberen Rand die Oberkante mit Heftstichen sowie auf einem der beiden Teile die Mittellinien in beiden Richtungen; beim Markieren der waagrechten Mittellinie von der Heftfadenlinie am oberen Rand aus messen. Sticken Sie von der Mitte aus zweifädig, und arbeiten Sie jeden Kreuzstich über zwei Gewebefäden. Die Rückstiche werden in verschiedenen Farben ausgeführt – Körperkonturen Nr. 938, Schwanz Nr. 3750 und Zunge Nr. 355. Die fertige Stickerei vorsichtig von links dämpfen und darauf achten, daß sie vor dem Aufbügeln der Vlieseline rechtwinklig ausgerichtet ist. Durch die Vlieseline erhält der bestickte Stoff etwas »Stand«.

DMC
335
400
772
783
800
890
931
938
988
3750

Rückstich
335
3750
938

☆ Mittelpunkt

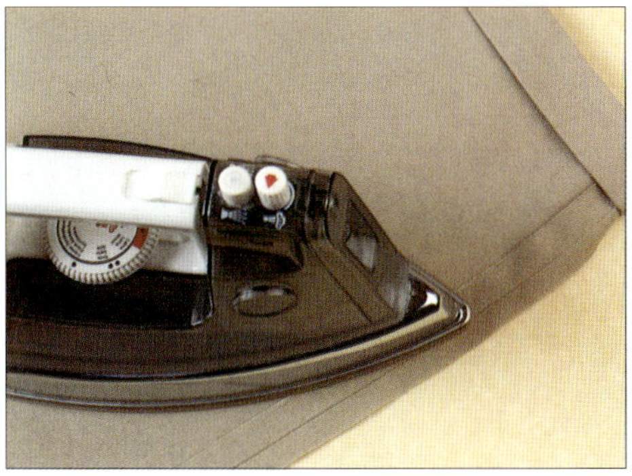

1 Fertigstellen: Die Teile rechts auf rechts seitlich und am unteren Rand zusammensteppen. Die Ecken zurückschneiden und die Nähte breitbügeln. Fertigen Sie aus zwei 41 x 41 cm großen Stücken Kattun das Futter für den Einkaufsbeutel an und steppen Sie zur Verstärkung dicht außerhalb der ersten noch eine zweite Naht.

2 Die Oberkante des Einkaufsbeutels zunächst 12 mm breit und dann entlang der Heftlinie umschlagen, bügeln und den Beutel auf die rechte Seite drehen. Den Futterbeutel hineinstecken, dessen Oberkante unter den gebügelten Einschlag schieben, feststecken, heften und dann den Saum steppen. Knapp an der Oberkante entlang noch eine zweite Steppnaht anbringen.

3 Für die Tragegriffe 10 x 45 cm lange Streifen der Länge nach falten und mit einer 12 mm breiten Naht zusammensteppen; die beiden Enden bleiben offen. Die Naht breitbügeln, die Schläuche umdrehen und nochmals so bügeln, daß sich die Naht in der Mitte befindet. Die Schmalseiten mit Zickzackstich versäubern, die Tragegriffe jeweils 10 cm von der Seitennaht entfernt feststecken und annähen.

BEZOGENE KNÖPFE

Glitzernde, mittelalterlich-vornehme Knöpfe verleihen einem schlichten schwarzen Mantel oder Blazer einen Hauch von Eleganz. Das hier gezeigte Motiv wurde für 3 cm große Knöpfe entworfen, ließe sich aber auch für andere Größen abwandeln.

MATERIAL

Zweigart Linda, 107 Fäden/10 cm (Art. 1235), schwarz

Sticktwist in den in der Tabelle angeführten Farben

Sticknadel

Rundrahmen

Nähgarn

Nähnadel

Schere

dünner Karton

feiner Markierstift

Knöpfe zum Beziehen, Ø 3 cm

STICKEN

Arbeiten Sie jeden Knopfbezug auf ein 5 x 5 cm großes Stoffquadrat und dämpfen Sie die fertige Stickerei vorsichtig von links.

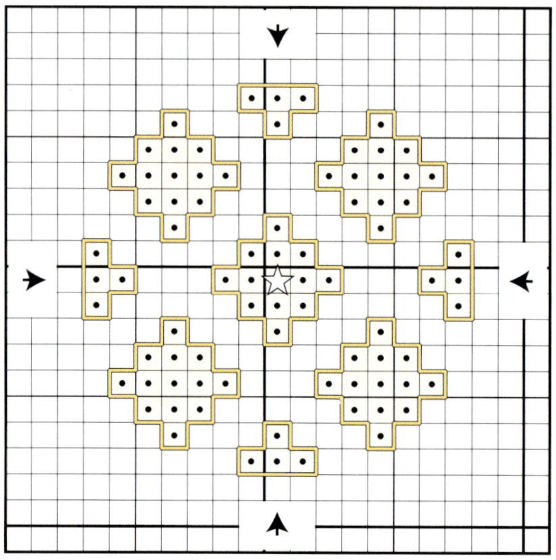

Anchor
weiß

Rückstich
Goldfaden

☆ Mittelpunkt

1 Fertigstellen: Schneiden Sie aus dem Karton einen 4 cm großen Kreis aus und aus diesem Plättchen nochmals einen kleinen Kreis, so daß ein Ring entsteht, durch den die Motivmitte zu sehen ist. Den Pappring auf die Stickerei legen und mit dem Markierstift rund um die Außenkante eine Linie ziehen.

2 Den Knopfbezug ausschneiden und an der Kante entlang mit winzigen Vorstichen einen Reihfaden einziehen. Das Knopfoberteil auf die Rückseite der Stickerei legen, den Reihfaden strammziehen, vernähen und das Knopfunterteil in das Oberteil drücken.

Schemelbezug

Ein weicher, wärmender Bezug macht aus einem schlichten Sitz- oder Fußschemel ein ansprechendes, bequemes Möbelstück.

MATERIAL

40 x 40 cm Zweigart Sudan-Stramin, 29 Stich/10 cm (Art. 699)

Tapisseriewolle in den in der Tabelle angeführten Farben

Sticknadel

Drehrahmen

28 x 28 cm dicke Wattierung

1 m dunkelbraune Borte, 3 cm breit

Nähgarn

Heftgarn

Nähnadel

Schere

doppelseitiges Klebeband

Schemel, Ø 28 cm

STICKEN

Markieren Sie auf dem Stramin die Mittellinien in beiden Richtungen mit Heftstichen. Die fertige Stickerei beschweren, um die Stiche zu glätten, und den überstehenden Stramin auf einen 4 cm breiten Rand zurückschneiden.

1 Fertigstellen: Die Wattierung auf Schemeldurchmesser zuschneiden und am Hockerrand doppelseitiges Klebeband aufkleben. Den Bezug so über die Wattierung spannen, daß die Stickerei am Rand entlang knapp übersteht, und den Stramin kräftig auf das Klebeband drücken.

2 Die Borte mit unsichtbaren Stichen an der Oberkante entlang festnähen und die Enden gut vernähen.

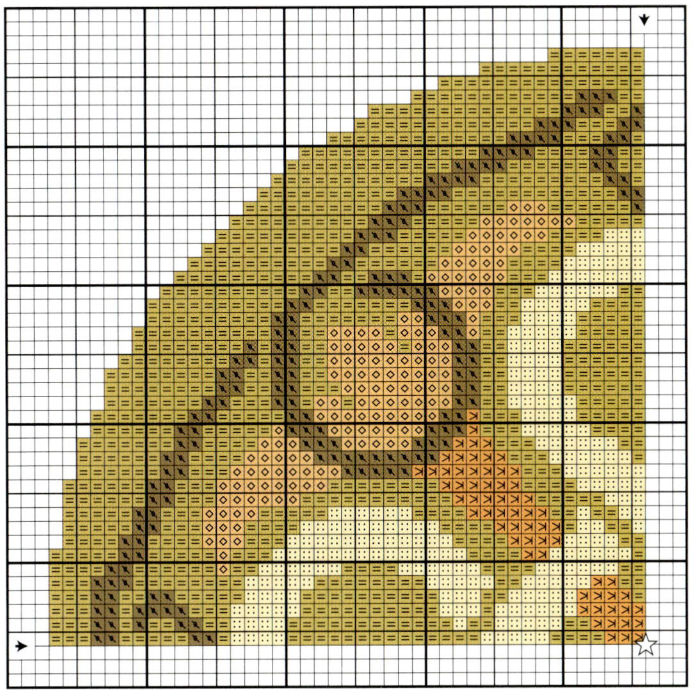

Anchor
- 8024 (6 Stränge)
- 8136
- 8106 (2 Stränge)
- 8016 (2 Stränge)
- 8138 (2 Stränge)

☆ Mittelpunkt

Buchstabenwürfel

Für Babys und Kleinkinder genau das Richtige: ein großer, weicher Knuddelwürfel, der sich gut greifen läßt und das Kleine nicht verletzt.

MATERIAL

18 x 109 cm Zweigart Easycount Aida, 54 Stich/10 cm (Art. 3246), marineblau

Perlgarn Nr. 5 und Sticktwist in den in der Tabelle angeführten Farben

Sticknadel

Rundrahmen

Nähgarn

Heftgarn

Nähnadel

Schere

Sprühstärke

Synthetik-Füllmaterial zum Ausstopfen

STICKEN

Schneiden Sie sechs 18 cm große Quadrate zu und versäubern Sie die Kanten, damit der Stoff nicht ausfranst. Markieren Sie die Mittellinien in beiden Richtungen mit Heftgarn und sticken Sie die Teile mit Perlgarn. Die Rückstiche zweifädig mit Sticktwist arbeiten, die fertige Stickerei von links mit Stärke besprühen und dämpfen.

DMC
- 554
- 996
- 725
- 718
- 995

Rückstich
- 823

☆ Mittelpunkt

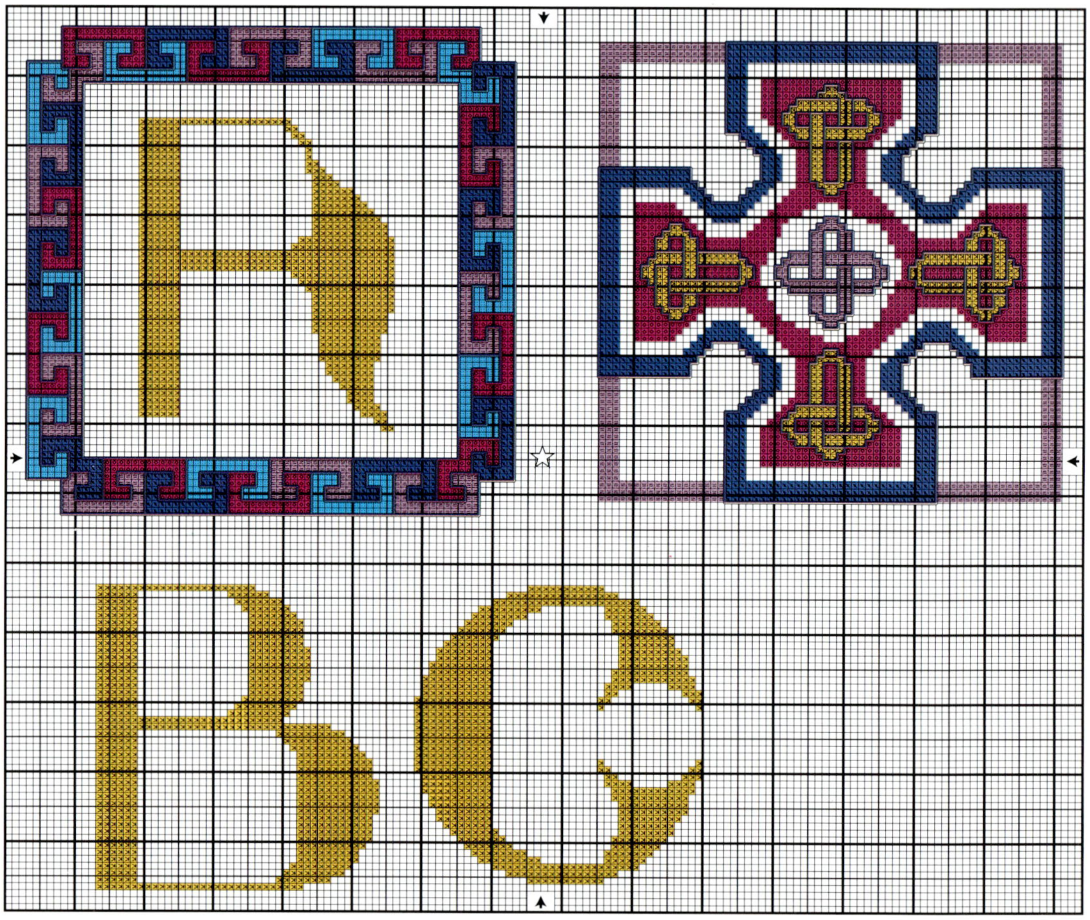

1 Fertigstellen: Den überstehenden Stoff an den Quadraten rundherum bis auf 4 Gewebekästchen zurückschneiden und die Teile, wie im Kapitel »Schnittvorlagen« auf Seite 32 dargestellt, zusammennähen. Die Ecken sauber herausholen und den Würfel ausstopfen.

2 Die letzten beiden Kanten mit Hohlstichen zusammenfügen und den Würfel in Form klopfen.

Geschenkanhänger

Mit Hilfe eines Stramingitters (Waste Canvas) ließe sich dieser mittelalterliche Vogel auch auf eine Krawatte sticken.

MATERIAL

15 x 15 cm Zweigart Brittney 112 Fäden/10 cm (Art. 3270), graublau

Sticktwist in den in der Tabelle angeführten Farben

Sticknadel

kleiner Rundrahmen

Heftgarn

Nähnadel

Schere

Karton zum Aufziehen

Allzweckkleber

roter Geschenkanhänger

DMC
739
740
3808
817

Knötchenstich
739

☆ Mittelpunkt

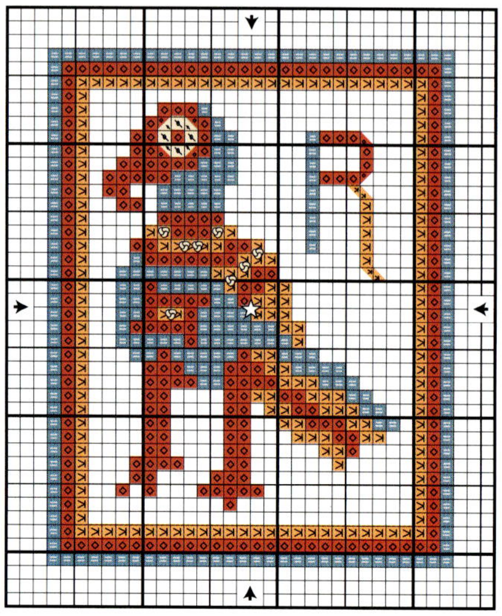

STICKEN

Markieren Sie auf dem Stickgrund die Mittellinien in beiden Richtungen mit Heftstichen. Nehmen Sie zwei Fäden in die Nadel, und arbeiten Sie den Kreuzstich über zwei Gewebefäden. Die fertige Stickerei vorsichtig von links dämpfen und abschließend die Knötchenstiche einarbeiten.

1 Fertigstellen: Die beendete Stickerei ausmessen und ein Stück Karton in derselben Größe zuschneiden. Die Rundumzugabe auf 2 cm kürzen, die Stickerei unter sorgfältigem Abschrägen der Ecken auf den Karton ziehen und das fertig montierte Stickbildchen auf den Geschenkanhänger kleben.

Lesezeichen

KELTENZEIT
UND
MITTELALTER

Büchernarren freuen sich sicher über so ein hübsches, mittelalterlich anmutendes Lesezeichen. Das quastenverzierte Kleinod verleiht selbst einem schlichten Taschenbuch einen Hauch von Gelehrtheit.

MATERIAL

8 x 20 cm Stickpapier

Sticktwist in den in der Tabelle angeführten Farben

Sticknadel

Schere

weicher Bleistift

5 x 5 cm Karton

STICKEN

Markieren Sie die Mitte des Stickpapiers mit einem weichen Bleistift, und nehmen Sie zum Sticken drei Fäden in die Nadel.

STICK-TIP

Gehen Sie beim Umgang mit Stickpapier vorsichtig zu Werke, da es beim Auftrennen von Stichen leicht einreißt. Bei Bedarf kann man das Papier mit etwas Klebeband ausbessern und die Löcher mit einer spitzen Nadel durchstechen.

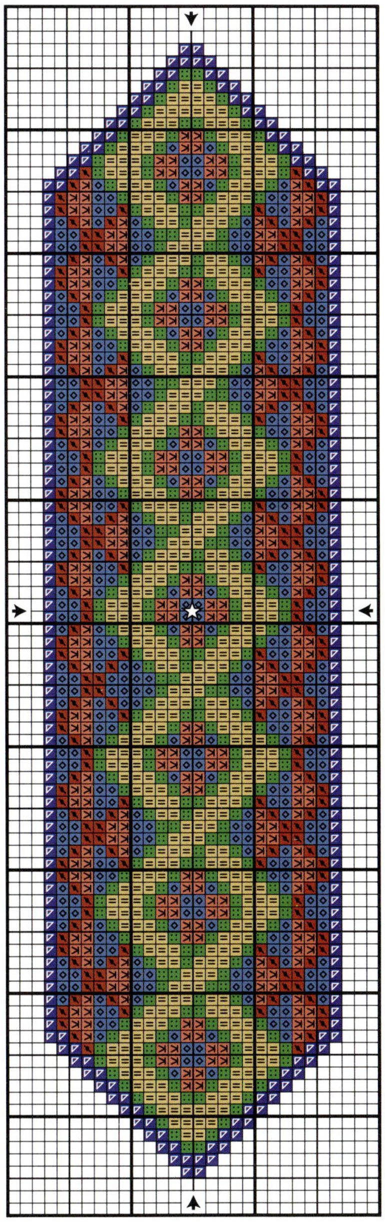

1 Fertigstellen: Nach dem Sticken das überstehende Stickpapier ringsum abschneiden und eventuell sichtbare Reste mit farbigem Filzstift kaschieren.

2 Von allen Stickgarnen je 50 cm abschneiden und das Garn in Einzelfäden teilen. Die Fäden um den Karton wickeln, eine Quaste anfertigen und diese an das Lesezeichen nähen.

DMC
- 918
- 311
- 312
- 3722
- 367
- 3046

☆ Mittelpunkt

NÄHZEUGMÄPPCHEN

Mit diesem handlichen Nähzeugmäppchen, das alles Notwendige enthält, ist man für kleine Pannen zuverlässig gerüstet.

MATERIAL

18 x 38 cm Zweigart Stern Aida, 54 Stich/10 cm (Art. 3706), schwarz

Sticktwist in den in der Tabelle angeführten Farben

Sticknadel

Rundrahmen

40 x 40 cm schwarzer Filz

Nähgarn

Schere

28 x 69 cm schwarze Vlieseline zum Aufbügeln

5 x 13 cm Wattierung

2 m schwarzer Schrägstreifen, 25 mm breit

5 x 13 cm Karton

Allzweckkleber

Nähmaschine

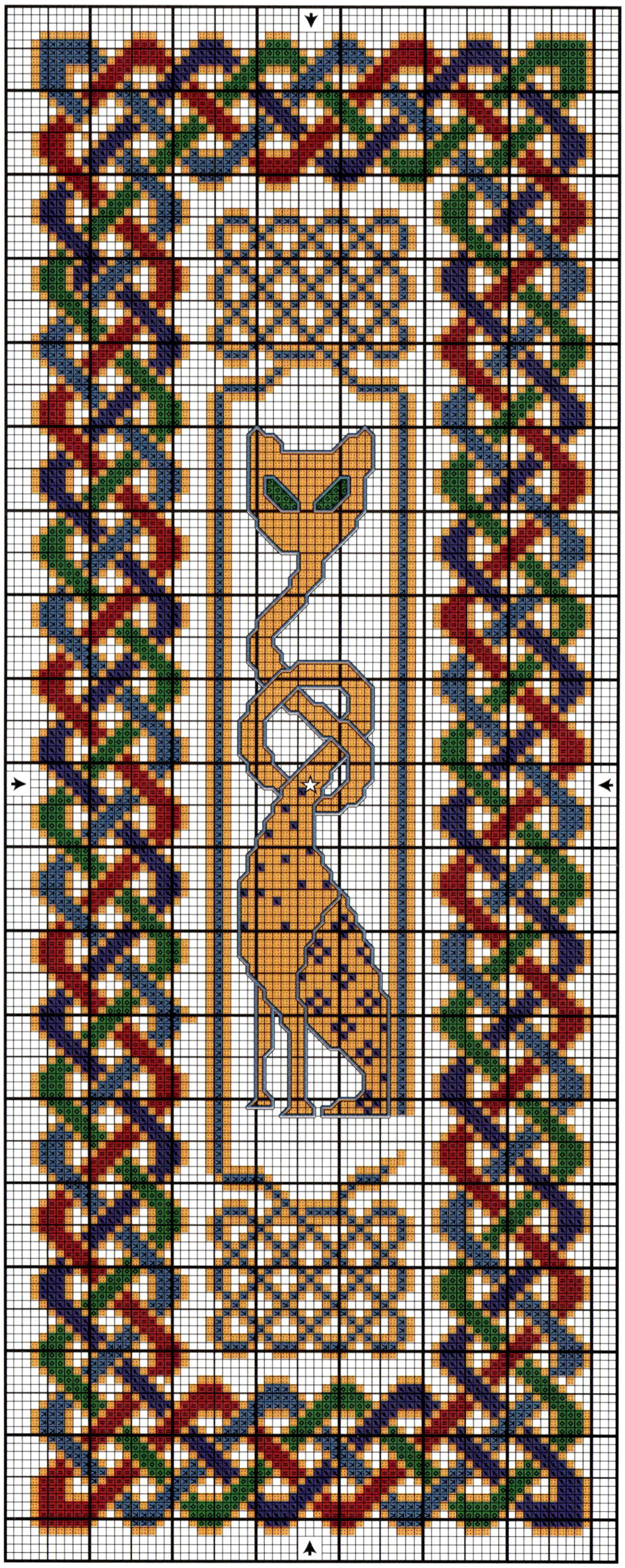

DMC
- 321
- 995
- 796
- 972 (3 Stränge)
- 909

Rückstich
- 995

☆ Mittelpunkt

STICKEN

Markieren Sie auf dem Aida-Stoff die Mittellinien in beiden Richtungen mit Heftstichen, und nehmen Sie zum Sticken zwei Fäden in die Nadel. Die Rückstiche werden zweifädig mit Türkis Nr. 995 gearbeitet. Die fertige Stickerei vorsichtig von links dämpfen.

1 Fertigstellen: Auf die Rückseite des Aida-Stoffes Vlieseline in passender Größe bügeln. Schneiden Sie dann aus dem Filz vier Teile in folgenden Maßen zu: 18 x 38 cm, 10 x 30 cm, 10 x 18 cm und 10 x 13 cm. Die Wattierung auf den Karton kleben und das Ganze mit der Wattierung nach unten auf das 10 x 18 cm große Filzstück legen. Die Ecken abschrägen und die Filzränder auf dem Karton festkleben.

2 Das 10 x 30 cm große Filzstück mit Vlieseline verstärken und auf das große Filzteil steppen. Den für die Nähnadeln bestimmten Filzstreifen (10 x 13 cm) feststecken, das Nadelkissen auflegen und an einer Kante festnähen.

3 Die fertige Filzeinlage auf die Rückseite der Stickerei heften, mit einer 3 mm breiten Naht rundum absteppen und den Heftfaden herausziehen. Für die Bändchen 80 cm Schrägstreifen der Länge nach falzen, die Kanten einschlagen und den Streifen dicht am Außenrand entlang zusammensteppen. Das Bändchen in zwei Hälften falten und in der Mitte einer Schmalseite der Stickerei anheften. Den restlichen Schrägstreifen an den Kanten des Nähmäppchens feststecken und heften; dabei die Ecken sauber abschrägen. Abschließend die Einfassung dicht am Rand entlang ansteppen.

KELTENZEIT
UND
MITTELALTER

Mustertuch mit keltischen Knoten

Die neun verschiedenen keltischen Knoten dieses ungewöhnlichen Mustertuches könnte man auch einzeln auf eine Serie von Grußkarten sticken.

MATERIAL

25 x 25 cm Stickleinen, 112 Fäden/10 cm, beigefarben

Sticktwist in den in der Tabelle angeführten Farben

Sticknadel

Rundrahmen

robustes Nähgarn

Heftgarn

Nähnadel

20 x 20 cm Karton zum Aufziehen

Bilderrahmen

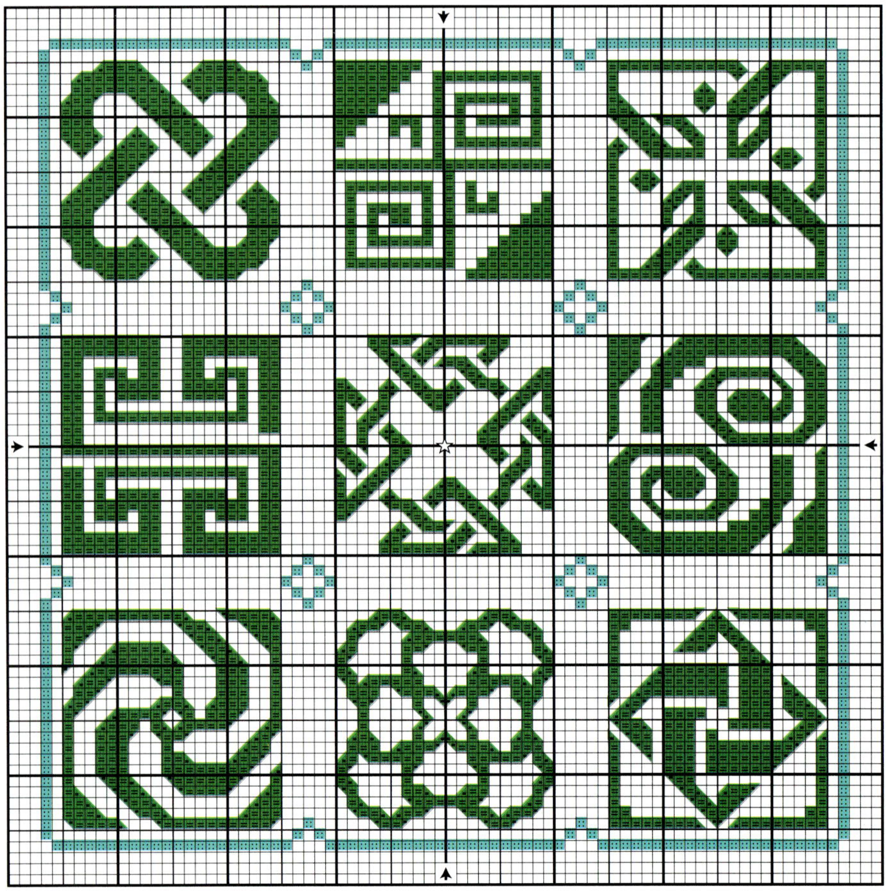

STICKEN

Markieren Sie auf dem Stickleinen die Mittellinien in beiden Richtungen mit Heftstichen. Nehmen Sie zwei Fäden in die Nadel, und arbeiten Sie den Kreuzstich über zwei Gewebefäden. Die fertige Stickerei vorsichtig von links dämpfen.

1 Fertigstellen: Die Stickerei auf den Karton aufziehen.

2 Das Mustertuch in einen mit der Stickarbeit harmonierenden Bilderrahmen einpassen.

Anchor		
229	☆	Mittelpunkt
187		

KELTENZEIT
UND
MITTELALTER

Keltenkreuz

Den Hintergrund für dieses typisch keltische Kreuz bilden die schottischen Highlands mit ihrer wildromantischen Landschaft und ihren herrlichen Sonnenuntergängen.

Anchor	
= =	393
∷	905
⋋	129
◇	279
■	923
◸	48
/ /	342
⋋	862
☆	Mittelpunkt

MATERIAL

25 x 30 cm Zweigart Stern Aida, 54 Stich/10 cm (Art. 3706), blaßblau

Sticktwist in den in der Tabelle angeführten Farben

Sticknadel

Rundrahmen

robustes Nähgarn

Heftgarn

Nähnadel

18 x 23 cm Karton zum Aufziehen

Bilderrahmen

STICKEN

Markieren Sie auf dem Aida-Stoff die Mittellinien in beiden Richtungen mit Heftstichen, und nehmen Sie zum Sticken zwei Fäden in die Nadel. Die fertige Stickerei vorsichtig von links dämpfen.

1 Fertigstellen:
Die Stickerei auf den Karton aufziehen.

2 Das Stickbild in einen farblich und stilistisch harmonierenden Rahmen einpassen.

KELTENZEIT
UND
MITTELALTER

BYZANTINISCHES GESCHENKSÄCKCHEN

Das Beutelchen hat gerade die richtige Größe für eine Anstecknadel oder Ohrringe. Die Vorlage für das Motiv entstammt einem byzantinischen Evangeliar.

MATERIAL

40 cm Naturleinenband, 8 cm breit

Sticktwist in den in der Tabelle angeführten Farben

Sticknadel

Nähgarn

Heftgarn

Nähnadel

Stecknadeln

Schere

50 cm ockergelbe Kordel

STICKEN

Heften Sie 15 cm von einer Schmalkante entfernt eine waagrechte Linie und markieren Sie die senkrechte Mittellinie mit Heftstichen. Dieser Abschnitt bildet die Vorderseite des Säckchens, und das Motiv ist Richtung Oberkante ausgerichtet. Sticken Sie zweifädig und arbeiten Sie die Kreuz- und Rückstiche über zwei Gewebefäden. Die fertige Stickerei vorsichtig von links dämpfen und die Knötchenstiche einfügen.

Anchor	Knötchenstiche
306	
44	306
861	861

Mittelpunkt

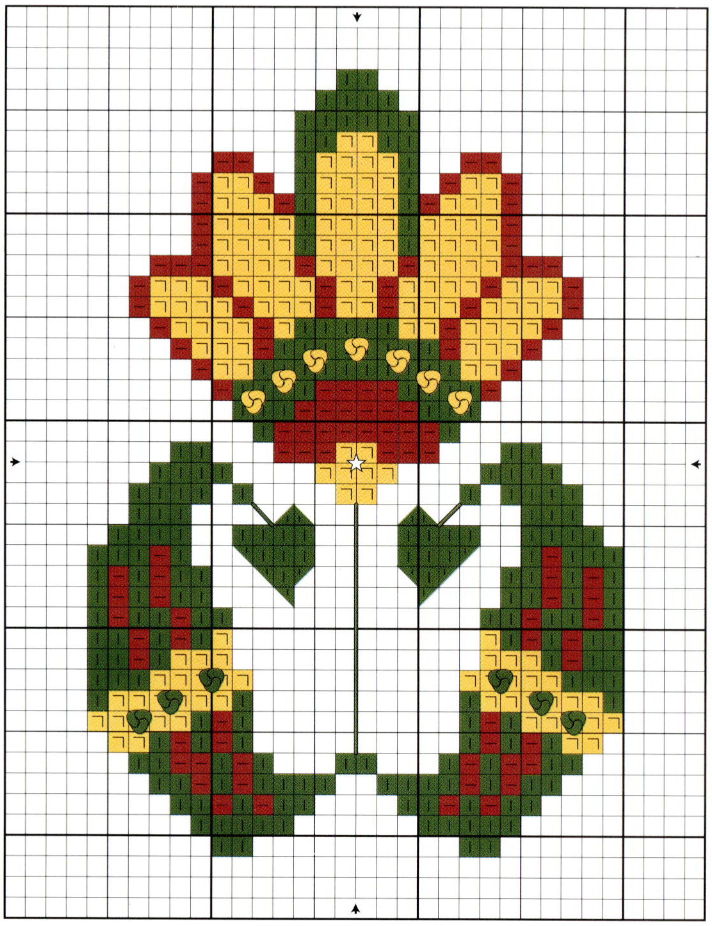

1 Fertigstellen: Das Stickband an beiden Enden 5 cm nach links umschlagen. Den Umschlag 1 cm einschlagen, feststecken und diesen schmalen Saum im Abstand von 1 cm zweimal so absteppen, daß ein Tunnel für die Kordel entsteht.

2 Das Stickband mit der rechten Seite nach außen der Breite nach zu einem Säckchen falten und an beiden Seiten bis zum Durchzugstunnel zusammensteppen.

1 Die Kordel in zwei Teile schneiden. Beide Stücke gegengleich in den Tunnel einziehen, die Kordelenden verknoten und zu kleinen Quasten aufdrieseln.

Mittelalterliches Hundebild

Zunge und Schwanz des Hundes auf dieser faszinierenden, aus dem 7. Jahrhundert stammenden Vorlage sind endlos lange und zu einem ornamentalen Flechtwerk verschlungen.

MATERIAL

25 x 25 cm Zweigart Stern Aida, 54 Stich/10 cm (Art. 3706), cremefarben

Sticktwist in den in der Tabelle angeführten Farben

Sticknadel

Spannrahmen

robustes Nähgarn

Schere

18 x 21 cm Karton zum Aufziehen

Bilderrahmen

STICKEN

Markieren Sie auf dem Aida-Stoff die Mittellinien in beiden Richtungen mit Heftstichen, und nehmen Sie für Kreuzstich und Rückstich zwei Fäden in die Nadel. Die fertige Stickerei vorsichtig von links dämpfen.

1 Fertigstellen: Die Stickerei auf den Karton aufziehen und in einen passenden Bilderrahmen einfügen.

Anchor	Anchor
310	859
351	Rückstich
890	351
100	
	☆ Mittelpunkt

BRIEFBESCHWERER MIT LABYRINTHMOTIV

In seinem Ursprung geht dieses keltische Labyrinthmotiv auf eine Münze aus dem 3. vorchristlichen Jahrhundert zurück, die in Knossos, der Heimat des sagenumwobenen Minotaurus auf Kreta, gefunden wurde.

MATERIAL

10 x 10 cm Monostramin, 70 Stich/10 cm

Perlgarn Nr. 3 in den in der Tabelle angeführten Farben

Sticknadel

Heftgarn

Nähnadel

Schere

Allzweckkleber

8 x 8 cm blauer Filz

Briefbeschwerer aus farblosem Glas, quadratisch, 7 x 7 cm

STICK-TIP

Perlgarn ist für Stramin dieser Dichte relativ dick, ergibt aber ein reizvolles, plastisch wirkendes Gesamtbild.

STICKEN

Markieren Sie auf dem Stramin die Mittellinien in beiden Richtungen mit Heftstichen, und nehmen Sie zum Sticken einen Faden Perlgarn in die Nadel.

1 Fertigstellen: Den Stramin auf die Größe des Briefbeschwerers zurechtschneiden und die Stickerei auf der Unterseite an den Kanten entlang fixieren. Den gleichfalls passend zurechtgeschnittenen Filz auf die Rückseite der Stickerei kleben.

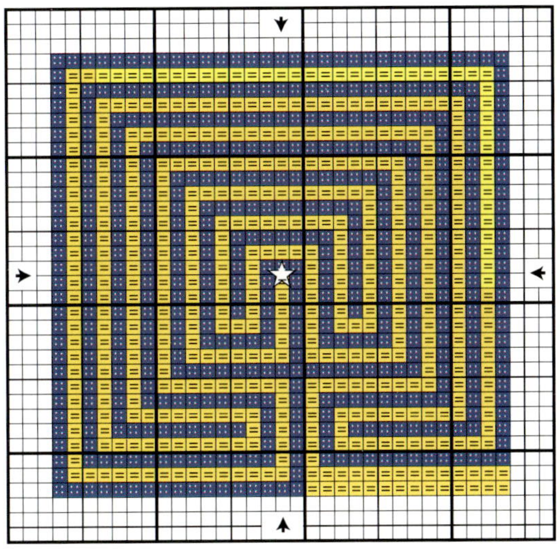

DMC
307
796

☆ Mittelpunkt

KELTENZEIT UND MITTELALTER

Bilderrahmen in Schwarzstickerei

Dieser aparte kleine Rahmen ist wie geschaffen für eine alte, wohlgehütete Photographie. Noch üppiger wirkt er, wenn alle freien Flächen bestickt sind.

MATERIAL

30 x 60 cm Zweigart Linda, 107 Fäden/10 cm (Art. 1235), cremefarben

Sticktwist in der in der Tabelle angeführten Farbe + Goldfaden

Sticknadel

30 x 60 cm dünner Kattun

Nähgarn

Nähnadel

Schere

30 x 60 cm Karton zum Aufziehen

Cutter

Stahllineal

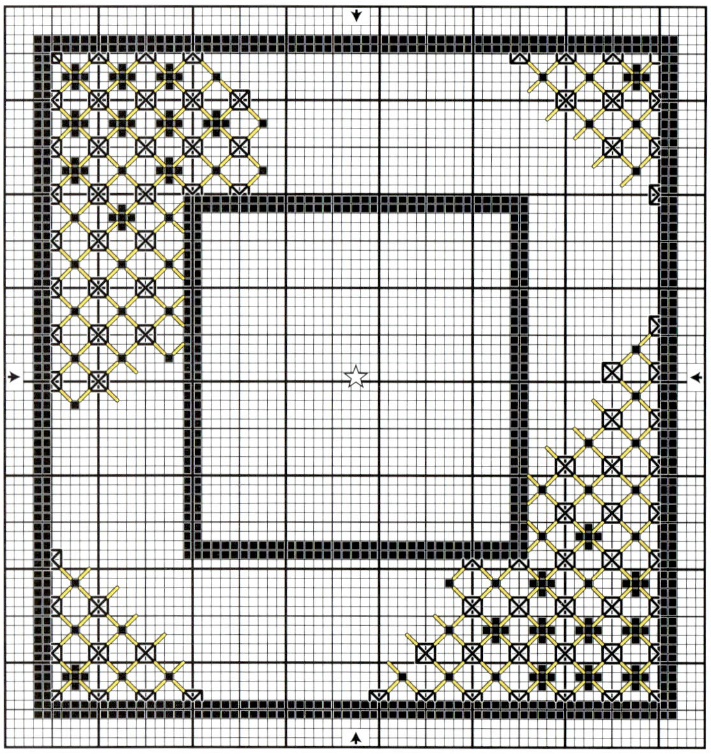

Anchor		Rückstich	
■	403	—	Anchor 403
☆	Mittelpunkt	—	Goldfaden

STICKEN

Schneiden Sie ein 15 x 30 cm großes Stück Stickleinen zu, und markieren Sie darauf die Mittellinien in beiden Richtungen mit Heftstichen. Nehmen Sie für den Kreuzstich zwei Fäden in die Nadel, und arbeiten Sie die schwarzen und goldenen Rückstiche einfädig. Die fertige Stickerei vorsichtig von links dämpfen.

1 Fertigstellen: Die Stickerei an der bestickten Außenkante entlang messen und zwei Stücke Karton zum Aufziehen im selben Format zuschneiden. Danach die Größe des Innenausschnittes sowie den Abstand von Ecke zu Ecke messen und einen der Kartons entsprechend ausschneiden.

2 Die Rundumzugabe der Stickerei auf ca. 2,5 cm kürzen. Die Ecken des Innenausschnittes einschneiden und die Stickerei auf den Rahmen aufziehen. Das zweite Stück Karton gleichfalls mit Stickleinen beziehen.

3 Zwei Stücke Kattun in Rahmengröße plus 12 mm Rundumzugabe zuschneiden. Die Zugabe umbügeln, den Kattun auf die Rückseite der Rahmenteile nähen und diese an drei Seiten zusammennähen.

4 Für den Rahmenständer ein Stück Karton 2,5 cm vom Ende entfernt einritzen, mit Kattun beziehen und an der Rahmenrückseite festnähen.

BLUSE MIT STICKEREIBLENDE

Diese mittelalterlichen, von Darstellungen im Stundenbuch beeinflußten Motive zieren auch die Weste auf der folgenden Seite.

MATERIAL

weiße Bluse im Romantiklook

30 cm Zweigart Linda, 107 Fäden/10 cm (Art. 1235), schwarz

Sticktwist in den in der Tabelle angeführten Farben

Sticknadel

Rundrahmen

Nähgarn

Heftgarn

Nähnadel

Stecknadeln

Schere

Rasterpapier mit 56 Stich/10 cm

Bleistift

doppelseitiges Klebeband

STICKEN

Nähen Sie eine Bluse nach ähnlichem Schnittmuster, oder ändern Sie eine fertiggekaufte entsprechend ab. Zunächst die Nahtzugaben an den Schnittmusterteilen der Manschetten und Halsblende abschneiden. Die Teile auf Rasterpapier mit 56 Stich/10 cm legen, die Konturen nachziehen und eventuelle Markierungen übertragen. Eine rote Blüte in die Mitte der Manschette einzeichnen und die beiden kleinen Blüten links und rechts davon arrangieren. Die Motive für die Halsblende auf ein separates Rasterblatt zeichnen, sorgfältig ausschneiden und auf der Rastervorlage so anordnen, daß sie mindestens zwei Gewebekästchen von der Kante entfernt sind; anschließend die Teilchen aufkleben.

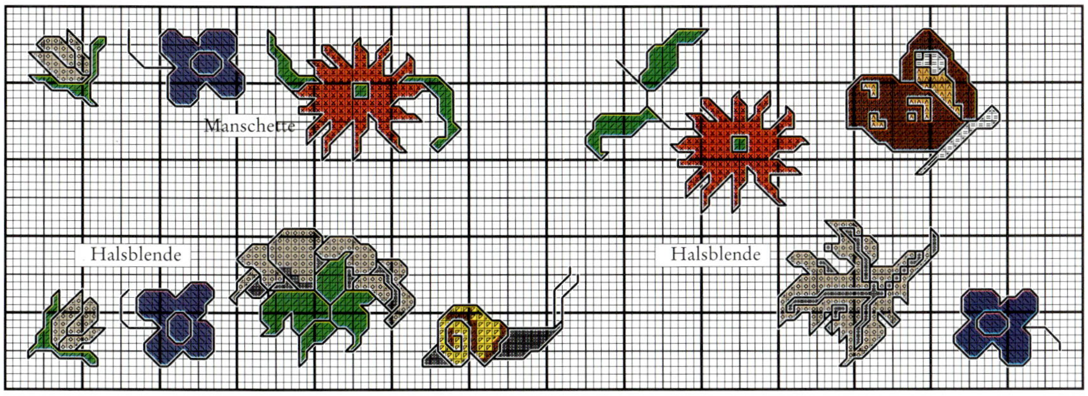

Anchor	
■	403
▦	400
= =	398
◇ ◇	397
• •	weiß
▽ ▽	290
/ /	246
\ \	133
И И	380
∧ ∧	369
× ×	335
Rückstich	
—	403
—	246

1 Zeichnen Sie die Umrisse der Schnittmusterteile auf das Stickleinen, und heften Sie eine Mittellinie. Nehmen Sie zwei Fäden in die Nadel und arbeiten Sie Kreuzstiche und Rückstiche über zwei Gewebefäden.

2 Fertigstellen: Die Stickerei von links dämpfen und die Teile mit einer Rundumzugabe von 1,5 cm zuschneiden. Die Nahtzugabe einschlagen (dabei die Rundungen einknipsen) und dicht an der Kante heften.

3 Den Besatz auf der Bluse feststecken, heften und mit Hohlstichen annähen. Aus Schrägstreifen kleine Knopflochschlaufen für Manschetten und Halsausschnitt anfertigen und abschließend die Knöpfe annähen.

KELTENZEIT
UND
MITTELALTER

WESTE

Mit Hilfe der Waste-Canvas-Methode kann man dieses ausgefallene Dessin auch auf jede andere Weste sticken.

MATERIAL

75 cm Zweigart Linda, 107 Fäden/10 cm (Art. 1235), schwarz

Sticktwist in den in der Tabelle angeführten Farben

Sticknadel

75 cm Futterstoff

Nähgarn

Heftgarn

Nähnadel

Stecknadeln

Schere

Rasterpapier mit 56 Stich/10 cm

Bleistift

doppelseitiges Klebeband

Nähmaschine

STICKEN

Vergrößern Sie die Schnittvorlage (Seite 33), oder nehmen Sie ein anderes Schnittmuster, und schneiden Sie die Vorderteile der Weste aus Stickleinen zu. Die Abnäher nähen und zur Mitte bügeln. Dann die Nahtzugaben vom Schnittmuster abschneiden, die Vorlage auf Rasterpapier mit 56 Stich/ 10 cm legen und die Konturen nachzeichnen; eventuelle Markierungen übertragen. Die Motive auf ein separates Rasterpapier zeichnen, sorgfältig ausschneiden und auf der Rastervorlage so anordnen, daß sie mindestens zwei Gewebekästchen von der Kante entfernt sind; anschließend die Teilchen aufkleben. Die Konturen des Einhorns markieren, die Motive nach Zählvorlage sticken und abschließend die Rückstiche arbeiten. Das zweite Vorderteil gegengleich anfertigen und die beiden Teile dann vorsichtig von links dämpfen.

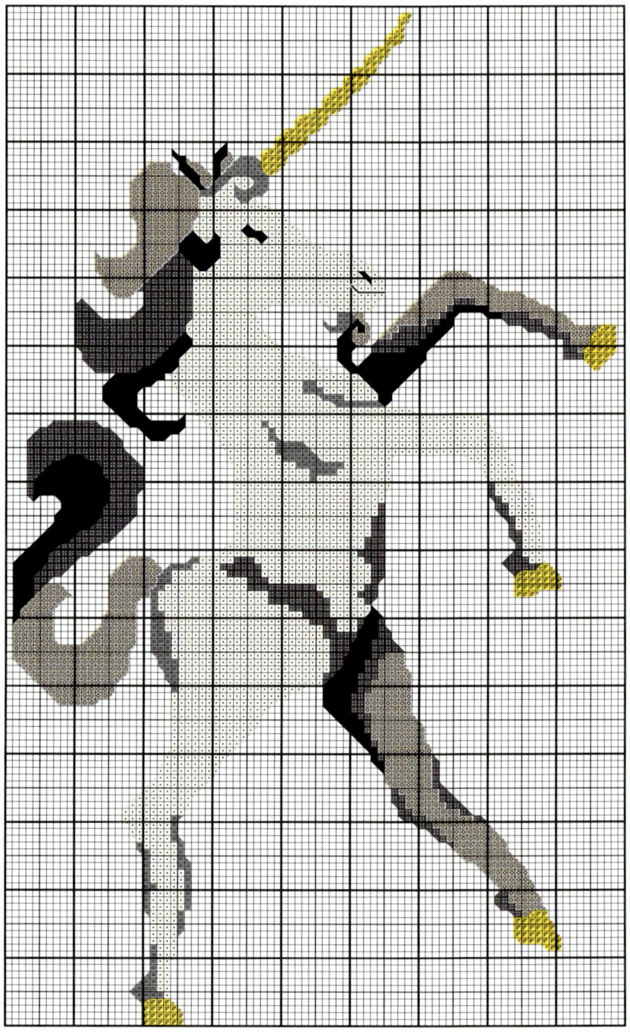

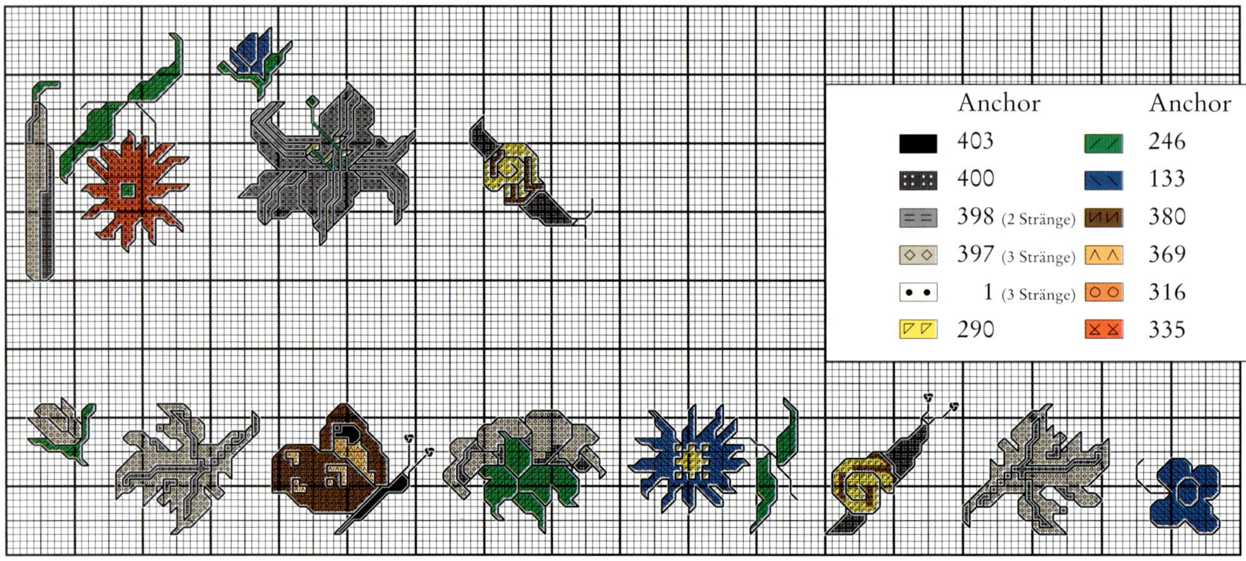

Anchor	Anchor	Rückstich
403	246	403
400	133	246
398 (2 Stränge)	380	
397 (3 Stränge)	369	Knötchenstich
1 (3 Stränge)	316	403
290	335	

1 Fertigstellen: Aus Futterstoff je zwei Vorder- und Rückenteile zuschneiden, die Abnäher steppen und bügeln. Die Vorderteile abfüttern. Dazu Ober- und Futterstoff rechts auf rechts liegend an den Kanten zusammensteppen; Schulter- und Seitennaht bleiben offen. Die Rückenteile an Arm- und Halsausschnitt und an der Unterkante zusammennähen. Nahtzugaben und Ecken zurückschneiden und die Teile umdrehen.
Rücken- und Vorderteile an Schultern und Seiten zusammennähen; das Futter nicht mitfassen. Nahtzugaben zurückschneiden und die Nähte flachbügeln.

2 Den Futterstoff einschlagen und die Nähte mit Hohlstichen schließen. Die Weste von links dämpfen und ggf. einen Verschluß anbringen.

KLINGELZUG IN KLÖSTERLICHEM STIL

Die Perlen dieser Kreuzstickerei glänzen im Licht und verleihen dem Klingelzug ein besonders edles Aussehen.

MATERIAL

25 x 92 cm Zweigart Stern Aida, 54 Stich/10 cm (Art. 3706), marineblau

Stickgarn in den in der Tabelle angeführten Qualitäten und Farben

2 Päckchen kleine Glasperlchen

2 Päckchen kleine Mattglasperlchen

Sticknadel

Drehrahmen

25 x 92 cm Futterstoff, Baumwolle, marineblau

Nähgarn

Heftgarn

Nähnadel

Stecknadeln

Schere

Schneiderkreide

8,5 x 13,5 cm Karton

30 cm Silberkordel

Nähmaschine

STICKEN

Markieren Sie auf dem Aida-Stoff die senkrechte Mittellinie mit Heftstichen. Beginnen Sie mit dem Sticken ca. 13 cm von der Oberkante entfernt, und nehmen Sie zwei Fäden Effektgarn in die Nadel. Sticken Sie zunächst alle Kreuzstiche und anschließend die Sternstiche. Danach die Perlen aufnähen und zum Schluß die Rückstiche arbeiten. Die Stickerei aus dem Drehrahmen nehmen und – falls erforderlich – beschweren.

Anchor Effektgarn
- 1007 (3 Stränge)
- 817 (3 Stränge)
- 859 (5 Stränge)

Madeira Metallic Silberfaden
- 9805
- Metallgarn
- Metallgarn
- Mattglasperlchen
- Glasperlchen

1 Fertigstellen: Heften Sie an beiden Seiten der Stickerei eine senkrechte Orientierungslinie, und zwar im Abstand von ca. 1,5 cm zur Stickkante. 3,5 cm unterhalb des Bordürenendes die Spitze des Klingelzuges markieren und von dort aus zwei Diagonallinien zu den seitlichen Orientierungslinien ziehen. Den Klingelzug rechts auf rechts auf das Baumwollfutter heften, entlang den Orientierungslinien zusammensteppen und am oberen Ende offenlassen. Die Nahtzugaben zurückschneiden, die Ecken schräg abschneiden und den Klingelzug umdrehen.

2 Die Ecken sauber herausarbeiten und den Klingelzug vorsichtig von links dämpfen. An der Oberkante einen 6 cm breiten Saum umschlagen und festnähen. Den Karton der Länge nach in der Mitte falzen und in den Saum hineinschieben. Die Kordel durchziehen, verknoten und die Enden im Saum verschwinden lassen. Aus Metallgarn und Silberfaden eine Quaste anfertigen.

KELTENZEIT
UND
MITTELALTER

ZIERDOSE

Ein reich verzierter angelsächsischer Dolch war Vorbild für das keltische Motiv auf dem Deckel dieser hübschen Mattglas-Zierdose.

MATERIAL

15 x 15 cm Zweigart Cashel Leinen, 112 Fäden/10 cm, Farbe 101 (Art. 3281)

Sticktwist in den in der Tabelle angeführten Farben + Goldfaden

Sticknadel

Rundrahmen

Heftgarn

Nähnadel

Milchglasdose, Ø 9cm

Goldfaden

DMC
3808
926

Knötchenstich
926

☆ Mittelpunkt

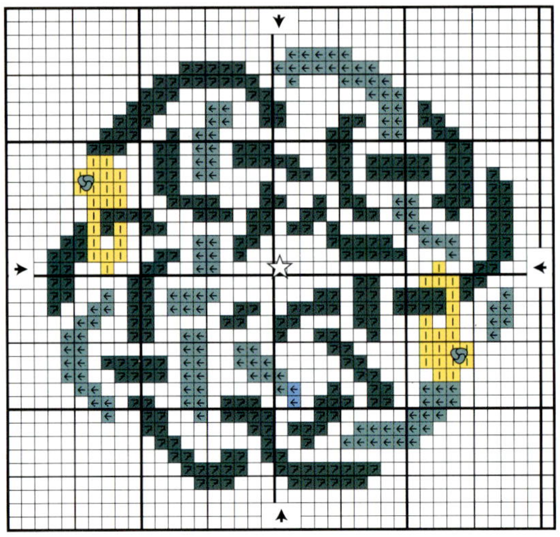

STICKEN

Markieren Sie auf dem Stickleinen die Mittellinien in beiden Richtungen mit Heftstichen. Nehmen Sie zum Sticken zwei Fäden in die Nadel; der Goldfaden wird einfädig verarbeitet. Die fertige Stickerei vorsichtig von links dämpfen und abschließend die Knötchenstiche arbeiten.

1 Fertigstellen: Die Stickerei den Herstellerangaben folgend in den Dosendeckel montieren.

GRUSSKARTEN

Schier unerschöpflich als Quelle der Inspiration für mittelalterliche Stickereimotive ist das Buch von Kells. Ein Beispiel für die Vielfalt von Anregungen sind diese beiden Turteltäubchen.

MATERIAL

15 x 15 cm Stickleinen, 112 Fäden/10 cm, cremefarben

Sticktwist in den in der Tabelle angeführten Farben

Sticknadel

Rundrahmen

7 x 7 cm cremefarbener Filz

Heftgarn

Nähnadel

Schere

doppelseitiges Klebeband

Passepartout-Karte mit quadratischem Ausschnitt von 6,5 x 6,5 cm

STICK-TIP

Fixieren Sie die Stickerei mit doppelseitigem Klebeband, damit sich die Passepartout-Karte nicht wirft und verzieht.

STICKEN

Markieren Sie auf dem Stickleinen die Mittellinien in beiden Richtungen mit Heftstichen, und arbeiten Sie den Kreuzstich einfädig über einen Gewebefaden.

1 Fertigstellen: Die beendete Stickerei vorsichtig von links dämpfen und auf Ausschnittgröße plus Rundumzugabe zurechtschneiden. Den Filz gleichfalls passend zuschneiden und auf die Rückseite des Ausschnittes kleben. Das Stickbild mit doppelseitigem Klebeband auf dem Filz fixieren, die Karte zuklappen und fest andrücken.

DMC
3722
3046
367

☆ Mittelpunkt

KELTENZEIT
UND
MITTELALTER

TISCHUHR IN MITTELALTERLICHEM STIL

In Form und Aufmachung dieser Uhr klingen die herrliche Architektur und die prachtvollen farbigen Fenster mittelalterlicher Kirchen an.

MATERIAL

25 x 30 cm Zweigart Easycount Aida, 54 Stich/10 cm (Art. 3246), schwarz

Sticktwist in den in der Tabelle angeführten Farben + Goldfaden

Sticknadel

Spannrahmen

Heftgarn

Nähnadel

Stecknadeln

Schere

Schneiderkreide

25 x 30 cm dünne Vlieseline zum Aufbügeln

Allzweckkleber

schwarze Farbe

Pinsel

1 Bausatz, bestehend aus Uhrwerksmechanismus und Zifferblattplatte

STICKEN

Markieren Sie auf dem Aida-Stoff die Mittellinien in beiden Richtungen mit Heftstichen. Nehmen Sie beim Sticktwist zwei Fäden und beim Goldfaden einen Faden in die Nadel. Der große Kreuzstich in der Mitte des Zählmusters dient nur als Orientierungspunkt für die akkurate Montage des Uhrenmechanismus. Die fertige Stickerei vorsichtig von links dämpfen und die Vlieseline aufbügeln.

1 Fertigstellen: Die Zifferblattplatte zweimal mit schwarzer Farbe streichen und trocknen lassen.

2 Die Platte auf Papier legen, die Umrisse nachzeichnen und entlang der Bleistiftlinie ausschneiden. Das Loch in der Mitte ausschneiden, die Schablone auf die Stickerei legen und darauf achten, daß das gestickte Zifferblatt symmetrisch ausgerichtet ist. Anschließend feststecken und sorgsam ausschneiden.

3 Die Holzplatte mit Klebstoff bestreichen und die Stickerei festkleben. Aus Goldfaden eine feine Kordel drehen, am Rand entlang aufkleben und die Enden unter das Stickleinen schieben. Den Stoff über dem Loch in der Mitte ausschneiden und den Uhrenbausatz den Herstellerangaben folgend montieren.

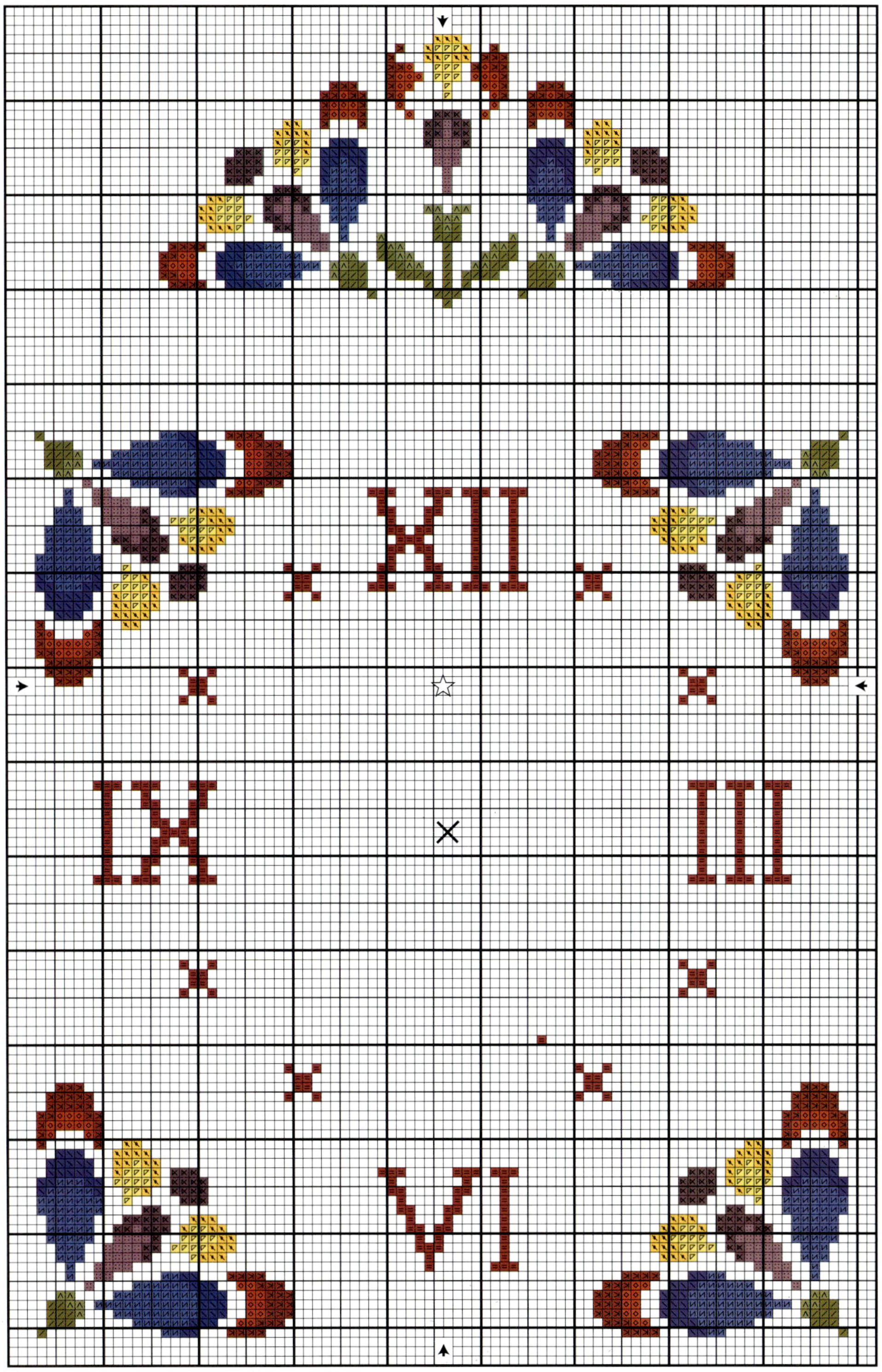

DMC			
∷	340	ИИ	996
⋗⋗	347	ΛΛ	3348
◇◇	351	⨯⨯	3746
↘	444	==	Goldfaden (2 Röllchen)
▽▽	445	☆	Mittelpunkt
//	988		
\\	995		

KELTENZEIT
UND
MITTELALTER

WOLLSCHAL

Vorbild für dieses Motiv war das Bordürenmuster in einer prachtvoll kolorierten, aus dem frühen 11. Jahrhundert stammenden Handschrift der berühmten Winchester School.

MATERIAL

Wollschal, dunkelgrün

10 x 10 cm Zweigart Stramin weiß/blau (Waste Canvas), 56 Stich/10 cm (Art. 510)

Sticktwist in den in der Tabelle angeführten Farben + Goldfaden

Sticknadel

Nähgarn

Heftgarn

Schere

10 x 10 cm dunkelgrüner Filz

	Anchor
4 4	901
▽ ▽	891
—	feiner Goldfaden
☆	Mittelpunkt

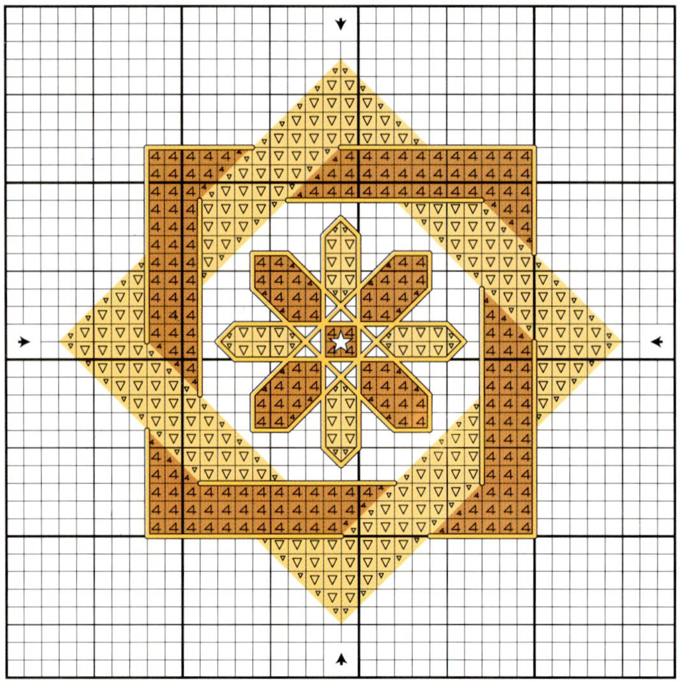

STICKEN

Heften Sie das Stramingitter (Waste Canvas) ca. 5 cm oberhalb der Fransenkante in der Mitte des Schals fest, und nehmen Sie zum Sticken zwei Fäden in die Nadel. Achten Sie darauf, daß die Stiche möglichst gleichmäßig ausfallen, und stechen Sie immer exakt an der Stelle aus, an der der vorangehende Stich endet.

1 Fertigstellen: Den Waste Canvas Faden für Faden aus der fertigen Stickerei herausziehen. Leichter geht dies, wenn man durch behutsames Hin- und Herziehen der Stickerei die Fäden zuvor lockert. Die Rückstiche mit einem einzelnen Goldfaden in der Nadel arbeiten.

2 Die fertige Stickerei vorsichtig von links dämpfen. Den dunkelgrünen Filz zum Unterlegen der Stickerei in passender Größe kreisrund zuschneiden und mit unsichtbaren Stichen auf der Rückseite des Schals annähen.

TABLETT-DECKCHEN MIT SPIRALENMOTIV

Dieses frühmittelalterliche Motiv – charakteristisch für die Insel Iona vor der schottischen Küste – findet sich im Buch von Durrow.

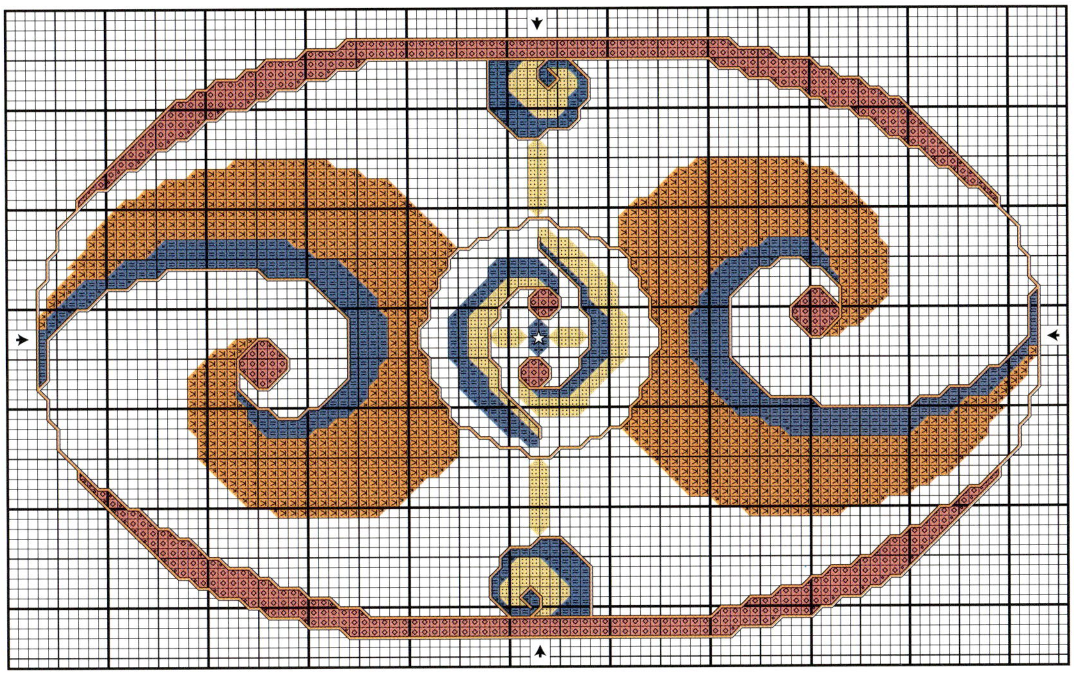

Anchor
- 118
- 300
- 307
- 969

Rückstich
- 307

☆ Mittelpunkt

MATERIAL

25 x 40 cm Stickleinen, 108 Fäden/10 cm, salbeifarben

Sticktwist in den in der Tabelle angeführten Farben

Sticknadel

Rundrahmen

Nähgarn

Heftgarn

Nähnadel

Schere

STICKEN

Markieren Sie auf dem Stickleinen die Mittellinien in beiden Richtungen mit Heftstichen. Nehmen Sie zwei Fäden in die Nadel, und arbeiten Sie Kreuzstiche und Rückstiche über zwei Gewebefäden.

1 Fertigstellen: Die beendete Stickerei vorsichtig von links dämpfen. Das Deckchen rundum 12 mm breit einschlagen, die Ecken abschrägen und den Saum von Hand oder mit der Nähmaschine nähen.

BRILLENETUI

In diesem hübsch bestickten Etui mit Kordel zum Umhängen haben Sie Ihre Brille immer griffbereit.

MATERIAL

23 x 28 cm Monostramin, 48 Stich/10 cm

Perlgarn Nr. 5 in den in der Tabelle angeführten Farben + Goldfaden

Sticknadel

Nähgarn

Heftgarn

Nähnadel

Schere

23 x 28 cm Krawattenseide oder ähnliches Material

23 x 28 cm dicke Vlieseline zum Aufbügeln

1 m Kordel, 5 mm dick

STICKEN

Heften Sie auf dem Stramin die Mittellinien in beiden Richtungen. Arbeiten Sie bei den Vögeln alle Perlgarnstiche, danach füllen Sie die Zwischenräume mit Sticktwist aus; sticken Sie erst dann den Hintergrund. Die Stickerei von links dämpfen und den Stramin auf 1 cm zurückschneiden. Rundungen einknipsen, Nahtzugaben einschlagen und heften.

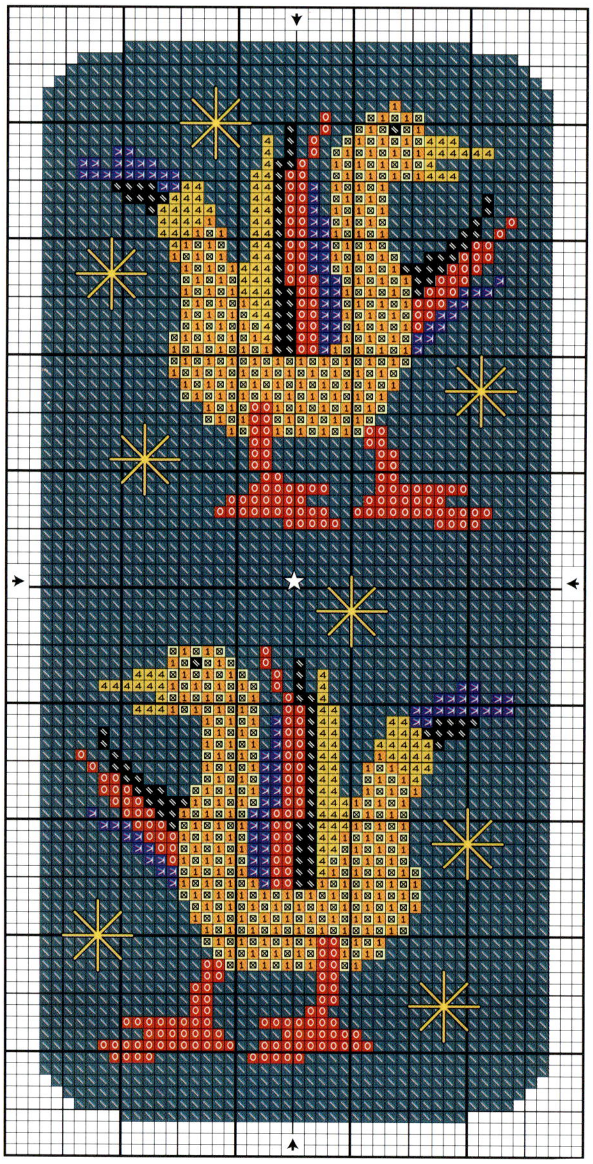

DMC Perlgarn
- 310
- 783
- 972
- 796
- 930
- 321
- Sticktwist 745

Rückstich Goldfaden DMC Art. 284

☆ Mittelpunkt

1 Fertigstellen: Zwei 8,3 x 17,2 cm große Stücke Vlieseline zuschneiden und die Ecken abrunden. Die Teile auf die Krawattenseide bügeln und mit einer Rundumzugabe von 1 cm ausschneiden. Die Nahtzugabe umkippen, sorgfältig heften und an den abgerundeten Ecken einhalten.

2 Je ein besticktes und ein Futterstoffteil links auf links an den Kanten überwendlich zusammennähen. Danach die beiden Etuiteile aufeinanderlegen und – 5 cm von der Oberkante entfernt beginnend und endend – mit Perlgarn Nr. 930 überwendlich zusammennähen.

3 An der Kordel 4 cm von den Enden entfernt einen Knoten machen und die Kordelenden aufdrieseln. Die Fransen nach hinten über den Knoten legen, zusammenbinden, wieder nach vorne ziehen und zu einem Quastenknöpfchen binden. Die Fransen sauber abschneiden und die Kordel, wie auf der Abbildung gezeigt, an beiden Seiten des Etuis annähen.

TRAURINGKISSEN

Dieses aparte keltische Flechtmuster könnte man auch in zwei verschiedenen, mit dem Kleid der Brautjungfern oder dem Brautstrauß harmonierenden Farben sticken.

MATERIAL

30 x 30 cm Zweigart Cashel Leinen, 112 Fäden/10 cm, Farbe 101 (Art. 3281)

Sticktwist in den in der Tabelle angeführten Farben

Sticknadel

Rundrahmen

Nähgarn

Heftgarn

Nähnadel

Schere

30 x 30 cm Futterstoff, rohweiß

1 m Kordel für Schnurpaspel

1 m Zierband, weinrot, 2 cm breit

1 m Zierband, weinrot, 3 mm breit

Synthetik-Füllmaterial zum Ausstopfen

Nähmaschine

STICKEN

Markieren Sie auf dem Stickleinen die Mittellinien in beiden Richtungen mit Heftstichen, und nehmen Sie zwei Fäden in die Nadel. Sticken Sie zunächst das Motiv in der Mitte, zählen Sie die Gewebefäden Richtung Außenkante akkurat ab, und sticken Sie dann die Bordüre. Die fertige Stickerei vorsichtig von links dämpfen.

1 Fertigstellen: Das breite Zierband eng um die Kordel legen und die Schnurpaspel im Abstand von 2 cm zur Kreuzstichbordüre an den Kanten der Kissenoberseite entlang festheften. Die Schnurpaspel an einer Seite ansteppen. Den Unterstoff rechts auf rechts auf die Stickerei legen, die Kissenhülle an den restlichen drei Seiten zusammensteppen und die Ecken zurückschneiden. Die Hülle umdrehen, nochmals dämpfen und ausstopfen.

2 Die Öffnung mit Hohlstichen verschließen. Das schmale Band in zwei gleich lange Teile schneiden, beide Hälften in der Mitte knicken und in der Kissenmitte festnähen. Die Stelle, an der die Bändchen fixiert sind, mit einem großen dekorativen Kreuzstich verdecken.

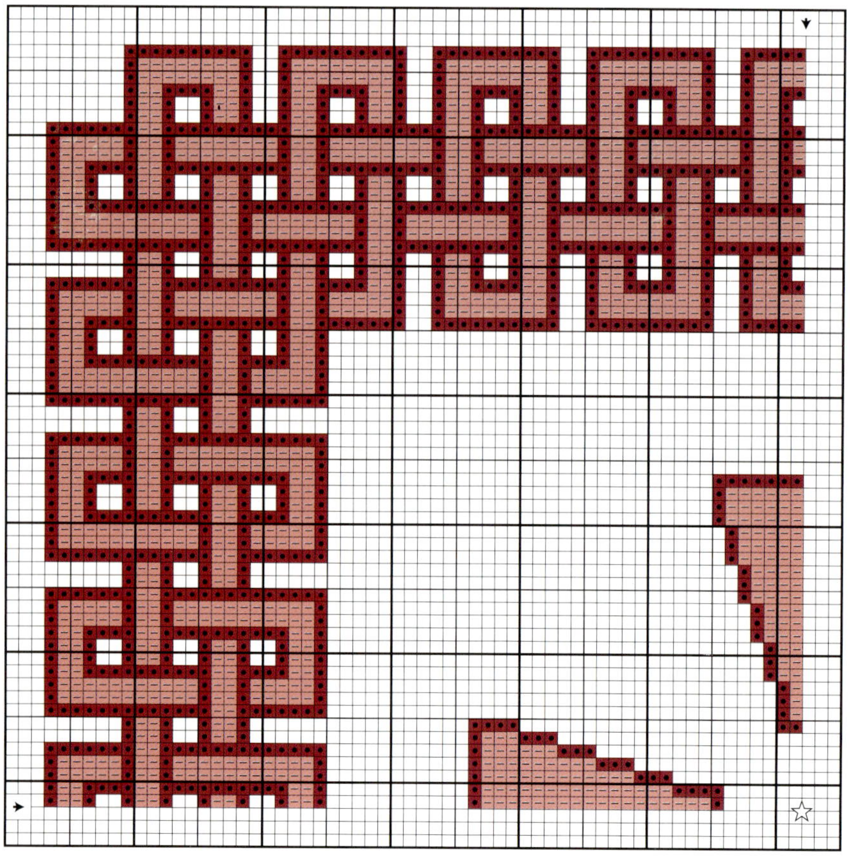

	DMC
− −	224
●	3685
☆	Mittelpunkt

KELTENZEIT
UND
MITTELALTER

SCHACHBRETT

Die schwarzen Quadrate sind in Assisi-Stickerei gearbeitet – einer Variante der Kreuzstickerei, bei der der Hintergrund mit Kreuzstichen ausgefüllt wird und das Motiv ausgespart bleibt.

MATERIAL

38 x 38 Zweigart Easycount Aida, 54 Stich/10 cm (Art. 3246), weiß
Sticktwist Anchor 403
Sticknadel
Rundrahmen
robustes Nähgarn
Heftgarn
Nähnadel
Schere
30 x 60 cm Karton zum Aufziehen
125 cm schwarze Kordel
Cutter
Stahllineal
Allzweckkleber

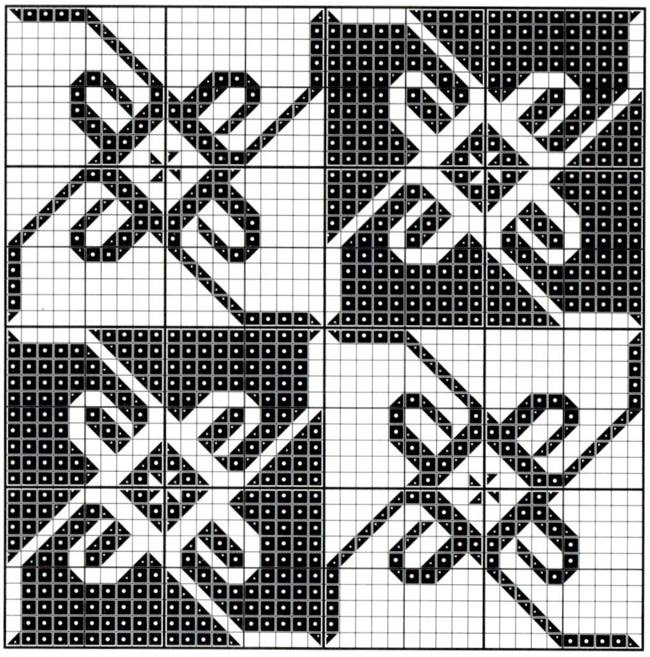

STICKEN

Markieren Sie auf dem Aida-Stoff die Mittellinien in beiden Richtungen mit Heftstichen, und nehmen Sie zum Sticken zwei Fäden in die Nadel. Die fertige Stickerei vorsichtig von links dämpfen.

1 Fertigstellen: Das gestickte Schachbrett ausmessen, zwei Stücke Kartons in derselben Größe zuschneiden und die Stickerei auf einen der beiden Kartons aufziehen.

Anchor	
▪▪	403

2 Die Zierkordel mit Überwendlingstichen an die Schachbrettkante annähen. Die Enden aufdrieseln und an der Unterseite mit einigen Stichen fixieren. Abschließend den zweiten Karton so auf die Schachbrettunterseite kleben, daß alle ungesäumten Stoffkanten verdeckt sind.

Deckchen für den Nachttisch

Dieses nicht alltägliche keltische Stickmuster würde sich als Bordüre auch an einem großen Tischtuch sehr gut machen.

MATERIAL

51 x 51 cm Stickleinen, 112 Fäden/10 cm, cremefarben

Effektgarn in den in der Tabelle angeführten Farben + Goldfaden

Sticknadel

Rundrahmen

Nähgarn

Heftgarn

Nähnadel

Schere

Anchor Effektgarn
831
1140

Rückstich
DMC Art. 284

☆ Mittelpunkt

STICKEN

Markieren Sie auf dem Stickleinen die Mittellinien in beiden Richtungen mit Heftstichen. Zählen Sie an den vier Orientierungslinien entlang die Gewebefäden bis zur Bordüre, und messen Sie die Abstände nochmals aus, ehe Sie mit dem Sticken beginnen.

1 Fertigstellen: Zunächst das Motiv in der Mitte sticken. Nehmen Sie einen Faden Effektgarn in die Nadel, und arbeiten Sie den Kreuzstich über zwei Gewebefäden. Abschließend die Rückstiche mit Goldfaden sticken. Die fertige Stickerei vorsichtig von links dämpfen.

2 Den Stoff bis auf eine Rundumzugabe von 2,5 cm, das heißt auf 46 x 46 cm, zurückschneiden. Die Ecken abschrägen und einen 12 mm breiten Saum nähen. Die abgeschrägten Ecken mit Hohlstichen zusammenhalten und das Deckchen von links bügeln.

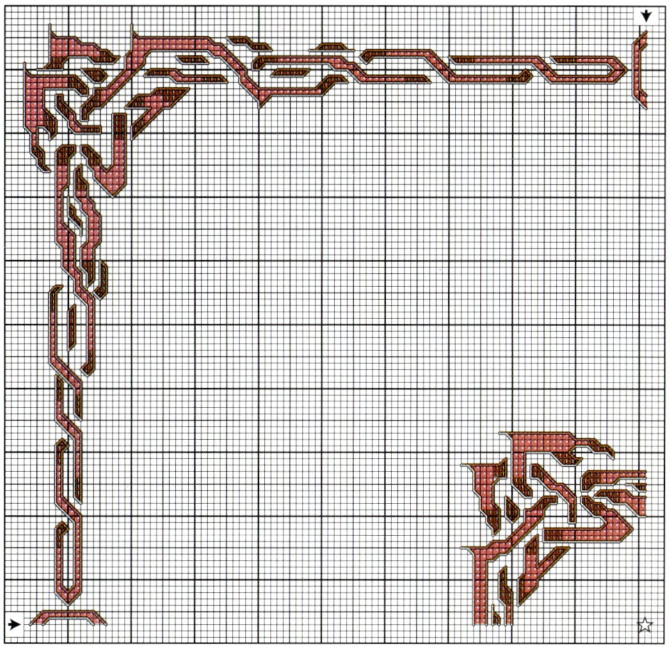

KELTENZEIT UND MITTELALTER

MEHRZWECKBÖRSE

Ein dekorativer Drachen ziert diese kleine, handliche Börse, in der Sie Münzen aufbewahren können, Jetons oder allerlei anderen Krimskrams.

MATERIAL

18 x 36 cm Zweigart Easycount Aida, 54 Stich/10 cm (Art. 3246), schwarz

Sticktwist in den in der Tabelle angeführten Farben + Goldfaden

Sticknadel

Spannrahmen

18 x 36 cm Futterstoff, schwarz

18 x 36 cm mittelstarke Vlieseline zum Aufbügeln

Nähgarn

Heftgarn

Nähnadel

Schere

Nähmaschine

Reißverschluß, 8 cm, schwarz

STICKEN

Schneiden Sie ein 18 x 18 cm großes Stück Aida-Stoff zu, und markieren Sie auf dem Stoff die Mittellinien in beiden Richtungen mit Heftstichen. Nehmen Sie zwei Fäden in die Nadel, und arbeiten Sie die Rückstiche zum Schluß. Die fertige Stickerei vorsichtig von links dämpfen und dann auf beide Stoffteile die Vlieseline bügeln.

1 Fertigstellen: Zeichnen Sie eine Schablone (siehe Seite 32), und schneiden Sie danach vier Teile zu – zwei aus dem Aida-Stoff und zwei aus Futterstoff. Achten Sie darauf, daß der Drachen in der Mitte sitzt. Je ein Ober- und Futterstoffteil rechts auf rechts an der geraden Kante zusammensteppen, die Nahtzugaben zurückschneiden und breitbügeln. Beide Börsenteile rechts auf rechts und nahtgenau zusammenstecken und zusammensteppen; am Futter eine 5 cm lange Öffnung lassen.

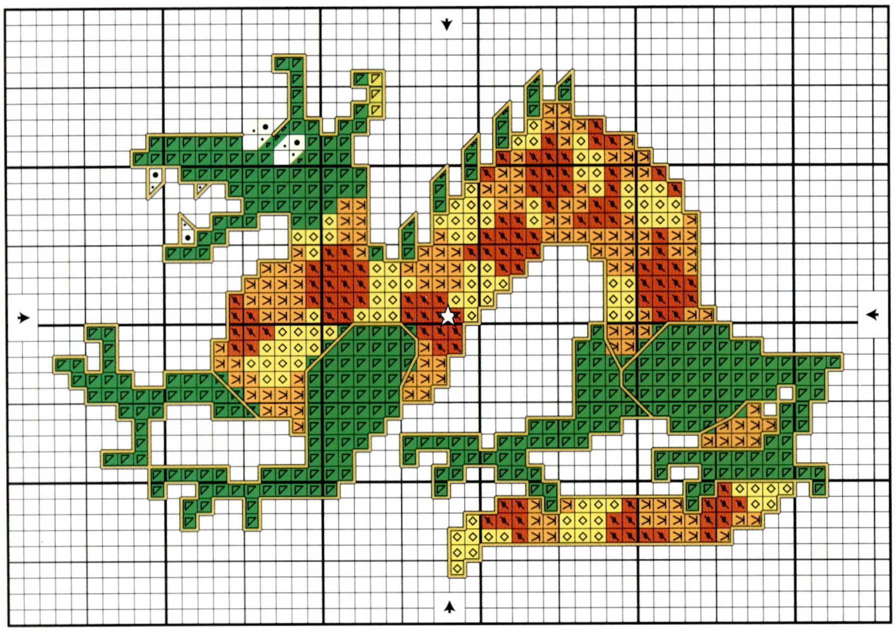

DMC
1
742
744
900
910

Rückstich
Goldfaden

☆ Mittelpunkt

2 Die Nahtzugaben zurückschneiden, die Rundungen einknipsen und die Börse umdrehen. Die Öffnung am Futterteil mit Hohlstichen verschließen und das Futter in die Börse schieben. Den Reißverschluß von Hand mit doppeltem Nähgarn einnähen.

BUCHEINBAND

Vorbild für das Vogelmotiv auf diesem dekorativen Bucheinband war eine mittelalterliche Steinplastik.

MATERIAL

25 x 38 cm Zweigart Easycount Aida, 54 Stich/10 cm (Art. 3246), cremefarben

Sticktwist in den in der Tabelle angeführten Farben

Sticknadel

Rundrahmen

Heftgarn

Nähnadel

Stecknadeln

Schere

doppelseitiges Klebeband

25 x 38 cm mittelstarke Vlieseline zum Aufbügeln

kleines Notizbuch, ca. 11 x 15,5 cm

STICKEN

Markieren Sie die Position des Buchrückens mit Hilfe einer Heftlinie durch die Mitte des Aida-Stoffes. Machen Sie im Abstand von 6 cm zu dieser Linie eine zweite senkrechte Heftnaht, markieren Sie die Mitte dieser zweiten Linie mit Heftfaden, und bestimmen Sie so den Mittelpunkt des Motivs. Achten Sie bei Beginn der Arbeit darauf, daß die rechte Stoffhälfte bestickt wird. Nach dem Sticken die Heftfäden herausziehen und die fertige Stickerei vorsichtig von links dämpfen.

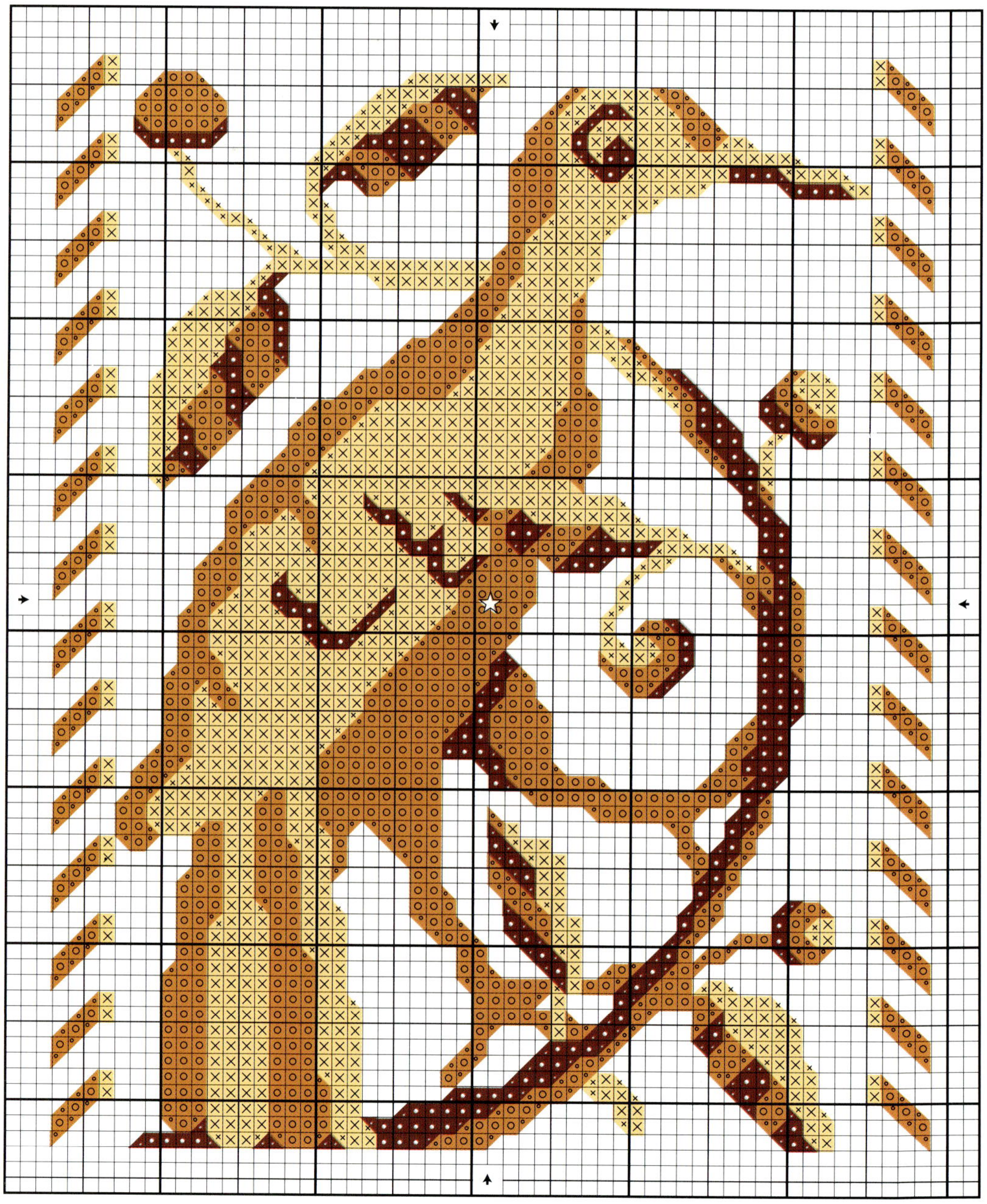

Anchor
942
943
371

☆ Mittelpunkt

1 Fertigstellen: Die Vlieseline auf die Rückseite bügeln und die Position des Buchrückens mit Stecknadeln kennzeichnen.

2 Den Stoff mit der rechten Seite nach unten ausbreiten und das Buch auf die Stecknadellinie ausgerichtet halten. Den vorderen Einband aufklappen und den Stoff rundum auf 2,5 cm zurückschneiden. Die Ecken 1 cm von der Einbandkante entfernt abschneiden und den Stoff am Buchrücken einschneiden.

3 Die Einbandinnenkanten mit doppelseitigem Klebeband bekleben. Ecken einschlagen, den Stoff strammziehen, fest an das Klebeband andrücken. Mit dem rückwärtigen Einband ebenso verfahren; das Buch muß sich zuklappen lassen. Den am Buchrücken überstehenden Aida-Stoff unter den Einband schieben. Auf alle Stoffkanten doppelseitiges Klebeband, Vorsatzblätter festkleben.

Weihnachtsschmuck in Schwarzstickerei

Traditionsgemäß wird bei Schwarzstickerei schwarzes Stickgarn auf weißem oder cremefarbenem Grund verarbeitet. Nicht weniger reizvoll wirkt aber auch Weihnachtsschmuck aus schwarzem, mit Rot, Weiß und Gold besticktem Stoff.

MATERIAL

15 x 30 cm Zweigart Linda, 107 Fäden/10 cm (Art. 1235), cremefarben oder schwarz

Sticktwist in den in der Tabelle angeführten Farben + Goldfaden

Sticknadel

Rundrahmen

Nähgarn

Nähnadel

Schere

dünner Karton zum Aufziehen

Bleistift

Markierstift (verblassend)

Cutter

STICKEN

Pausen Sie die Vorlage auf Seite 32 durch. Pro Dekoration drei Schablonen aus Karton ausschneiden, auf das Stickleinen legen und mit verblassendem Markierstift die Umrisse zeichnen. Die Motive innerhalb der Konturen sticken, fertige Stickereien vorsichtig von links dämpfen.

Anchor	Rückstich
47	403
	275
	Goldfaden

Anchor
403
Goldfaden

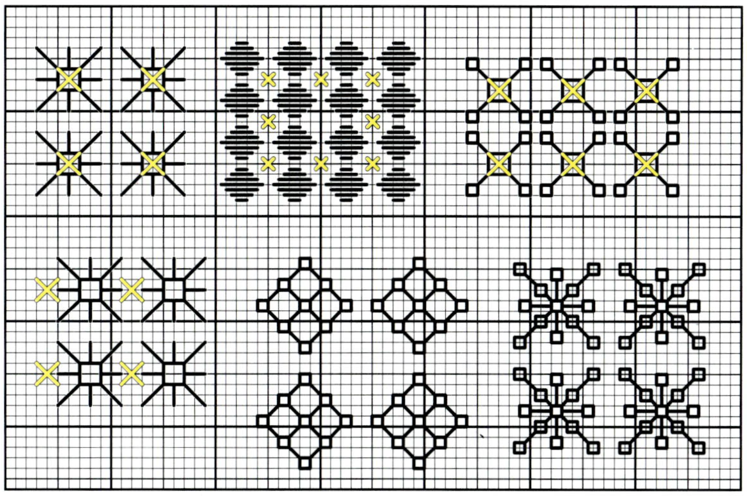

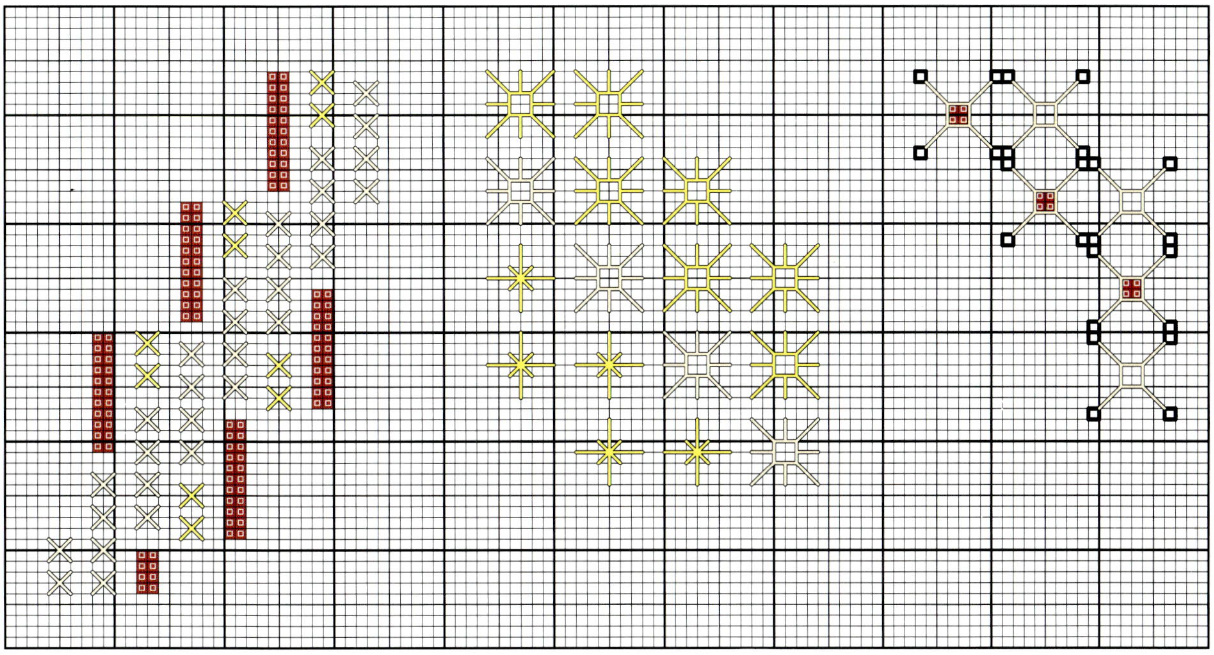

1 Fertigstellen: Jede Stickerei auf eine Schablone ziehen und auf der Rückseite mit doppeltem Faden im Zickzackverband zusammenhalten.

2 Eine 10 cm lange Schlaufe aus Goldfaden an der Spitze eines bestickten Teiles an der Rückseite festnähen. Zwei bestickte Teile zusammenhalten und an den Kanten mit überwendlichen Stichen zusammennähen. Anschließend das dritte Teil zwischen die beiden anderen einpassen und gleichfalls festnähen.

3 Einige Fäden schwarzes und goldenes Stickgarn mehrmals um einen 5 x 5 cm großen Karton wickeln. Die Garnschlingen mit Goldfaden oben zusammenbinden und unten aufschneiden. Das obere Ende der Quaste mit Goldfaden umwickeln, so daß ein Köpfchen entsteht, und den Faden verknoten. Die Fadenenden begradigen und die Quaste am unteren Ende der Dekoration befestigen.

KAPITEL 2

TRADITIONELLES

Die schönen Garne, hochwertigen Stoffe und vielfältigen, kunstvoll gearbeiteten Motive der Stickarbeiten auf den folgenden Seiten verkörpern den traditionell ländlichen Stil, der dem bei Innendekoration und Wohnkultur derzeit herrschenden Hang zur Natürlichkeit entgegenkommt. Beschäftigen Sie sich hin und wieder statt fernzusehen mit einer Stickvorlage, und versuchen Sie sich an einem schlichten Lavendelsäckchen oder einem hübschen Platzdeckchen. Und wer sich schon etwas mehr zutraut, könnte ein apartes Broschenkissen sticken oder sich an eines der reizvollen Mustertücher wagen.

Nachthemdentasche

TRADITIONELLES

Stimmen Sie das Zierband in der weißen Häkelspitze farblich auf das leuchtende Blau des reizvollen Kornblumenmotivs ab.

MATERIAL

1,5 m Baumwollstoff, weiß

10 x 13 cm Zweigart Stramin weiß/blau (Waste Canvas), 48 Stich/10 cm (Art. 510)

Sticktwist in den in der Tabelle angeführten Farben

Sticknadel

Rundrahmen

60 cm Häkelspitze mit Einzugband

Nähgarn

Heftgarn

Nähnadel

Stecknadeln

Schere

Schneiderkreide

Nähmaschine

STICKEN

Heften Sie das Stramingitter (Waste Canvas) im Abstand von 10 cm zu einer Schmalseite auf die Mitte des Baumwollstoffes, und nehmen Sie zum Sticken zwei Fäden in die Nadel. Die Schleife sollte Richtung Stoffkante weisen. Nach dem Sticken die Fäden des Stramingitters lockern, einzeln herausziehen und die fertige Stickerei vorsichtig von links dämpfen.

DMC	
798	☆ Mittelpunkt
799	
3347	

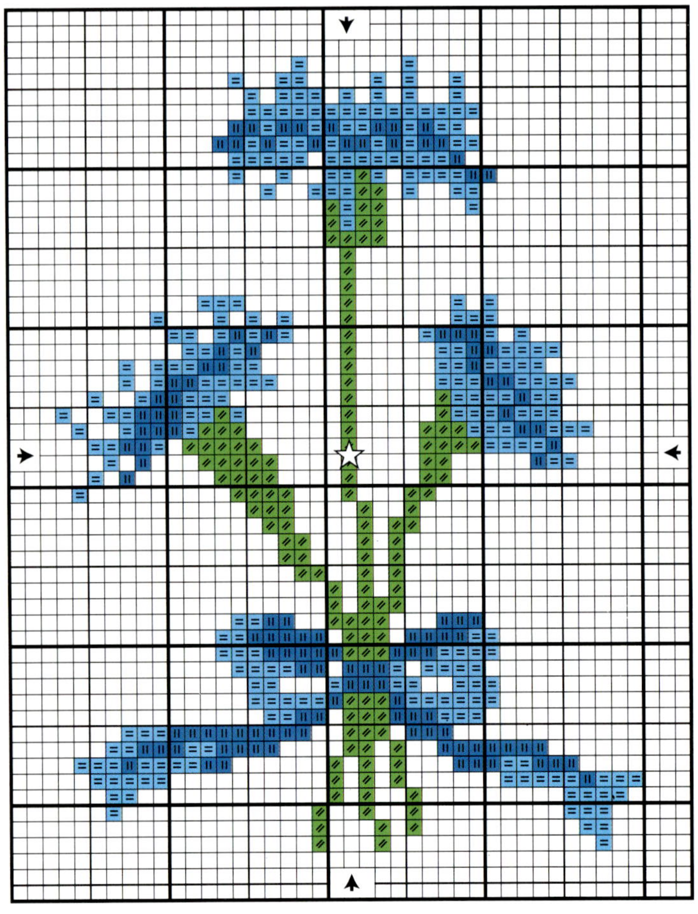

1 Fertigstellen: Den Stoff der Breite nach in der Mitte falten und die dreieckige Taschenklappe markieren. Die Stoffhälften rechts auf rechts bis auf einen kleinen Seitenschlitz zusammensteppen, Nahtzugaben und Ecken zurückschneiden und das Teil umdrehen.

2 Alle Ecken und die Spitze der Taschenklappe sauber herausholen und von links bügeln. Die Häkelspitze auf die Kante der Klappe stecken, heften und ansteppen. Die Bordürenenden einschlagen und von Hand vernähen. Abschließend die seitlichen Nähte der Wäschetasche mit Hohlstichen zusammennähen.

TISCHTUCH UND SERVIETTE

Hübsche, mit bunten Kreuzstichbordüren verzierte Tischwäsche verleiht einem schlichten Sonntagsessen das Flair eines Festmahles.

MATERIAL

Zweigart Brittney 112 Fäden/ 10 cm (Art. 3270), weiß:

115 x 115 cm für das Tischtuch, 50 x 50 cm für die Serviette

Sticktwist in den in der Tabelle angeführten Farben

Sticknadel

Rundrahmen

Nähgarn

Heftgarn

Nähnadel

Stecknadeln

Schere

Nähmaschine

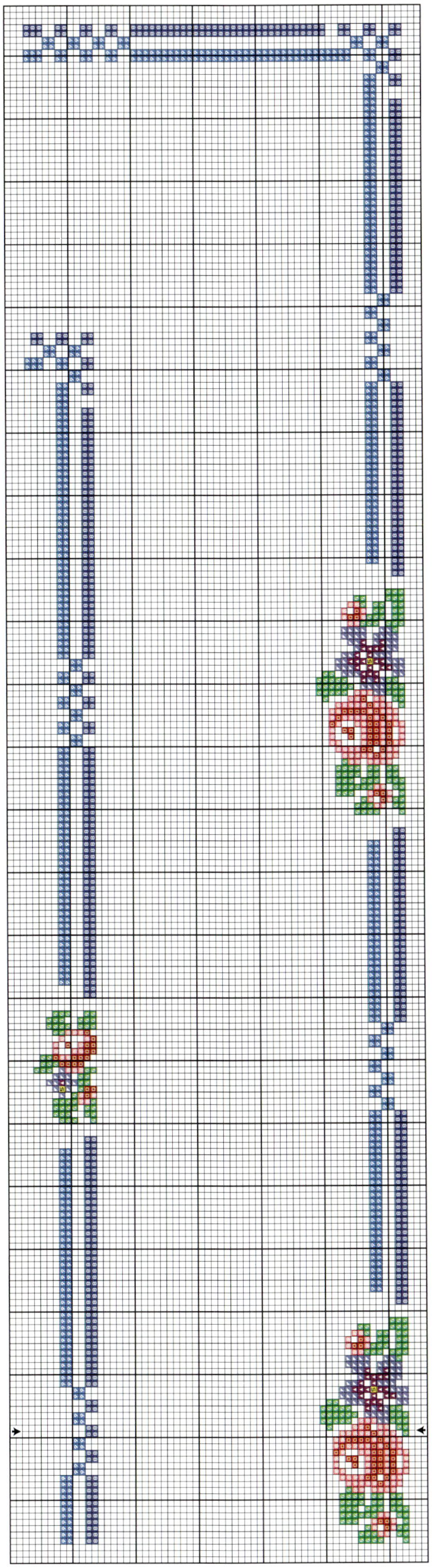

Tischtuch

STICKEN

Falten Sie den Stoff in beiden Richtungen in der Mitte, und markieren Sie die Mittellinie auf allen vier Seiten durch eine ca. 20 cm lange Heftnaht entlang des Kniffs. Anschließend auf einer Seite 16 cm von der Kante entfernt eine Orientierungslinie als Ausgangspunkt für das Bordürenmuster heften. Nehmen Sie zwei Fäden in die Nadel, und arbeiten Sie den Kreuzstich über zwei Gewebefäden.

1 Fertigstellen: Die Zählvorlage zeigt eine Hälfte einer Seite. Das Bordürenmuster auf der zweiten Hälfte wiederholen und die restlichen drei Seiten des Tischtuchs besticken; das Blumenmotiv weist dabei immer in dieselbe Richtung.

2 Die Stickerei von links dämpfen. Den Stoff auf 110 x 110 cm zurechtschneiden und die Ecken abschrägen. Einen 2,5 cm breiten Saum einschlagen, dicht an der Kante entlang steppen und die abgeschrägten Ecken mit Hohlstichen zusammenhalten.

Serviette

STICKEN

Die Mittellinie wie beim Tischtuch heften und den Ausgangspunkt für das Bordürenmuster 8 cm von der Kante entfernt markieren. Nehmen Sie zwei Fäden in die Nadel, arbeiten Sie den Kreuzstich über zwei Gewebefäden, und wiederholen Sie das Bordürenmuster auf allen Seiten.

1 Fertigstellen: Die Stickerei vorsichtig von links dämpfen und die Serviette auf 45 x 45 cm zuschneiden. Die Ecken abschrägen und die Serviette mit einem 2 cm breiten Saum genauso wie das Tischtuch fertigstellen.

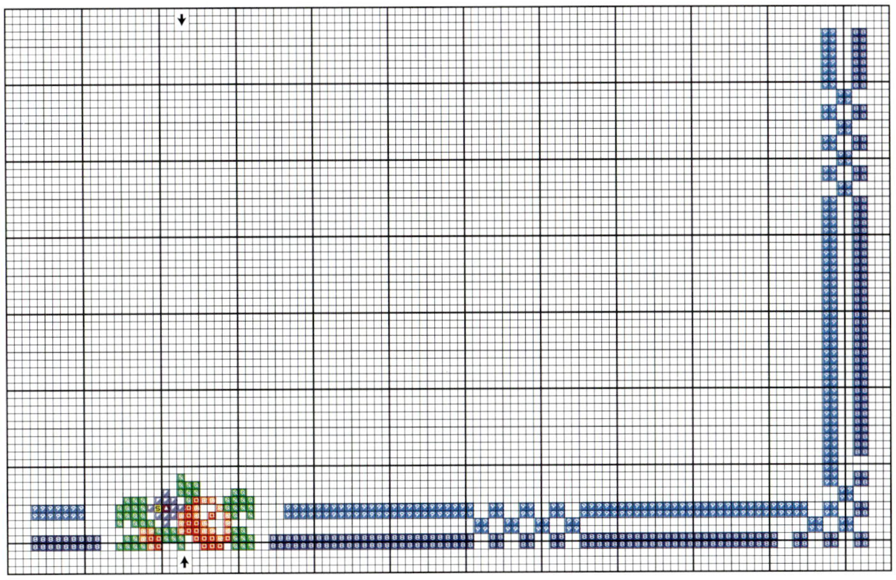

Anchor	
297	211
133 (3 Stränge)	112
131 (3 Stränge)	110
47	
35	

Vorhangschlaufen mit Blütenmuster

Rasch und einfach anzufertigen, passen diese Vorhangschlaufen gut zu rustikalen Dekostoffen.

MATERIAL

1,5 m Zweigart Leinen-Stickband, 80 mm, Farbe 53 (Art. 7272)

Sticktwist in den in der Tabelle angeführten Farben

Sticknadel

Heftgarn

Nähnadel

Stecknadeln

Schere

4 Messingringe, Ø 2,5 cm

STICKEN

Schneiden Sie das Stickband in vier gleich große Teile, und heften Sie auf einem Abschnitt die Mittellinien in beiden Richtungen. Sticken Sie zweifädig und arbeiten Sie den Kreuzstich über zwei Gewebefäden. Nach Abschluß der Arbeit das Leinenband drehen und die zweite Hälfte mit dem Motiv besticken.

DMC

- 517
- 518
- 553
- 554
- 562
- 563
- 741

Rückstich

- 561
- 553
- 517

☆ Mittelpunkt

1 Fertigstellen: Das Band von links dämpfen und an beiden Enden 5 mm breit umschlagen. Die Ecken so nach innen kippen, daß eine Spitze entsteht, dann feststecken und heften. Ein zweites unbesticktes Stück Leinenband als Schlaufenrückseite auf dieselbe Weise fertigstellen.

2 Das bestickte und nicht bestickte Band links auf links zusammenstecken und die beiden Teile durch dekorative, 1 cm voneinander entfernte Kreuzstiche entlang der Zierkante miteinander verbinden. An den Spitzen jeweils einen Messingring zwischenschieben und die abgeschrägten Kanten gleichfalls mit Kreuzstichen zusammenfügen. Die zweite Vorhangschlaufe Schritt für Schritt genauso anfertigen.

KRÄUTERKASTEN UND TOPFUNTERSETZER

Hübsch und appetitlich anzusehen – frische Kräuter in einem mit Kreuzstickerei verzierten Fichtenholzkasten. Hitzebeständiges Glas schützt die Stickerei des Topfuntersetzers.

MATERIAL

60 cm Leinenband, 10 cm breit
Sticktwist in den in der Tabelle angeführten Farben
Sticknadel
Heftgarn
Nähnadel
Schere
Fichtenholzkasten, 30 cm breit
Tacker und Heftklammern

KRÄUTERKASTEN

STICKEN

Markieren Sie auf dem Leinenband die Mittellinien in beiden Richtungen mit Heftstichen. Nehmen Sie zwei Fäden in die Nadel, und arbeiten Sie den Kreuzstich über zwei Gewebefäden.

1 Fertigstellen: Die beendete Stickerei vorsichtig von links dämpfen und um den Kasten legen. Die Schmalseiten umschlagen und an der Kastenrückseite mit Hilfe von Heftklammern und Tacker befestigen.

Topfuntersetzer

MATERIAL

23 x 23 cm Zweigart Fein-Aida, 70 Stich/10 cm (Art. 3793), weiß

Sticktwist in den in der Tabelle angeführten Farben

Sticknadel

Rundrahmen

Heftgarn

Nähnadel

Schere

Sechseckiger Topfuntersetzer mit Glaseinlage

DMC			
210		809	
211		966	
311		3607	
340		3746	
349		weiß	
310		3607 + 211 (je 1 Faden)	
300		Rückstich	
318		500	
445		300	
472		472	
500		966	
562		318	
726		310	
704			
741			
742		☆ Mittelpunkt	

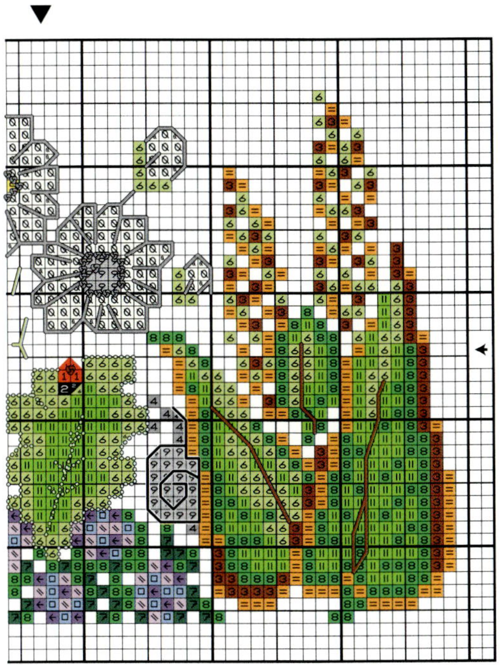

STICKEN

Markieren Sie auf dem Aida-Stoff die Mittellinien in beiden Richtungen mit Heftstichen. Sticken Sie zweifädig, arbeiten Sie die Konturen mit Rückstichen heraus, und dämpfen Sie die Stickerei vorsichtig von links. Den Herstellerangaben folgend die Stickerei in den Rahmen einpassen. Zum Schutz vor Kratzern ist die Unterseite des Topfuntersetzers mit Filz beklebt.

Anchor (zweifädig)	Rückstich (einfädig)	Rückstich (zweifädig)
122	122	120
120		☆ Mittelpunkt

Bettwäsche mit Kreuzstichbordüre

Bei dieser Bettwäsche mit klassischer Kreuzstichbordüre kommt einem unwillkürlich Urgroßmutters marmorner Waschtisch mit der Porzellanwaschschüssel und dem Wasserkrug in viktorianisch Blau und Weiß in den Sinn.

MATERIAL

Aida-Band, 8 cm breit, nach Bedarf

Sticktwist in den in der Tabelle angeführten Farben

Sticknadel

Überschlaglaken und Kopfkissenbezug

Nähgarn

Stecknadeln

Schere

Nähmaschine

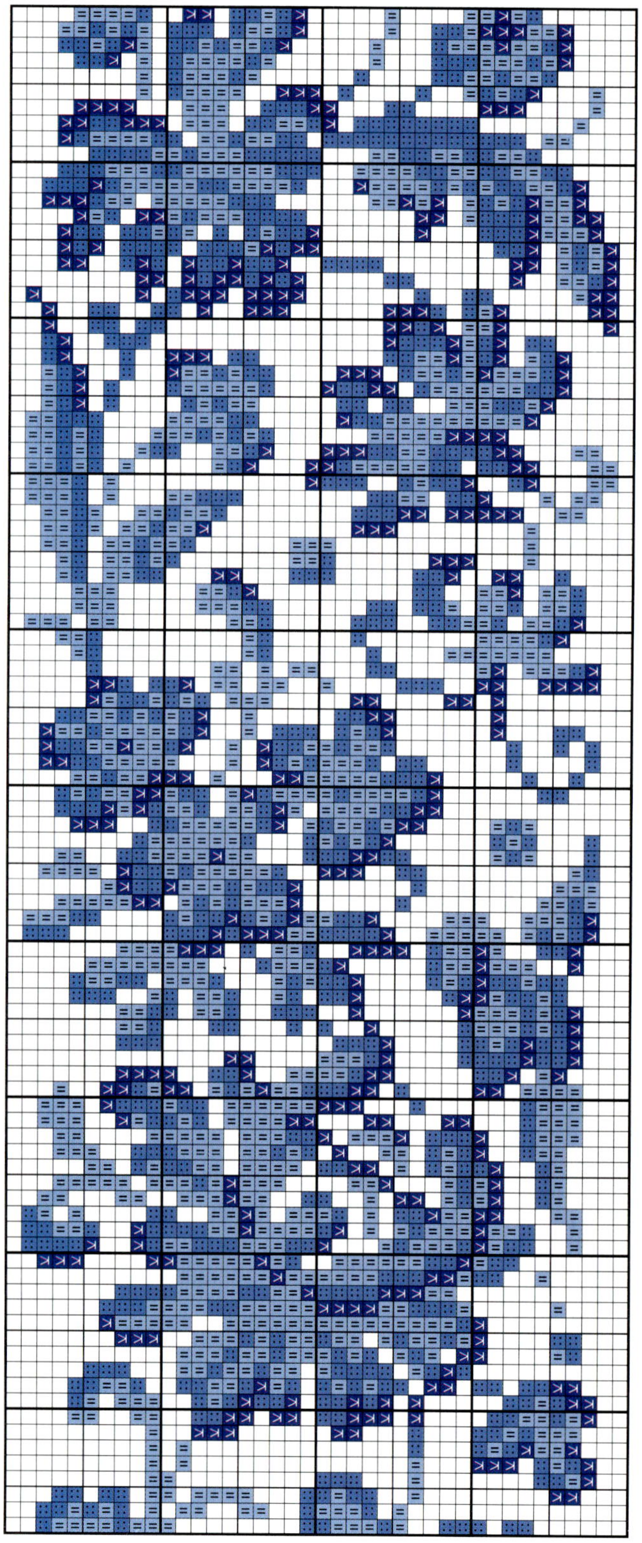

Anchor		Kopfkissen	Überschlaglaken
130	= =	2 Stränge	6 Stränge
132	∷	2 Stränge	5 Stränge
134	⋊	1 Strang	3 Stränge

STICKEN

Messen Sie die Breite des Überschlaglakens und des Kopfkissenbezuges aus, und geben Sie beim Aida-Band jeweils 10 cm zu. Nehmen Sie zwei Fäden in die Nadel, und beginnen Sie 5 cm vom Bandende entfernt mit der Bordüre.

1 Fertigstellen: Die fertige Bordüre vorsichtig von links dämpfen und im Abstand von 6 cm zur Stoffkante auf das Überschlaglaken beziehungsweise den Kissenbezug stecken. Die Enden einschlagen und das Band ansteppen.

MUSTERTUCH MIT SÄULENMOTIV

Vögel, Schmetterlinge und Blumen waren im 19. Jahrhundert als Motive sehr beliebt. Säulen auf einem Mustertuch sind hingegen recht ungewöhnlich.

MATERIAL

25 x 25 cm Zweigart Linda, 107 Fäden/10 cm, Farbe 101 (Art. 1235)

Sticktwist in den in der Tabelle angeführten Farben

Sticknadel

Rundrahmen

robustes Nähgarn

Heftgarn

Nähnadel

27 x 30 cm Karton zum Aufziehen

Bilderrahmen

STICKEN

Markieren Sie auf dem Stickleinen die Mittellinien in beiden Richtungen mit Heftstichen, nehmen Sie zwei Fäden in die Nadel, und arbeiten Sie den Kreuzstich über zwei Gewebefäden.

1 Fertigstellen: Die beendete Stickerei vorsichtig von links dämpfen, auf den Karton aufziehen und in den Bilderrahmen einpassen.

	Anchor
ǁ ǁ	848
= =	681
∷ ∷	337
≻ ≻	303
↘	884
◸ ◸	844
/ /	10
\	352

	Rückstich
—	681
—	848
—	352

☆ Mittelpunkt

TRADITIONELLES

BESTICKTER KLEIDERBÜGEL

Auf einem so eleganten wattierten Kleiderbügel nehmen das zarte Seidennegligé oder der Pulli aus feiner, weicher Wolle keinen Schaden.

MATERIAL

30 x 60 cm Stoff zum Beziehen

5 x 25 cm Zweigart Stramin weiß/blau (Waste Canvas), 40 Stich/10 cm (Art. 510)

Sticktwist in den in der Tabelle angeführten Farben

Sticknadel

Nähgarn

Heftgarn

Nähnadel

Stecknadeln

Schere

doppelseitiges Klebeband

30 cm Synthetik-Wattierung

Holzkleiderbügel

50 cm dünne Kordel

STICKEN

Den Bezugstoff der Länge nach in zwei Hälften und das Stramingitter in fünf gleich große Stücke schneiden. Ein Waste-Canvas-Quadrat auf die Mitte eines Stoffstreifens heften und die übrige Stücke zu beiden Seiten im Abstand von jeweils 4 cm ebenfalls aufheften. Arbeiten Sie zweifädig, lockern Sie nach dem Sticken die Fäden des Waste Canvas, und ziehen Sie sie einzeln heraus. Die fertige Stickerei vorsichtig von links dämpfen.

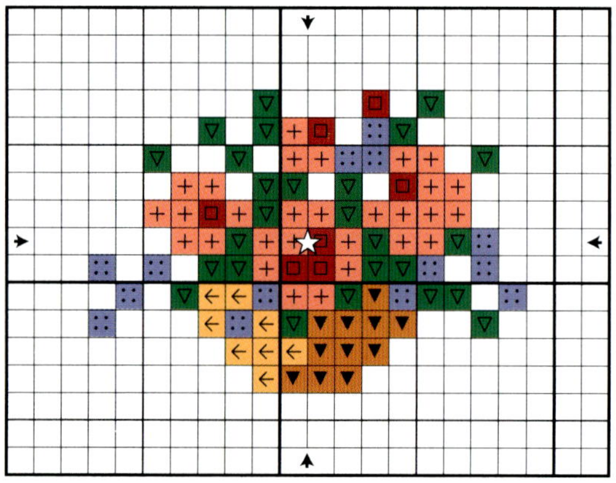

	Anchor		Anchor
∷	118	← ←	302
+ +	35	▽ ▽	218
□ □	19		
▼ ▼	304	☆	Mittelpunkt

1 Fertigstellen: Die Wattierung in vier 5 cm breite und einen 10 cm breiten Streifen schneiden. Den Kleiderbügel zunächst mit den schmalen und abschließend mit dem breiten Streifen umwickeln und die Enden überwendlich vernähen.

2 Beide Stoffstreifen auf eine Breite von 11 cm zurückschneiden und darauf achten, daß die Kreuzstichmotive akkurat auf der Mittellinie liegen. Beide Teile rechts auf rechts mit einer Nahtzugabe von 1,5 cm an der Oberkante zusammensteppen; in der Mitte eine kleine Öffnung für den Haken lassen. Die Naht breitbügeln, den Haken durch den Schlitz schieben und den Bezug um den Kleiderbügel legen. Die vordere Stoffkante einschlagen und den Bezug an der Kleiderbügelunterkante mit Hohlstichen verschließen.

3 An den Kleiderbügelenden den Stoff einschlagen, dicht an der Kante entlang mit winzigen Vorstichen eine Reihnaht machen, den Faden zusammenziehen und vernähen. Den Haken mit doppelseitigem Klebeband und dann - am gebogenen Ende beginnend – mit der Kordel fest und dicht an dicht umwickeln. Das Kordelende einfädeln und in der Wattierung verschwinden lassen.

VIKTORIANISCHES NÄHZEUG

In diesem reizenden Nähzeug sind Nähnadeln, Stecknadeln und Schere sicher verwahrt.

MATERIAL

36 x 46 cm Zweigart Sulta Hardanger, 88 Stich/10 cm (Art. 1008), cremefarben

Sticktwist in den in der Tabelle angeführten Farben

Sticknadel

Spannrahmen

4,5 m Zierband, weinrot, 3 mm breit

18 x 30 cm Futterstoff, weinrot

Nähgarn

Heftgarn

Nähnadel

Stecknadeln

Schere

18 x 25 cm dicke Vlieseline zum Aufbügeln

8 x 24 cm Filz

8 x 25 cm dünner Karton zum Aufziehen

Allzweckkleber

NADELBUCH

STICKEN

Schneiden Sie ein 18 x 25 cm großes Stück Hardanger-Gewebe zu, und markieren Sie darauf die Mittellinien in beiden Richtungen mit Heftstichen. An beiden Seiten der kurzen Mittellinie je 10 Fadenpaare freilassen und beide Hälften der Zählvorlage entsprechend besticken. Nehmen Sie zwei Fäden in die Nadel, und arbeiten Sie den Kreuzstich über ein Fadenpaar. Nach dem Sticken das Zierband zwischen den Stichen feststecken und heften und die Bändchen an den Stellen, an denen sie einander überkreuzen, mit einem großen Kreuzstich fixieren.

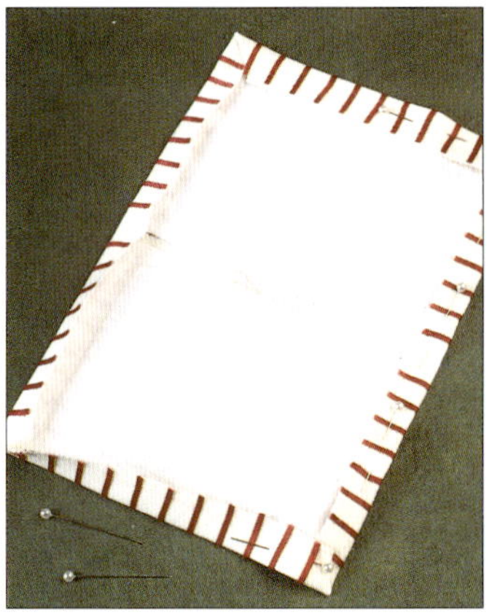

1 Fertigstellen: Die beendete Stickerei vorsichtig von links dämpfen und die Vlieseline aufbügeln. Den Stoff zurückschneiden und die Ecken abschrägen, einschlagen und bügeln.

2 Den Futterstoff rundum 1 cm breit umbügeln, auf die linke Seite des Nadelbüchleins stecken und mit Hohlstichen annähen. Den Filz der Breite nach falten, auf das Futter legen und auf der Mittellinie festnähen.

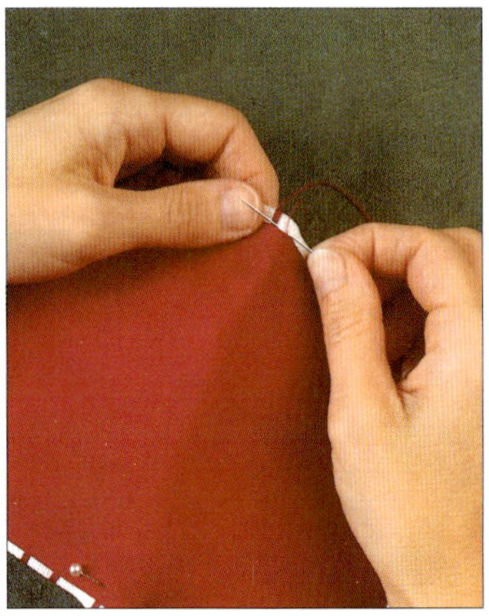

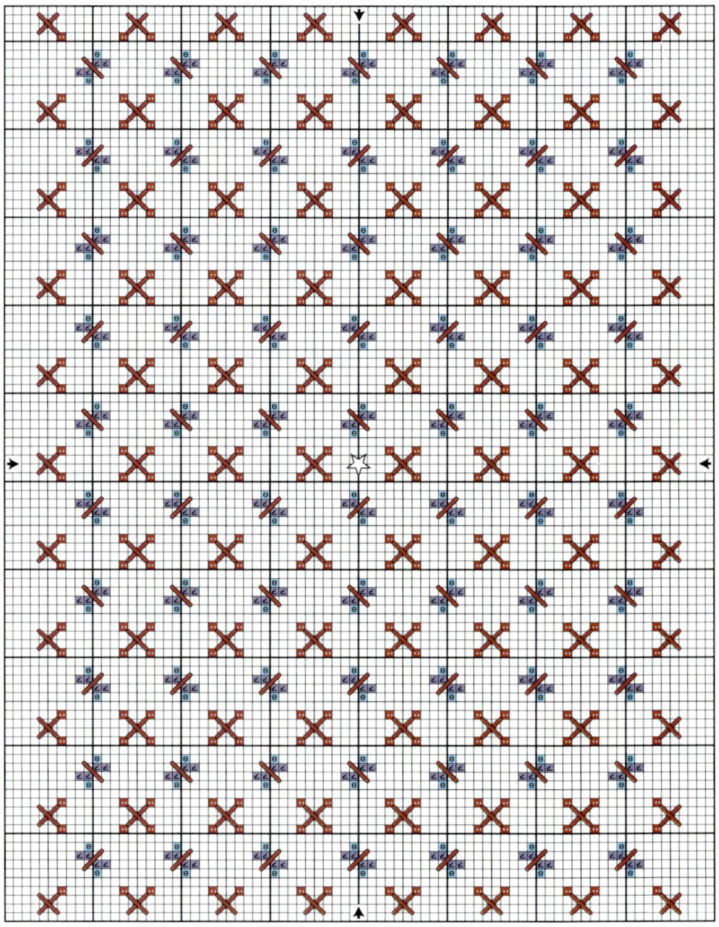

	DMC	Rückstich	
7 7	340	—	3685
8 8	341		
···	3685	☆	Mittelpunkt

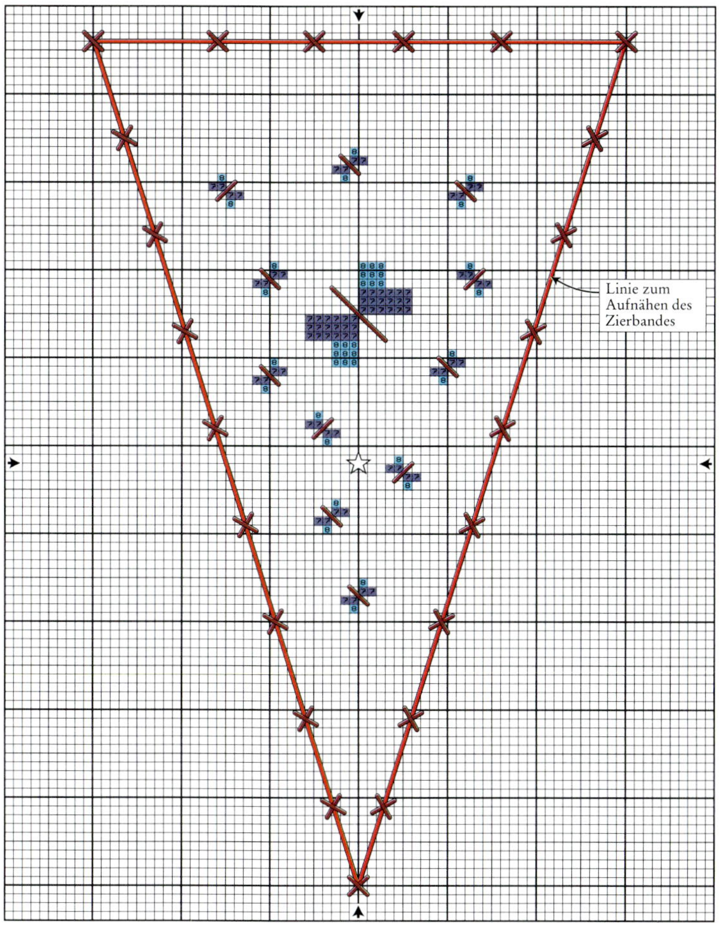

SCHERENETUI

STICKEN

Sticken Sie die beiden Etui-Teile zweifädig, und arbeiten Sie den Kreuzstich über ein Fadenpaar. Die fertige Stickerei vorsichtig von links dämpfen.

1 Fertigstellen: Die Schablone (siehe S. 35) durchpausen und viermal aus Karton ausschneiden. An den Schablonen die Nahtzugaben abschneiden, die bestickten Teile sorgfältig so aufziehen, daß das Motiv in der Mitte sitzt, und mit Allzweckkleber fixieren. Die beiden anderen Dreiecke genauso mit Futterstoff beziehen.

2 Die beiden mit Futterstoff bezogenen Dreiecke rechts auf rechts aufeinanderlegen, die bestickten Etui-Teile von unten und oben so auflegen, daß das Futter an der Oberkante etwas übersteht, und alle Teile an den Seiten überwendlich zusammennähen.

3 Ein 4 x 4 cm großes Stückchen Karton mit Sticktwist umwickeln, eine kleine Quaste anfertigen und an der Etuispitze festnähen. Abschließend auf die beiden bestickten Seiten rotes Zierband nähen (siehe Abbildung).

Seidener Toilettenbeutel

TRADITIONELLES

Vorbild für das Kreuzstichmotiv auf diesem eleganten Toilettenbeutel war das Usambara-Veilchen – eine zu Königin Viktorias Zeiten überaus beliebte Blume.

MATERIAL

40 cm Leinenband, naturfarben

Sticktwist in den in der Tabelle angeführten Farben

Sticknadel

35 x 40 cm Seide, mittelschwer, burgunderrot

25 x 40 cm Futterstoff

Nähgarn

Nähnadel

Stecknadeln

Schere

6 Messingringe, Ø 12 mm

1 m Kordel, cremefarben

Nähmaschine

STICKEN

Das Stickband zur Hälfte falten und die waagrechte Mittellinie durch Abzählen der Fäden ermitteln, sticken Sie zweifädig, arbeiten Sie den Kreuzstich über zwei Fäden, und wiederholen Sie das Motiv von der Mitte aus nach beiden Seiten bis zu den Bandenden.

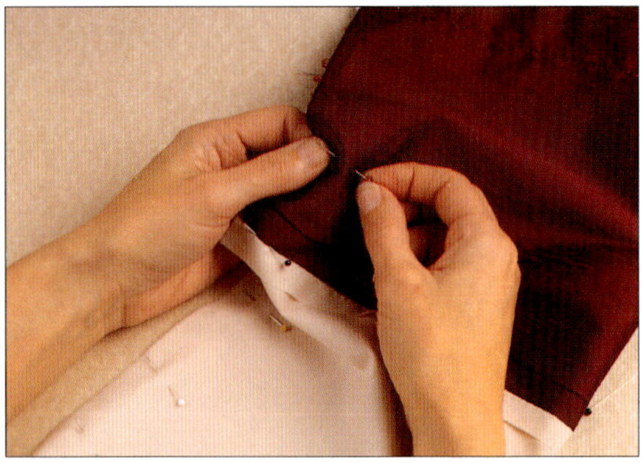

1 Fertigstellen: Die beendete Stickerei vorsichtig von links dämpfen, das Band im Abstand von 10 cm zur Unterkante auf den Seidenstoff stecken und dicht an den Kanten entlang aufsteppen. Seide und Futterstoff rechts auf rechts legen und an der Oberkante zusammennähen. Die Naht breitbügeln und das Teil rechts auf rechts der Länge nach zu einem Schlauch nähen.

2 Die Naht breitbügeln und so verschieben, daß sie sich an der Beutelrückseite befindet. Dann den Beutel entlang der Unterkante zusammensteppen, Nahtzugaben und Ecken zurückschneiden und umdrehen. Die Nahtzugabe des Futterstoffes einschlagen, das Futter mit Hohlstichen zusammennähen und in den Beutel schieben.

3 Die Messingringe mit Knopflochstich umstechen. Den Beutelrand entlang der Futterstoffnaht einmal absteppen, die Ringe auf der Stepplinie gleichmäßig verteilen und festnähen. Die Kordel in zwei gleich lange Stücke schneiden und gegengleich durch die Ringe ziehen. Die Enden verknoten und zu krausen Quasten aufdrieseln.

DMC	Knötchenstich
3746	3746
341	
550	
744	

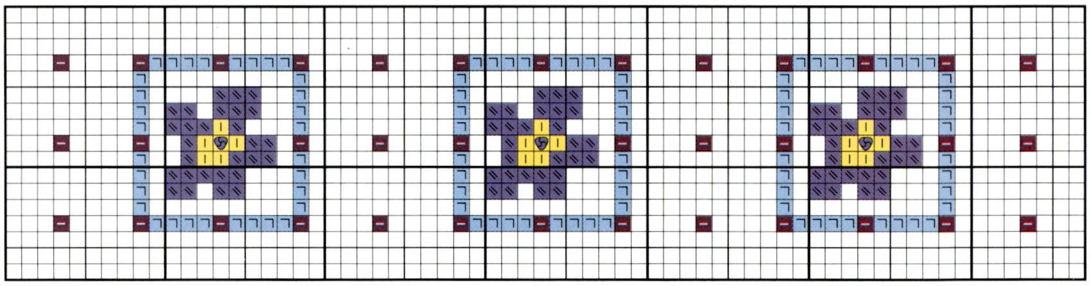

TRADITIONELLES

VIKTORIANISCHES ZIERKISSEN

Das Kreuzstichmuster erinnert an die im viktorianischen Zeitalter ungemein beliebten blauweißen Fliesen.

MATERIAL

20 x 20 cm Zweigart Belfast, 126 Fäden/10 cm, Farbe 101 (Art. 3609)

Sticktwist in den in der Tabelle angeführten Farben

Sticknadel

Rundrahmen

50 x 90 cm Chintz, marineblau

Nähgarn

Heftgarn

Nähnadel

Stecknadeln

Schere

1,5 m Kordel für Schnurpaspel

Schneiderkreide

Lineal

Nähmaschine

Kissen, 36 x 36 cm

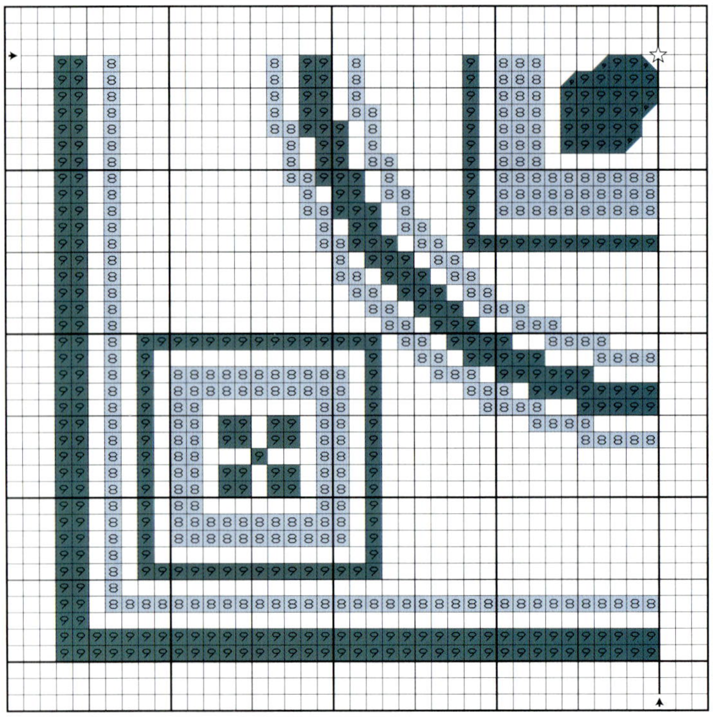

Anchor

8 8 1032 ■ 1036 ☆ Mittelpunkt

STICKEN

Markieren Sie auf dem Stickleinen die Mittellinien in beiden Richtungen mit Heftstichen. Nehmen Sie zwei Fäden in die Nadel, und arbeiten Sie den Kreuzstich über zwei Gewebefäden. Nach Fertigstellen eines Motiv-Viertels das Stickgut um 90° drehen, das nächste Viertel sticken und mit den restlichen Abschnitten ebenso verfahren.

1 Fertigstellen: Von der Kreuzstichkante aus gerechnet, das Stickleinen auf eine Rundumzugabe von 1,5 cm kürzen. Den Stoff 1 cm breit umschlagen, die Ecken abschrägen und von links dämpfen. Für das Kissen aus dem Chintz zwei 38 x 38 cm große Teile zuschneiden. Die Stickerei in der Mitte der Kissenoberseite feststecken, heften und mit Hohlstichen annähen. Aus dem restlichen Chintz einen 5 cm breiten, für die Kissenumrandung ausreichend langen Schrägstreifen anfertigen. Den Schrägstreifen um die Kordel für die Schnurpaspel legen, die Paspel rundum an die Kante des Kissenoberteils heften und ansteppen. Anschließend beide Kissenteile rechts auf rechts an drei Seiten zusammensteppen. Die Kissenhülle umdrehen, das Kissen hineinstopfen und die offene vierte Seite mit Hohlstichen verschließen.

Handtuch mit gestickter Bordüre

TRADITIONELLES

Auf ein blaßgelbes Handtuch gestickt, wirken Aronstabblüten ganz besonders apart.

STICKEN

Markieren Sie auf dem Aida-Streifen die Mittellinien in beiden Richtungen mit Heftstichen. Nehmen Sie zwei Fäden in die Nadel, und sticken Sie auch den Goldfaden zweifädig. Die Rückstiche der Blattadern mit einem Faden und die der Konturen zweifädig arbeiten.

1 Fertigstellen: Die Heftfäden herausziehen und die Stickerei von der Rückseite bügeln.

MATERIAL

weißes Frotteehandtuch mit eingewebtem Aida-Streifen

Sticktwist in den in der Tabelle angeführten Farben + Goldfaden

Sticknadel

Rundrahmen

Heftgarn

Nähnadel

Schere

Symbol	DMC
3 3	727
4 4	Art. 284 (Goldfaden)
⊥ ⊥	783
◻ ◻	725
⊞ ⊞	895
↓ ↓	3362
//	3346
	Rückstich
—	680
—	310
—	895
☆	Mittelpunkt

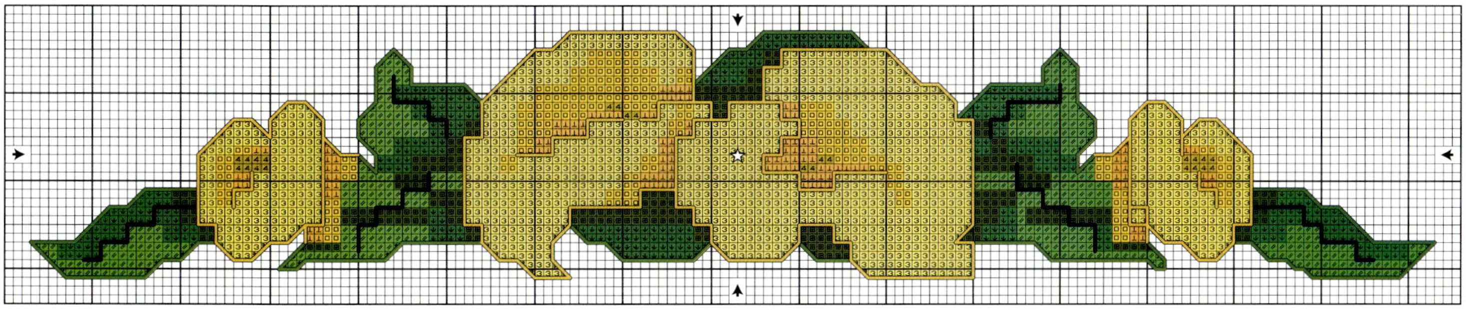

Lavendelsäckchen

TRADITIONELLES

Im Schrank oder in der Kommode aufbewahrt, verleiht ein Lavendelsäckchen der Wäsche zarten Wohlgeruch und erinnert an dufterfüllte Spätsommerabende.

MATERIAL

30 cm Zweigart Leinen-Stickband, 80 mm, Farbe 35 (Art. 7272)

Perlgarn Nr. 8 in den in der Tabelle angeführten Farben

Sticknadel

blauer Sticktwist, zur Zierkante des Stickbandes passend

Nähgarn

Heftgarn

Nähnadel

Schere

getrocknete Lavendelblüten

STICKEN

Markieren Sie mit Heftstichen der Länge nach die Mittellinie des Stickbandes. Heften Sie eine zweite Linie im Abstand von 6 cm zur Oberkante, und arbeiten Sie den Kreuzstich über zwei Gewebefäden. Die fertige Stickerei von links dämpfen.

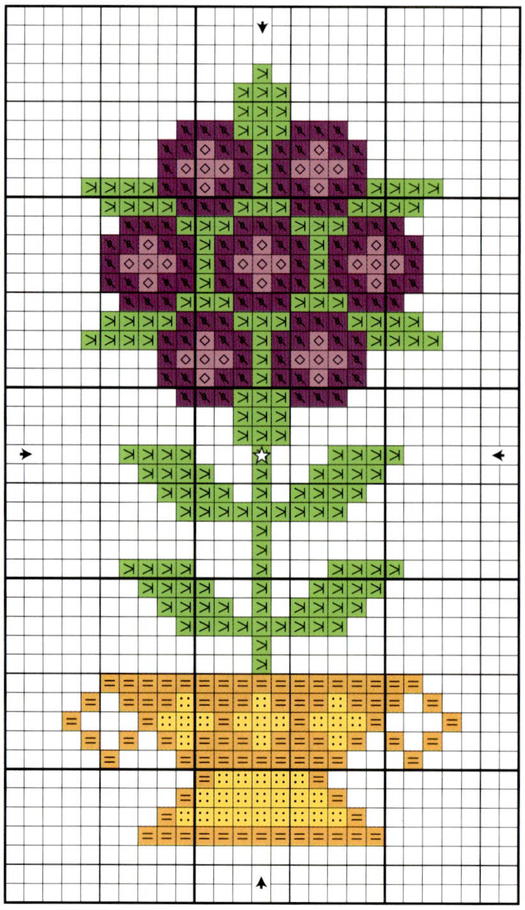

1 Fertigstellen: Die ungesäumten Schmalkanten des Stickbandes 12 mm breit einschlagen und bügeln. Zwei Fäden blauen Sticktwist in die Nadel fädeln und den Saum durch zwei Reihen Vorstiche befestigen.

2 Das Band der Breite nach in der Mitte falten und die seitlichen Ränder mit Hohlstichen zusammennähen. Das Säckchen mit getrockneten Lavendelblüten oder anderen duftenden Blütenblättern füllen und an der Oberkante mit Hohlstichen verschließen.

DMC			
= =	780	◇◇	208
::	783	(dunkel)	550
⋗⋗	907	☆	Mittelpunkt

Tischläufer

TRADITIONELLES

Das Handarbeitsleinen ist zwar sehr fein, aber dessen ungeachtet kommt man beim Sticken rasch voran.

MATERIAL

50 x 100 cm Stickleinen, 140 Fäden/10 cm, weiß

Sticktwist in den in der Tabelle angeführten Farben

Sticknadel

Rundrahmen

Nähgarn

Heftgarn

Nähnadel

Schere

Nähmaschine

STICKEN

Heften Sie an einer Ecke jeweils im Abstand von 12 cm zur Stoffkante zwei Orientierungslinien, und markieren Sie so die Außenkante des Bordürenmusters. Sticken Sie zweifädig, und arbeiten Sie den Kreuzstich über drei Gewebefäden. Das zweite Viertel des Musters ist ein Spiegelbild des ersten Viertels, die gesamte zweite Hälfte der Bordüre das gegengleiche Stück zur ersten Hälfte.

1 Fertigstellen: Die Stickerei vorsichtig von links dämpfen. Mit einem gleichmäßigen Rundumabstand zwischen Bordüre und Stoffkante den Läufer auf 40 x 88 cm zurückschneiden. Die Ecken abschrägen, einen 2,5 cm breiten Saum umschlagen und dicht an der Kante entlang steppen. Die abgeschrägten Ecken mit Hohlstichen zusammenhalten.

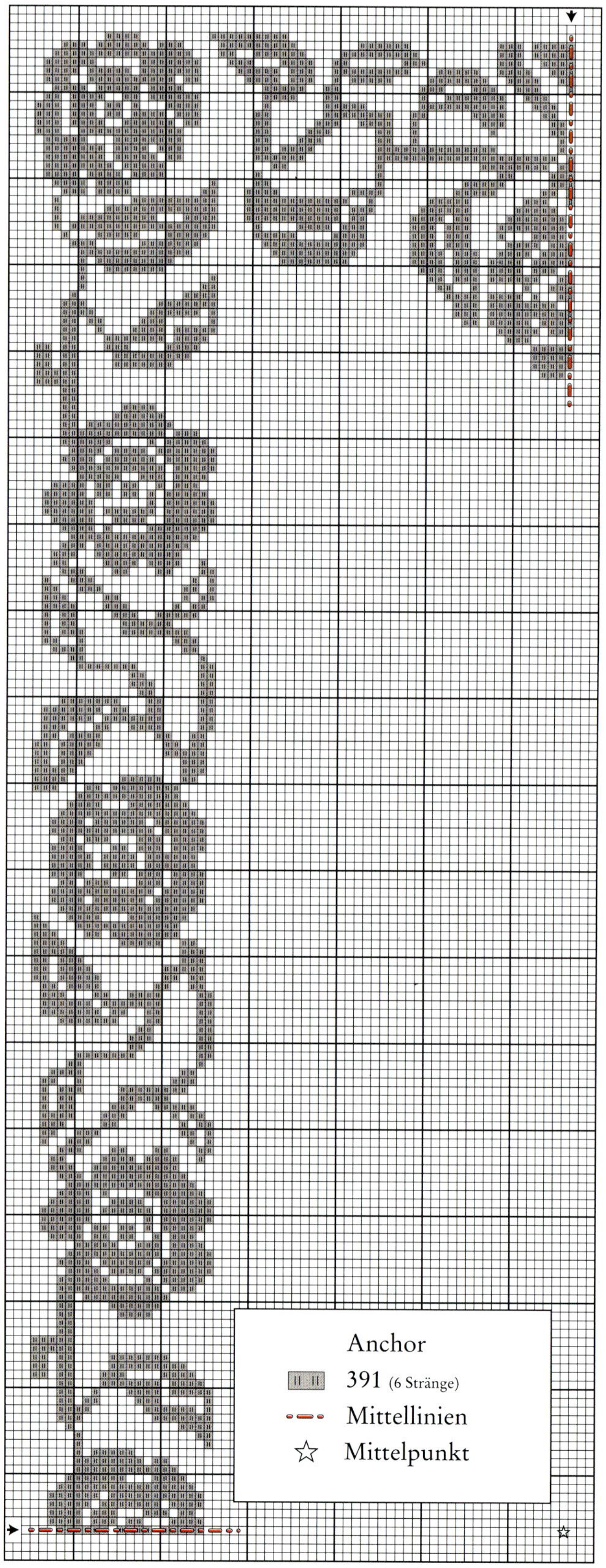

Besticktes Passepartout

Eine ganz persönliche Note erhält dieses Passepartout mit einem in den unteren Rand eingestickten Namen.

STICKEN

Markieren Sie in der Mitte des Stickleinens ein 25 x 25 cm großes Quadrat und in dessen Mitte ein zweites von 10 x 10 cm. Heften Sie auf allen vier Rändern dieses »Passepartouts« die waagrechten und senkrechten Mittellinien, und beginnen Sie mit dem Sticken bei der Schleife. Die zweite »Rahmenhälfte« spiegelbildlich zur ersten arbeiten. Die fertige Stickerei von links dämpfen.

1 Fertigstellen: Aus der Mitte des Kartons ein 10 x 10 cm großes Quadrat ausschneiden und an der Innenkante doppelseitiges Klebeband aufkleben. Die Ecken des kleineren Stoffquadrates einschneiden und den Stoff mit einer Rundumzugabe in der Mitte herausschneiden. Den Kartonrahmen auf die Stickerei legen, und den Stoff an den Innenrändern festkleben. Die Kartonaußenränder mit Klebeband bekleben, die Stoffecken abschrägen und die Stickarbeit fertig aufziehen, das Motiv darf sich nicht verziehen. Das fertige Passepartout in den Rahmen einpassen.

MATERIAL

35 x 35 cm Stickleinen, naturfarben
Sticktwist, weiß
Sticknadel
Rundrahmen
Heftgarn
Nähnadel
Schere
25 x 25 cm Karton zum Aufziehen
Cutter
Stahllineal
Schneiderkreide
doppelseitiges Klebeband
Bilderrahmen

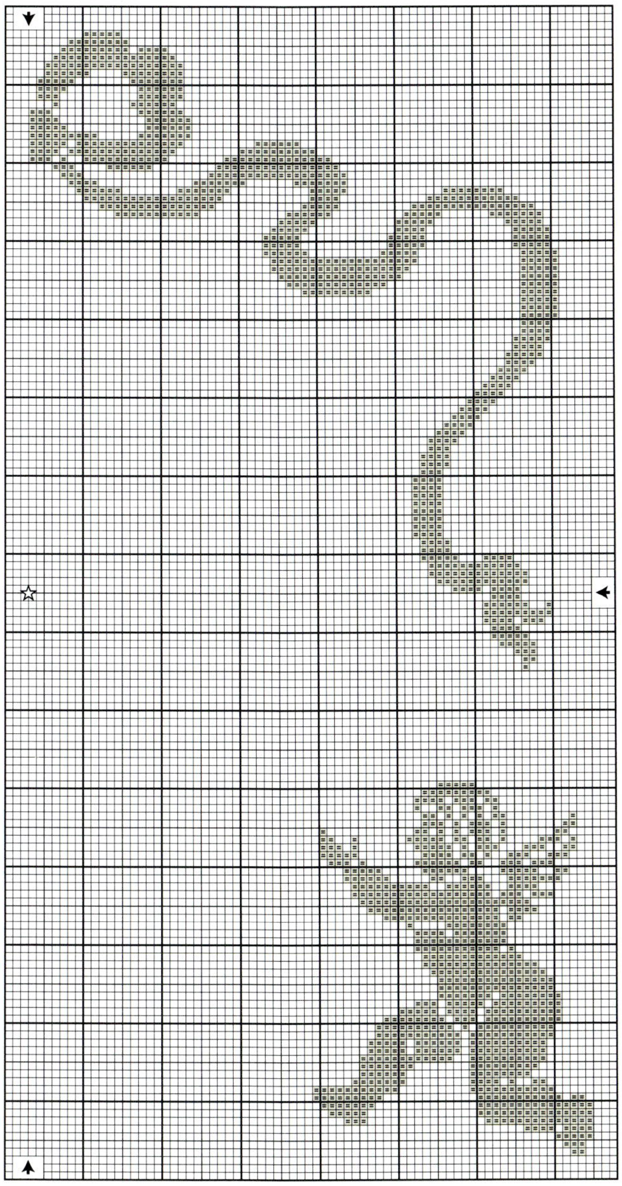

Anchor
= = weiß
☆ Mittelpunkt

SCHMUCKKASTEN

TRADITIONELLES

Dieses von Charles Rennie Mackintosh stammende Design läßt sich ganz nach Bedarf an jeden quadratischen oder rechteckigen Kasten angleichen.

MATERIAL

25 x 25 cm Stickleinen, 126 Fäden/10 cm, goldfarben

Sticktwist, Effektgarn und Goldfaden in den in der Tabelle angeführten Farben

Sticknadel

Spannrahmen

Heftgarn

Nähnadel

Schere

Synthetik-Wattierung

doppelseitiges Klebeband

Holzkasten

1 m Ripsband, 15 mm breit

STICKEN

Markieren Sie auf dem Stickleinen die Mittellinien in beiden Richtungen mit Heftstichen. Nehmen Sie vom Sticktwist zwei Fäden und vom dickeren Metallgarn einen Faden in die Nadel. Die fertige Stickerei vorsichtig von links dämpfen und den Stoff auf Deckelgröße plus 3 cm Rundumzugabe kürzen.

DMC	Anchor Effektgarn	Kreinik Metallgarn
310	872	105 C
ecru	Goldfaden	225 C
645	Goldfaden	☆ Mittelpunkt
648	Goldfaden	
Art 282		

1 Fertigstellen: Ein Stück Wattierung passend zurechtschneiden und auf den Deckel kleben. An den Seitenkanten entlang doppelseitiges Klebeband aufkleben und die Stoffzugabe fest andrücken; die Ecken dabei sauber einschlagen.

2 Auf die Seitenränder des Deckels nochmals doppelseitiges Klebeband geben und das Ripsband so aufkleben, daß die ungesäumten Stoffkanten verdeckt sind. Die Bandenden einschlagen und gut festkleben.

Tablett mit Blumenkörbchen-Dekor

Ein Glaseinsatz bewahrt diese reizvolle Stickerei vor Schaden.

MATERIAL

30 x 30 cm Zweigart Cashel Leinen, 112 Fäden/10 cm (Art. 3281), cremefarben

Sticktwist in den in der Tabelle angeführten Farben

Sticknadel

Rundrahmen

robustes Nähgarn

Heftgarn

Nähnadel

Holztablett, 24 x 24 cm

STICKEN

Markieren Sie auf dem Stickleinen die Mittellinien in beiden Richtungen mit Heftstichen, und nehmen Sie zwei Fäden in die Nadel. Die fertige Stickerei vorsichtig von links dämpfen.

1 Fertigstellen: Die Stickerei auf den mitgelieferten Karton ziehen und das Tablett den Herstellerangaben folgend zusammenfügen.

	DMC
⌝⌝	648
5 5	729
	924
+ +	754
⊥ ⊥	948
	918
⊞ ⊞	919
↓ ↓	347
	500
	3768
	3815
⊠ ⊠	3047

Rückstich

500

Knötchenstich

646

☆ Mittelpunkt

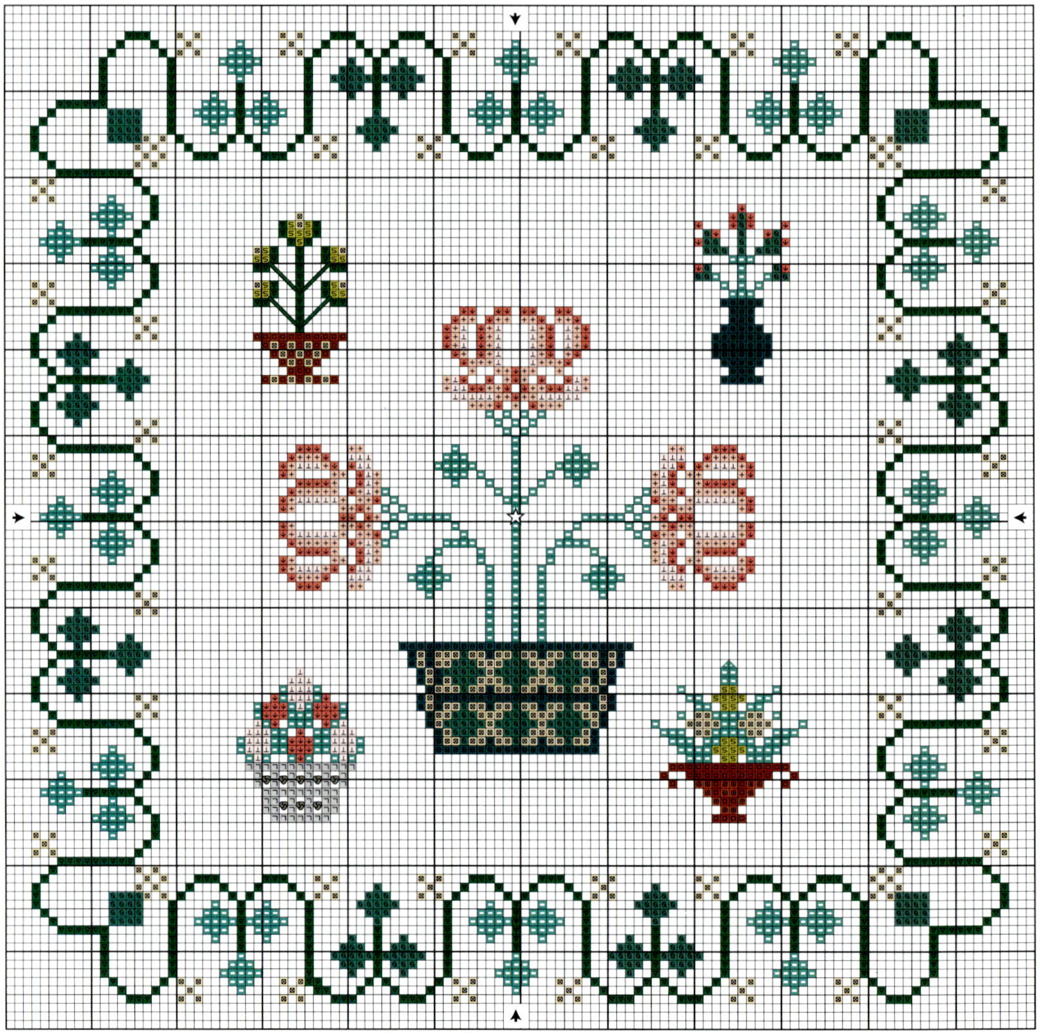

Bestickte Slipper

TRADITIONELLES

Kunstvoll gestickte Rosen machen schlichte schwarze Slipper zum eleganten Accessoire.

MATERIAL

1 Paar schwarze Samtslipper

zwei 9 x 9 cm große Stücke Zweigart Stramin weiß/blau (Waste Canvas), 56 Stich/10 cm (Art. 510)

Blumengarn (Nordin) in den in der Tabelle angeführten Farben

Sticknadel

Fingerhut

Dampfbügeleisen

STICKEN

Legen Sie ein Stück Waste Canvas auf dem Schuh zurecht, und heften Sie es fest. Suchen Sie den Mittelpunkt des Stramingitters, und sticken Sie von der Mitte nach außen. Die Stiche werden nur durch den Samt geführt. Ein Fingerhut dürfte sich bei der flachen Nadelführung als nützlich erweisen.

1 Fertigstellen: Die Rose spiegelbildlich auf den zweiten Schuh sticken. Die Straminfäden einzeln herausziehen und mit dem Dampfbügeleisen über die Slipper streichen.

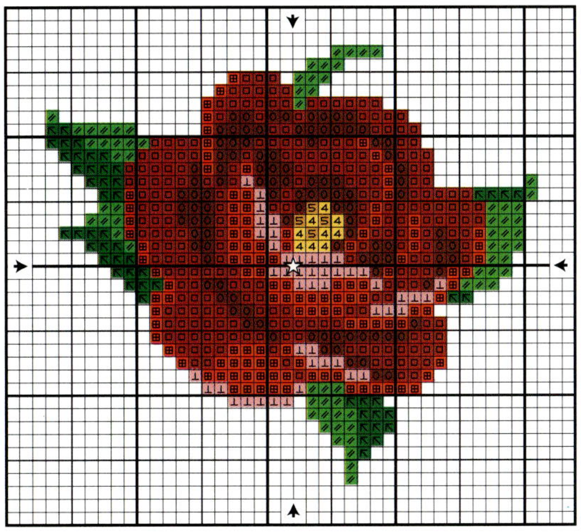

Symbol	Anchor (Nordin)
4 4	306
5 5	365
○ ○	22
⊥ ⊥	35
□ □	47
⊞ ⊞	9046
//	244
K K	246
☆	Mittelpunkt

KINDERWAGENDECKE

Originell und »lehrreich« zugleich: eine lustige Kinderwagendecke mit bunten Bild- und Zahlenmotiven.

MATERIAL

61 x 76 cm Zweigart Cotton Anne (Art. 7588)

Sticktwist in den in der Tabelle angeführten Farben

Sticknadel

Rundrahmen

61 x 75 cm Futterstoff, Baumwolle

Nähgarn

Nähnadel

Stecknadeln

Schere

51 x 64 cm Vlieseline zum Aufbügeln, mittlere Stärke

61 x 71 cm Wattierung

3 m Zierband, 7 mm breit

Nähmaschine

DMC	DMC	DMC	Rückstich	Knötchenstich
898	791	702	898	310
310	793	781	791	898
349	550	783	741	
608	741			
972	700			

STICKEN

Sticken Sie zunächst die Umrandung jedes Quadrates, messen Sie dann jeweils die Mitte aus, und arbeiten Sie die Zahlen und Motive nach Zählvorlage.

1 Fertigstellen: Die Vlieseline auf die Rückseite bügeln. Stickerei und Futterstoff rechts auf rechts legen, die Wattierung darauflegen und alle drei Lagen zusammenstecken.

2 Die Decke an allen vier Seiten zusammensteppen und eine kleine Öffnung lassen. Die Nahtzugaben zurückschneiden, die Decke umdrehen und die Ecken sauber herausholen. Die Öffnung mit Hohlstichen verschließen und die Nähte vorsichtig bügeln. Zwischen den Quadraten jeweils ein 15 cm langes Bändchen durch alle Lagen annähen, so daß der Eindruck einer Steppdecke entsteht, und zu Schleifchen binden oder nähen.

Steckkissen für Broschen

TRADITIONELLES

Auf diesem reizend bestickten Kissen befestigt, gehen Ihre Anstecknadeln nicht verloren.

MATERIAL

zweimal 20 x 20 cm Stickleinen, 140 Fäden/10 cm, weiß

Sticktwist in den in der Tabelle angeführten Farben

Sticknadel

Rundrahmen

Nähgarn

Heftgarn

Nähnadel

Stecknadeln

Schere

Nähmaschine

80 cm Paspel, weinrot

Kissen, 20 x 20 cm

STICKEN

Markieren Sie auf dem Stickgrund die Mittellinien in beiden Richtungen mit Heftstichen. Nehmen Sie einen Faden in die Nadel, und arbeiten Sie den Kreuzstich über zwei Gewebefäden.

1 Fertigstellen: Die Paspel an die Kanten des bestickten Teiles heften und die Enden an einer Ecke überlappen. Beide Kissenteile rechts auf rechts dicht an der Paspel entlang an drei Seiten zusammensteppen. Nahtzugaben und Ecken zurückschneiden, die Kissenhülle umdrehen und bügeln. Das Kissen hineinstopfen und die vierte Seite mit Hohlstichen schließen.

DMC

- 501
- 502
- 503
- 221
- 223
- 224
- 225
- 839
- 832
- 834
- 3032
- 3782

☆ Mittelpunkt

Grusskarte

Liebevoll auf Seide gestickt, wird diese Grußkarte zum ganz persönlichen Geschenk.

TRADITIONELLES

STICKEN

Heften Sie den dünnen Baumwollstoff auf die Rückseite der Seide, und spannen Sie den Stickgrund in den Rundrahmen. Das Stramingitter fadengerade ausgerichtet auf die Mitte des Stoffes heften und den Mittelpunkt markieren. Sticken Sie das Stiefmütterchen zweifädig, lösen Sie nach Abschluß der Arbeit die Straminfäden voneinander, und ziehen Sie sie einzeln heraus. Die fertige Stickarbeit vorsichtig von links dämpfen und auf Ausschnittgröße plus Rundumzugabe zurückschneiden.

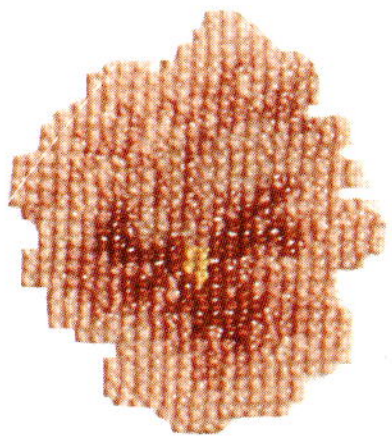

1 Fertigstellen: Den Ausschnittrand auf der Rückseite mit doppelseitigem Klebeband bekleben, die Stickerei auflegen und die Kartenrückseite kräftig andrücken. Verwenden Sie zum Montieren keinen Klebstoff, weil sich die Karte dadurch eventuell wirft und verzieht.

MATERIAL

20 x 20 cm mittelschwere Seide, cremefarben

20 x 20 cm feiner, dünner Baumwollstoff

13 x 15 cm Zweigart Stramin weiß/blau (Waste Canvas), 56 Stich/10 cm (Art. 510)

Sticktwist in den in der Tabelle angeführten Farben

Sticknadel

Rundrahmen

Heftgarn

Nähnadel

Schere

Passepartout-Karte mit einem Ausschnitt von 8 x 12 cm

doppelseitiges Klebeband

DMC

224	3363
223	3362
221	
744	☆ Mittelpunkt

TASCHENTUCHBEHÄLTER

TRADITIONELLES

In der schmucken, bestickten Leinentasche sind Taschentücher ordentlich aufgeräumt und griffbereit.

MATERIAL

zweimal 53 x 20 cm Stickleinen, 140 Fäden/10 cm, weiß

Sticktwist in den in der Tabelle angeführten Farben

Sticknadel

Rundrahmen

Nähgarn

Heftgarn

Nähnadel

Stecknadeln

Schere

Nähmaschine

1 m Paspel, weinrot

STICKEN

Heften Sie im Abstand von 10 cm zu einer Schmalseite des Stoffes eine Orientierungslinie, markieren Sie die Mitte, und beginnen Sie von hier aus zu sticken. Der untere Rand des Blütenmotivs weist zur gepaspelten Kante der Taschenklappe. Sticken Sie mit einem Faden in der Nadel, arbeiten Sie den Kreuzstich über zwei Gewebefäden, und nehmen Sie, falls erforderlich, zum Sticken eine Lupe zu Hilfe. Die fertige Stickerei vorsichtig von links dämpfen.

Symbol	DMC	Symbol	DMC
– –	501	5 5	225
I I	502	7 7	839
1 1	503	9 9	832
2 2	221	II II	834
3 3	223	◇ ◇	3032
4 4	224	⧵ ⧵	3782

☆ Mittelpunkt

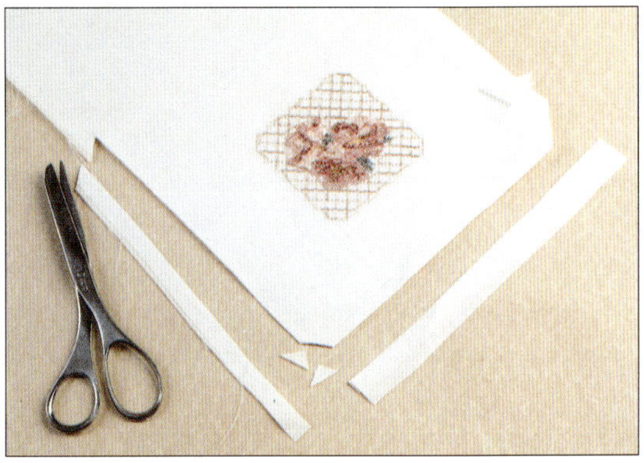

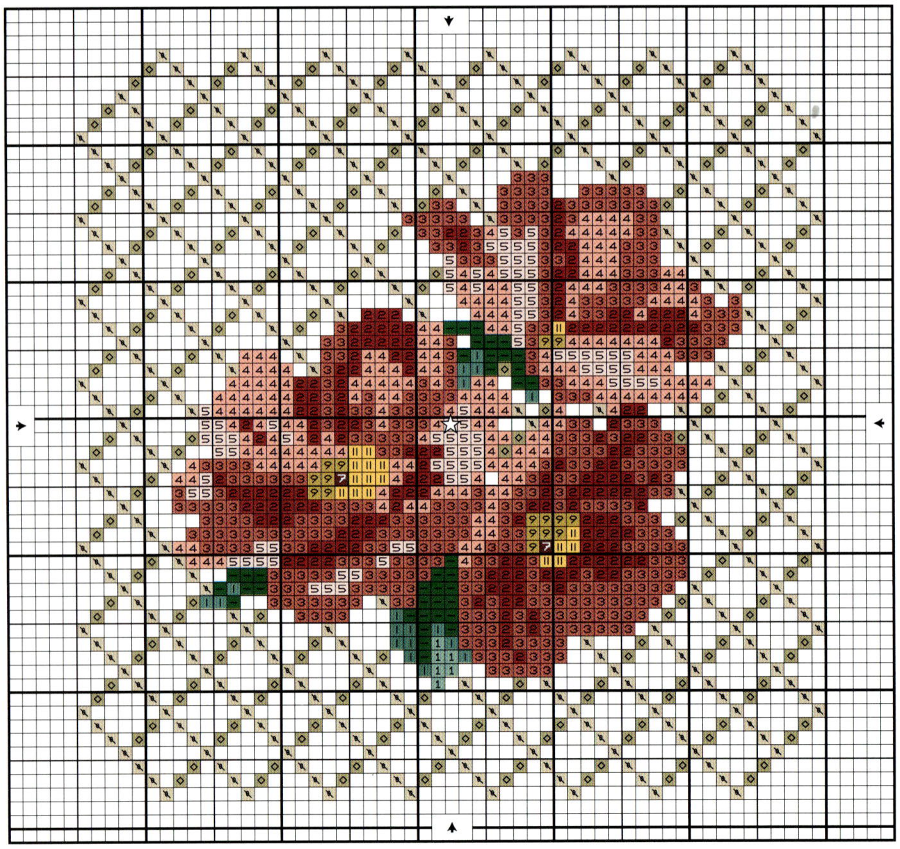

1 Fertigstellen: Die beiden Stoffteile rechts auf rechts zusammenstecken, mit einer Nahtzugabe von 2 cm rundum zusammensteppen und an der Seite eine kleine Öffnung lassen. Nahtzugaben und Ecken zurückschneiden und das Teil auf die rechte Seite drehen.

2 Den Stoff zweimal falten und an den Kniffen entlang einen Heftfaden durchziehen. Die Paspel am Innenrand der Taschenklappe und seitlich bis zur zweiten Umbruchlinie feststecken, mit Hohlstichen annähen und die Enden einschlagen. Abschließend die beiden Seitennähte mit Hohlstichen zusammennähen.

TRADITIONELLES

MUSTERTUCH MIT BORDÜREN-DEKOR

Sticken Sie die ornamentalen, farbenfrohen Bordüren und Buchstaben Reihe für Reihe, und fügen Sie dann am unteren Rand die laufende Jahreszahl und die eigenen Initialen ein.

MATERIAL

25 x 50 cm Zweigart Cashel Leinen, 112 Fäden/10 cm (Art. 3281), cremefarben

Sticktwist in den in der Tabelle angeführten Farben

Sticknadel

Drehrahmen

30 x 50 cm Baumwollbatist, cremefarben

Nähgarn

Heftgarn

Nähnadel

Stecknadeln

Schere

2 Rundstäbe zum Aufhängen

50 cm Kordel, rot

STICKEN

Heften Sie 8 cm von einer Schmalseite entfernt eine Orientierungslinie in das Stickleinen. Lassen Sie seitlich einen 5 cm breiten Rand frei, sticken Sie zweifädig, und arbeiten Sie den Kreuzstich über zwei Gewebefäden. Gestickt wird in Reihen von oben nach unten. Am unteren Rand die eigenen Initialen einfügen und die Stickerei vorsichtig von links dämpfen.

DMC		
347	312	225
3362	3363	3328
224	3722	☆ Mittelpunkt

1 Fertigstellen: Batist und Stickerei rechts auf rechts liegend seitlich dicht an der Kreuzstichkante entlang zusammensteppen. Nahtzugaben zurückschneiden und das Mustertuch umdrehen.

2 Die Stickerei dämpfen, oben und unten umschlagen und mit Hohlstichen einen schmalen Saum nähen. Die Holzstäbe durchschieben, die Kordel an den oberen Stab knoten und die Enden in den Saum schieben.

Geschenkanhänger

Sehr hübsch macht sich so ein Geschenkanhänger auch als Anhängsel am Kleiderschrankschlüssel.

MATERIAL

8 x 8 cm Zweigart Rustico Aida, 70 Stich/10 cm, (Art. 3292)

Sticktwist in den in der Tabelle angeführten Farben

Sticknadel

15 x 15 cm Büttenpapier, naturfarben

Schere

Cutter

Stahllineal

Allzweckkleber

Lochzange

2 Verstärkungsringe

DMC	
552	
554	
3820	
3363	
3364	
Rückstich	
550	
500	
☆ Mittelpunkt	

STICKEN

Sticken Sie – von der Mitte aus beginnend – zweifädig, und nehmen Sie für den Rückstich einen Faden in die Nadel.

1 Fertigstellen: Schneiden Sie aus dem Büttenpapier zwei Anhänger zu (siehe Seite 32) und dann aus einem der beiden mit dem Cutter noch einen Ausschnitt heraus. Die Rundumzugabe zurückschneiden, die Stickerei in das Fensterchen schieben und die Anhängerrückseite festkleben.

2 Nach dem Trocknen des Klebstoffes ein Loch in die Anhängerspitze stanzen und auf beide Seiten einen Verstärkungsring kleben. Einige Fäden dunkelgrünen, goldfarbenen und purpurroten Sticktwist zu einem Bändchen flechten und durch das Loch ziehen.

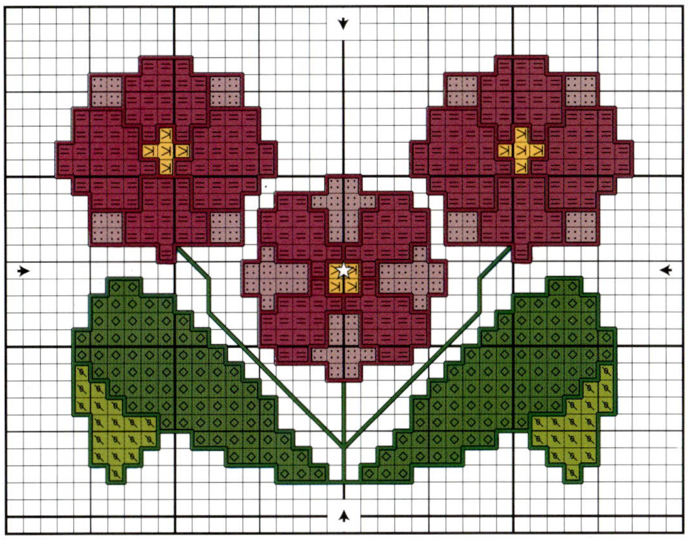

TEEWÄRMER »BLUMENGARTEN«

Teekannen aus Porzellan brauchen zumeist eine wattierte Haube, die den Tee warmhält und zudem hübsch aussieht – zum Beispiel diesen Teewärmer mit dem verspielten Blumengarten-Motiv.

MATERIAL

30 x 40 cm Stickleinen, 112 Fäden/10 cm, weiß
Sticktwist in den in der Tabelle angeführten Farben
Sticknadel
Rundrahmen
30 x 40 cm Futterstoff
Nähgarn
Heftgarn
Nähnadel
Stecknadeln
Schere
30 x 40 cm Wattierung
Nähmaschine
80 cm Zierkordel

STICKEN

Markieren Sie auf dem Stickleinen die Mittellinien in beiden Richtungen mit Heftstichen. Nehmen Sie zwei Fäden in die Nadel, und arbeiten Sie den Kreuzstich über zwei Gewebefäden. Die Pflastersteine zweifädig mit Farbe Nr. 433 sticken, für alle übrigen Rückstiche einen Faden in die Nadel nehmen. Auch die halben Kreuzstiche (Farbe Nr. 3348) werden einfädig gestickt. Die fertige Stickerei vorsichtig von links dämpfen.

1 Fertigstellen: Die Schnittvorlage (siehe Seite 33) vergrößern und das Vorderteil der Haube aus dem bestickten Leinen zuschneiden. Die übrigen fünf Teile – Teewärmerrückseite sowie je zweimal Futterstoff und Wattierung – zuschneiden. Die Stickerei und ein Futterstoffteil rechts auf rechts legen, Wattierung darauf feststecken und die Lagen an der geraden Kante zusammenheften und steppen. Mit den restlichen drei Teilen ebenso verfahren.

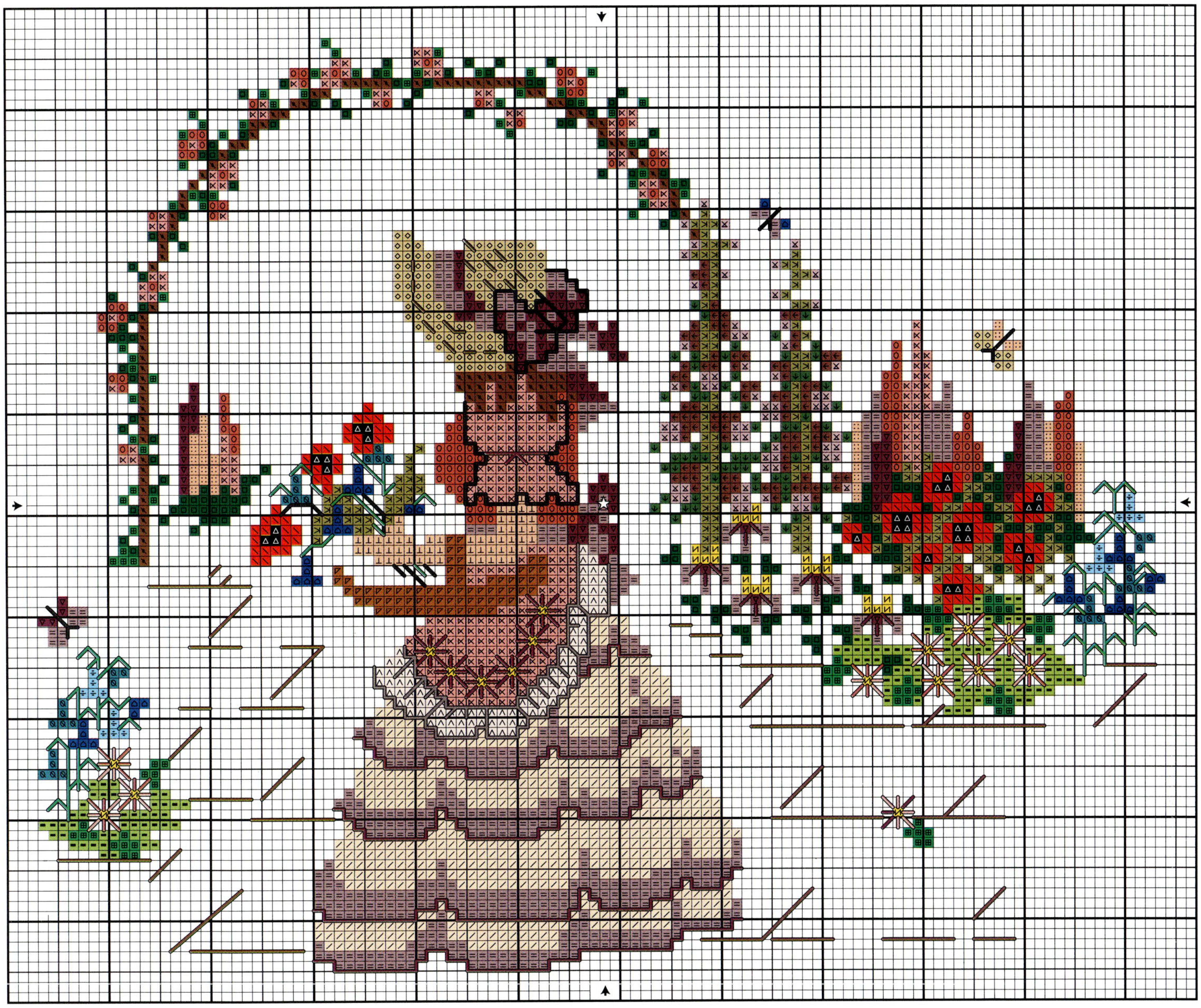

1 Die Wattierung nach innen drehen, und Haubenvorder- und rückseite rechts auf rechts liegend an der Rundung zusammensteppen. Nahtzugaben zurückschneiden und einknipsen.

2 Die Haube auf die rechte Seite drehen, dämpfen und die Zierkordel von Hand annähen. Die Kordel in der Mitte als »Griff« einmal zur Schlaufe drehen.

DMC		
341	3346	
352	3726	
372	3746	
422	3766	
433	310	
435	3348	
543		
666	Rückstich	
725	451	
746	776	
776	3726	
778	3746	
825	989	
828	3799	
899	433	
951		
986	☆ Mittelpunkt	
989		

Nadelkissen

TRADITIONELLES

Das Muster erscheint auf den ersten Blick kompliziert, läßt sich aber recht mühelos anfertigen, wenn Sie zunächst das Blumenmotiv sticken und danach den Hintergrund ausfüllen.

MATERIAL

20 x 20 cm Zweigart Fein-Aida, 70 Stich/10 cm (Art. 3793), elfenbeinfarben

Sticktwist in den in der Tabelle angeführten Farben

Sticknadel

Spannrahmen

15 x 15 cm Unterstoff

Nähgarn

Heftgarn

Nähnadel

Stecknadeln

Schere

40 cm Satinband zum Einfassen, purpurrot

Synthetik-Füllmaterial zum Ausstopfen

Nähmaschine

Anchor			
2	43	112	340
226	291	268	
210	110	337	☆ Mittelpunkt
	403	235	

STICKEN

Markieren Sie auf dem Aida-Stoff die Mittellinien in beiden Richtungen mit Heftstichen, und nehmen Sie zum Sticken einen Faden in die Nadel. Die Stickerei von links dämpfen und die Nahtzugaben auf 5 mm zurückschneiden.

1 Fertigstellen: Stickerei und Unterstoff links auf links dicht an der Kreuzstichkante entlang zusammensteppen und dabei an einer Seite eine kleine Öffnung lassen. Das Nadelkissen ausstopfen und die Öffnung mit Rückstichen schließen.

2 Das Einfaßband an der Kissennaht entlang feststecken und die Enden aneinanderfügen. Das Band heften und an der Ober- und Unterseite des Nadelkissens mit Hohlstichen festnähen, so daß die Kissennaht vollständig verdeckt ist.

RUNDES DECKCHEN

TRADITIONELLES

Dieses dekorative Deckchen eignet sich für jeden Tisch – einerlei ob rund oder eckig, groß oder klein. Farblich läßt sich das Rosen- und Gittermotiv individuellen Gegebenheiten entsprechend abwandeln.

MATERIAL

50 x 50 cm Stickleinen, 140 Fäden/10 cm, weiß

Effektgarn in den in der Tabelle angeführten Farben

Sticknadel

Rundrahmen

Nähgarn

Heftgarn

Nähnadel

Schere

Nähmaschine

STICKEN

Markieren Sie auf dem Stickleinen die Mittellinien in beiden Richtungen mit Heftstichen. Nehmen Sie zwei Fäden Effektgarn in die Nadel, und arbeiten Sie den Kreuzstich über drei Gewebefäden. Sticken Sie – von der Mitte aus beginnend – ein Viertel des Musters, drehen Sie dann den Stickgrund um 90°, und arbeiten Sie den nächsten Abschnitt. Die Motive der einzelnen Viertel laufen in dieselbe Richtung, das heißt, sie sind identisch und werden nicht spiegelbildlich gearbeitet.

1 Fertigstellen: Die beendete Stickerei vorsichtig von links dämpfen. Das Stickleinen auf einen Durchmesser von 40 cm kürzen, einen schmalen Saum umkippen und heften.

2 Den Saum dicht an der Kante entlang steppen und beim Bügeln behutsam vorgehen, weil das synthetische Effektgarn durch zu starke Hitze Schaden nehmen kann.

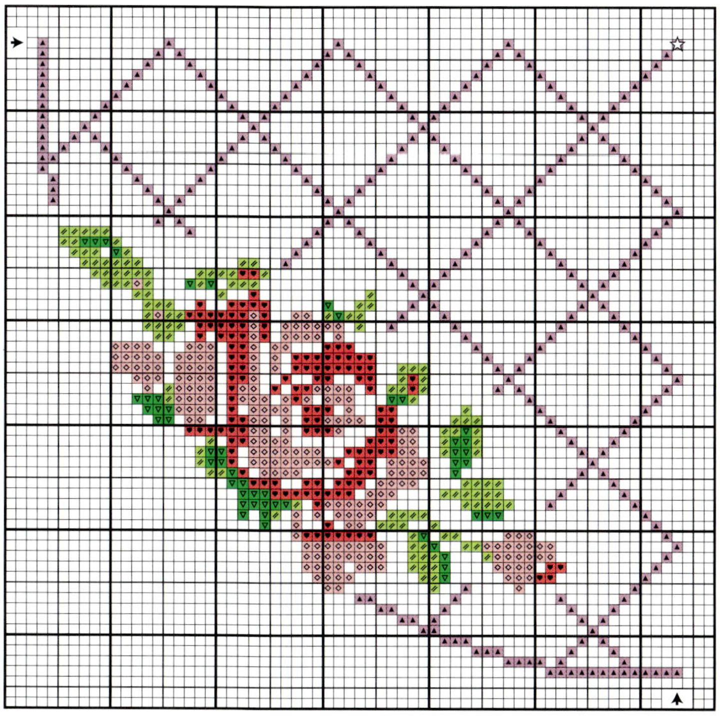

Anchor		
852	816	879
897	881	☆ Mittelpunkt

MUSTERTUCH MIT TIEREN UND BÄUMEN

Dieses Mustertuch im Stil des 19. Jahrhunderts gleicht jenen, die Schulmädchen im Handarbeitsunterricht sticken.

MATERIAL

40 x 40 cm Zweigart Cashel Leinen, 112 Fäden/10 cm (Art. 3281), cremefarben

Sticktwist in den in der Tabelle angeführten Farben

Sticknadel

Rundrahmen

40 x 40 cm Futterstoff, dünne Baumwolle

robustes Nähgarn

Heftgarn

Nähnadel

Schere

30 x 30 cm Karton zum Aufziehen

Bilderrahmen

STICKEN

Markieren Sie auf dem Stickleinen die Mittellinien in beiden Richtungen mit Heftstichen. Nehmen Sie für Kreuz- und Rückstiche zwei Fäden in die Nadel, und arbeiten Sie die Stiche über zwei Gewebefäden.

1 Fertigstellen: Die Stickerei vorsichtig von links dämpfen. Legen Sie Futterstoff und Aufziehkarton auf die Rückseite der Stickerei, und achten Sie darauf, daß die Bordüren gerade verlaufen. Die Stickarbeit samt Futter auf den Karton aufziehen und das Mustertuch in den Bilderrahmen einpassen.

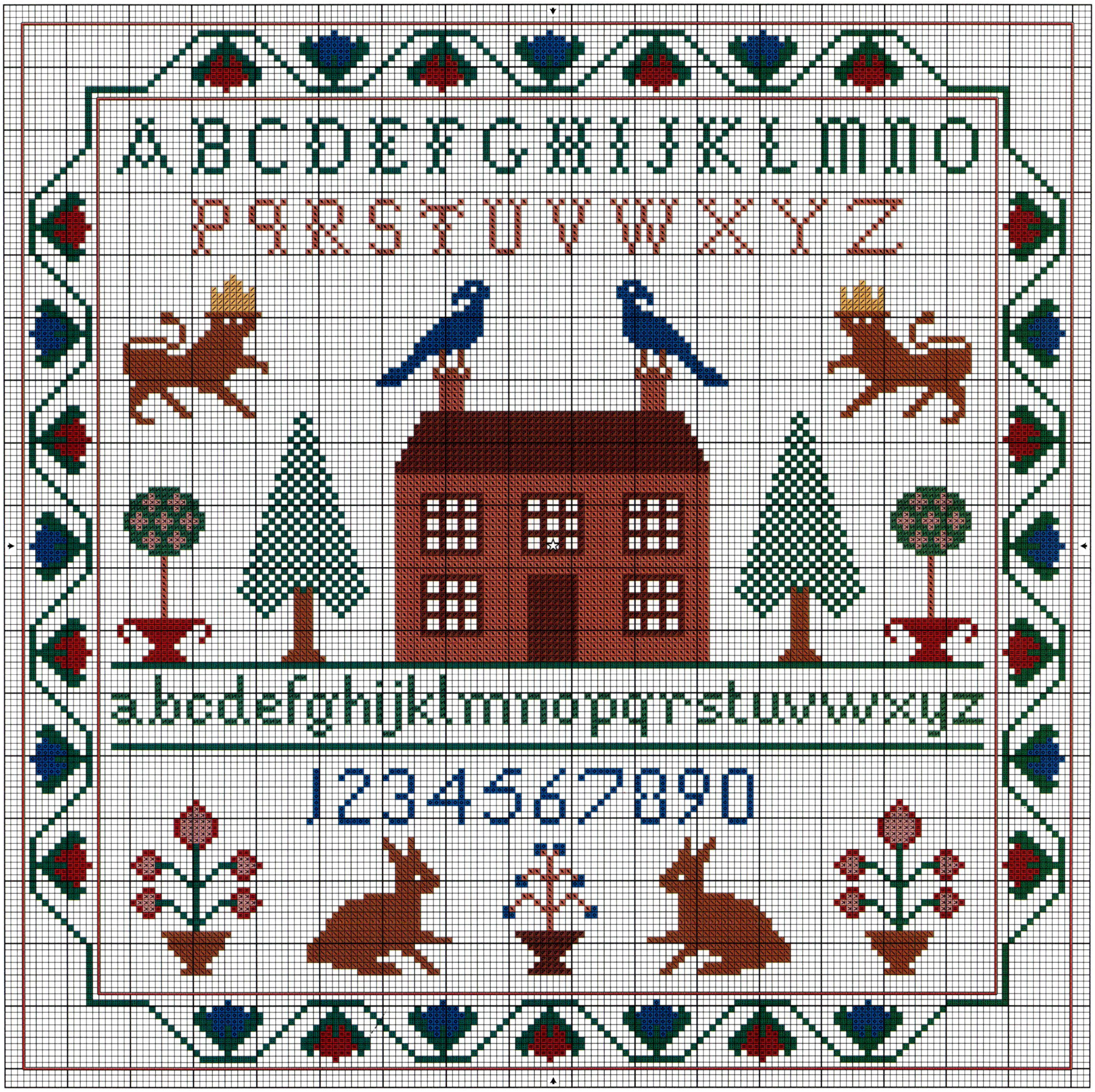

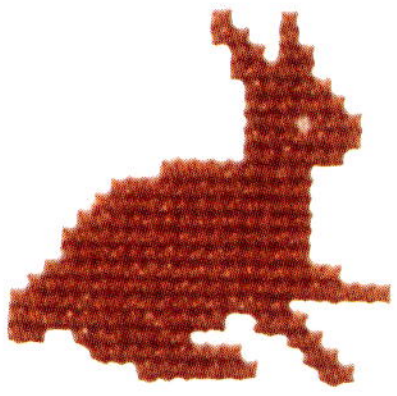

DMC

347	355	Rückstich
3362	783	347
224	301	
312	3363	☆ Mittel-punkt
356		

ANDENKEN AN DIE GEBURT

TRADITIONELLES

Dieses ansprechende kleine Geschenk – mit Perlchen bestickt und spitzenbesetzt – kann man als Nadelkissen verwenden oder, mit getrockneten Lavendel- oder anderen Blüten gefüllt, in den Schrank legen.

MATERIAL

15 x 15 cm Zweigart Lugana, 100 Fäden/10 cm, Farbe 100 (Art. 3835), weiß

Sticktwist in den in der Tabelle angeführten Farben

Sticknadel

Rundrahmen

15 x 15 cm Unterstoff, weiß

Nähgarn

Heftgarn

Nähnadel

Stecknadeln

Schere

Wattierung

118 kleine Perlchen, roséfarben

75 cm Häkelspitzenborte, weiß (in dünnem Tee leicht angetönt)

Nähmaschine

STICKEN

Markieren Sie die Mittellinien in beiden Richtungen mit Heftstichen, sticken Sie dreifädig und arbeiten Sie den Kreuzstich über zwei Gewebefäden. Auf die einzelnen Stiche der roséfarbenen Herzen und Felder jeweils ein Perlchen. Nehmen Sie doppeltes Nähgarn, und sichern Sie den Fadenanfang mit einem Knoten.

DMC		
▽▽ 350	☆	Mittelpunkt
△△ 472		
◆◆ 3326		

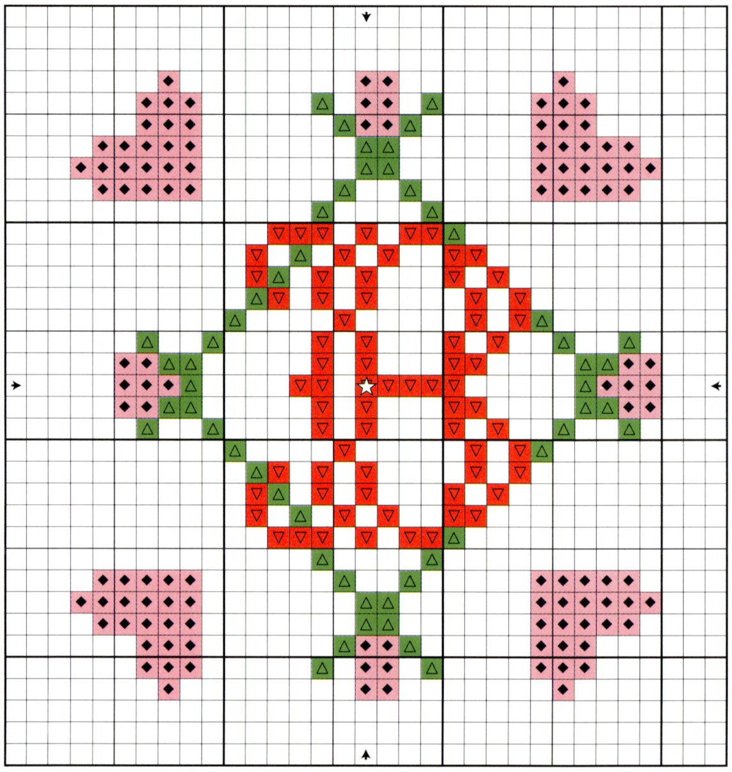

1 Fertigstellen: Die Stickerei beschweren und den Stoff auf eine von der Kreuzstichkante an gerechnete Rundumzugabe von 4 cm kürzen. Den passend zurechtgeschnittenen Unterstoff und die Stickerei rechts auf rechts rundherum zusammensteppen und auf einer Seite eine kleine Öffnung lassen. Nahtzugaben und Ecken zurückschneiden.

2 Das Kissen umdrehen, ausstopfen und mit Hohlstichen verschließen. Die Spitze ca. 1 cm von der Kante entfernt auf das Kissen stecken und die Ecken abschrägen. Zu diesem Zweck die Borte an den Ecken auf der Rückseite schräg übereinanderlegen und mit einigen Stichen fixieren (siehe Abbildung). Die Enden zusammenfügen und den Besatz mit Hohlstichen festnähen.

NÄHKÄSTCHEN

TRADITIONELLES

Der Deckel des Kästchens besitzt eine Vertiefung, um eine Stickerei einzufügen, und kann farblich passend gebeizt oder gestrichen werden.

MATERIAL

15 x 15 cm Zweigart Sulta Hardanger, 88 Stich/10 cm (Art. 1008), cremefarben

Sticktwist in den in der Tabelle angeführten Farben

Sticknadel

Rundrahmen

Nähgarn

Heftgarn

Nähnadel

Schere

Holzdose, rund, Ø 11.5 cm

Holzbeize

10 x 10 cm Schaumstoff

10 x 10 cm Karton zum Aufziehen

Kurvenschneider

Bienenwachs

Allzweckkleber

STICKEN

Markieren Sie auf dem Hardanger-Stoff die Mittellinien in beiden Richtungen mit Heftstichen. Nehmen Sie einen Faden in die Nadel, und arbeiten Sie den Kreuzstich über ein Fadenpaar. Das Kästchen in der gewünschten Farbe beizen und einwachsen.

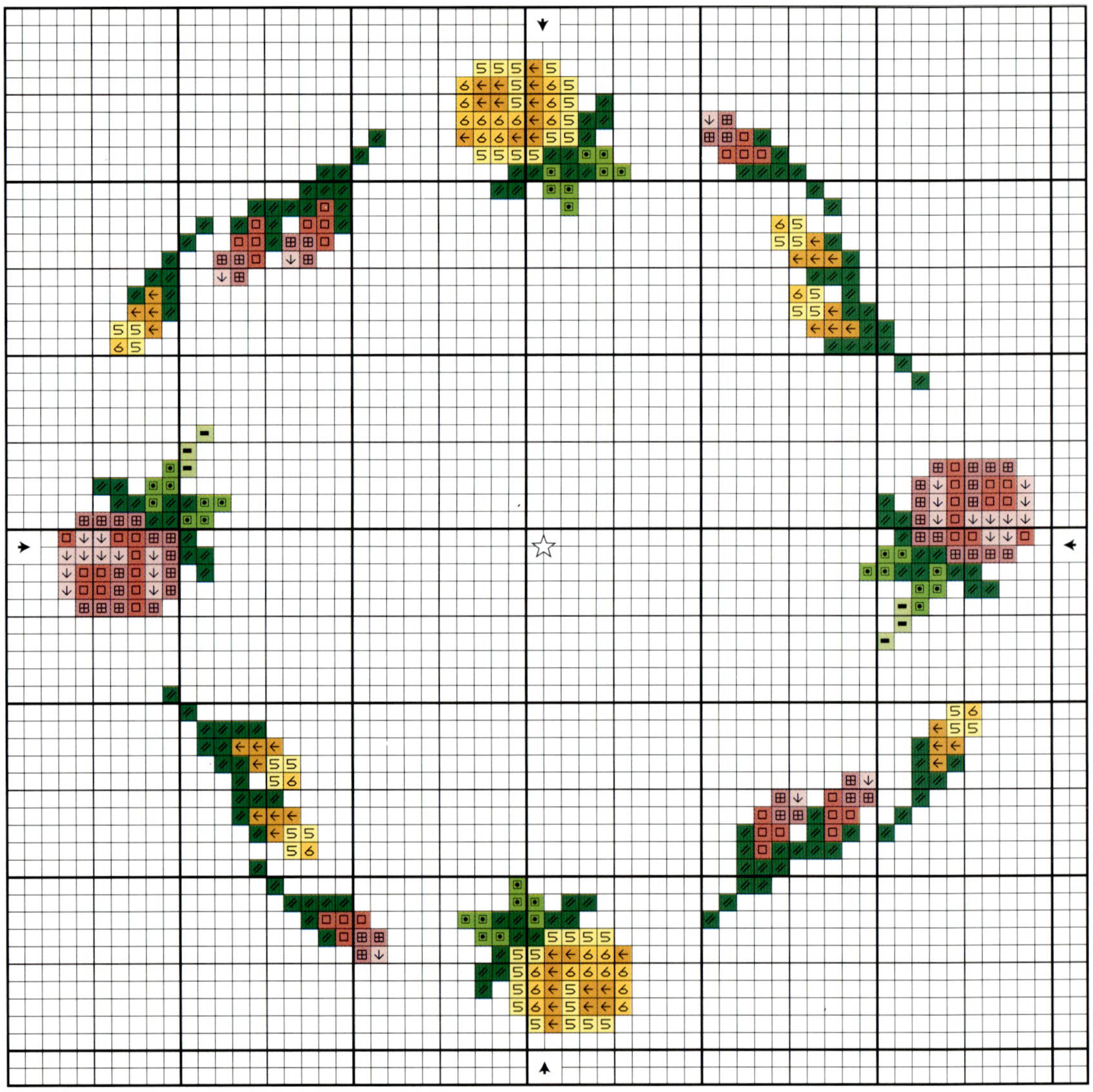

	DMC
5 5	725
6 6	726
▫ ▫	3687
⊞ ⊞	3688
↓ ↓	3689
← ←	783
▬ ▬	3364
▣ ▣	3363
⫽ ⫽	3362
☆	Mittelpunkt

1 Fertigstellen: Den Durchmesser der Vertiefung ausmessen und den Karton und Schaumstoff in entsprechender Größe zuschneiden. Den Hardanger-Stoff mit der in der Mitte sitzenden Stickerei mit einer Rundumzugabe von 2 cm ausschneiden und an der Kante entlang mit kleinen Vorstichen einen Reihfaden einziehen.

2 Die Stickarbeit vorsichtig von links dämpfen, mit der rechten Seite nach unten ausbreiten und Schaumstoff und Karton auflegen. Achten Sie darauf, daß die Stickerei exakt in der Mitte sitzt. Den Reihfaden straff zusammenziehen, fest vernähen und den fertigen Einsatz in die Deckelvertiefung einpassen.

Weihnachtsstrumpf

TRADITIONELLES

Hängen Sie diesen wunderschönen Brokatstrumpf vor die Tür, und warten Sie ab, was St. Nikolaus hineinlegt.

MATERIAL

50 cm Leinenband, 10 cm breit

Sticktwist und Goldfaden in den in der Tabelle angeführten Farben

Sticknadel

45 x 60 cm Brokat mit Blütendessin, rosé und cremefarben

Nähgarn

Heftgarn

Nähnadel

Stecknadeln

Schere

38 x 60 cm Futterstoff

Nähmaschine

STICKEN

Heften Sie den Pfeilen auf dem Zählmuster entsprechend Orientierungslinien, und sticken Sie das Motiv – schräg nach unten versetzt – dreimal. Nehmen Sie drei Fäden in die Nadel, arbeiten Sie den Kreuzstich über zwei Gewebefäden, und fädeln Sie beim grünen und roséfarbenen Sticktwist zusätzlich einen Metallbeilauffaden ein.

	DMC
◇◇ (gelb)	Goldfaden
∷ (grün)	3052 + Beilauffaden 045
= = (rosa)	99 + Beilauffaden 093
⋊ (dunkelrot)	3802
☆	Mittelpunkt

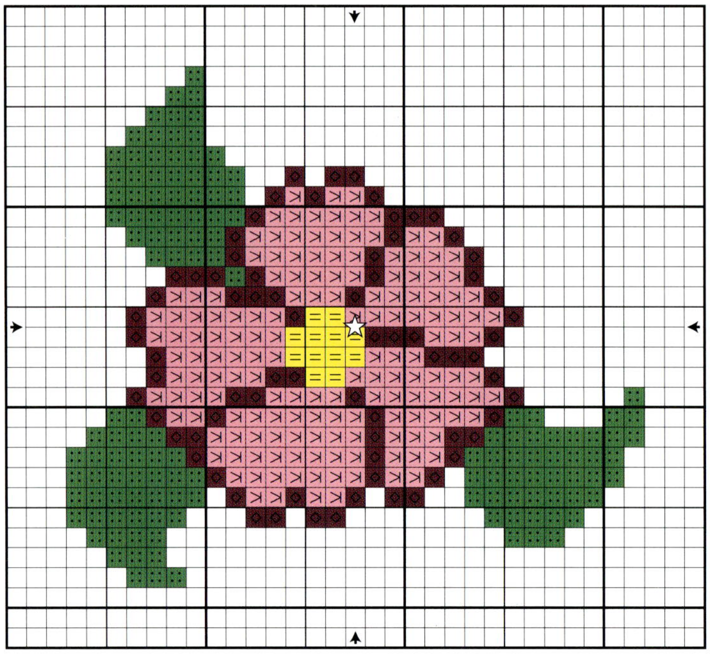

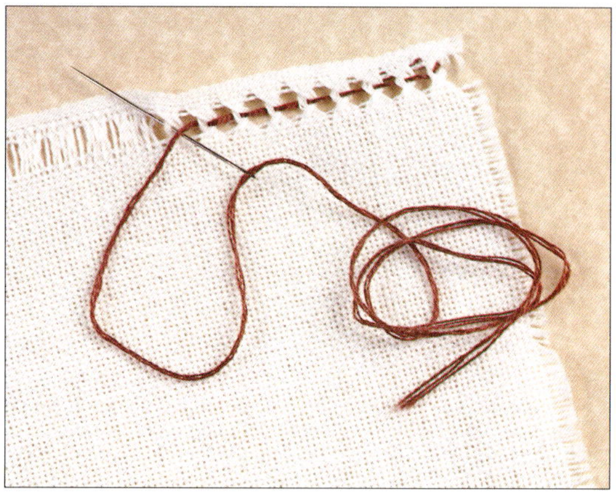

1 Fertigstellen: Für eine dekorative Kante an den Rändern des Stickbandes je 7 Fäden herausziehen. Drei Fäden Nr. 3802 einfädeln, jeweils zwei Gruppen zu je drei Gewebefäden miteinander verschränken und den Sticktwist mit Vorstichen durchziehen.

2 Vorlage auf Seite 35 vergrößern, je zwei Brokat- und Futterstoffteile zuschneiden. Die Futterteile rechts auf rechts mit einer 2 cm breiten Naht zusammensteppen, Nahtzugaben zurückschneiden und Rundungen einknipsen. Den Brokatstrumpf mit einer Rundumnahtzugabe von 1,5 cm auf dieselbe Weise anfertigen, umdrehen und an der Oberkante 5 cm breit nach innen umschlagen.

3 Für die Schlaufe ein 8 x 20 cm großes Stück Brokat der Länge nach falten und zusammensteppen. Den Schlauch umdrehen und so bügeln, daß die Naht in der Mitte der Rückseite verläuft. Die Schlaufe in der Mitte falten, auf der Strumpfrückseite innen feststecken und annähen. Das Futter an der Oberkante 1 cm breit einschlagen, in den Strumpf schieben und 5 cm unterhalb der Strumpfoberkante feststecken; anschließend heften und mit Hohlstichen annähen. Den bestickten Streifen um den Strumpfrand legen, feststecken und die Enden an der Rückseite mit Hohlstichen zusammenfügen. Abschließend das Band mit Vorstichen auf den Strumpf nähen.

STICK-TIP

Fertigen Sie ein kleine Version des Strumpfes aus Stickleinen an, und schmücken Sie ihn mit einem Einzelmotiv auf der Vorderseite.

Christbaumschmuck

TRADITIONELLES

Die Spielzeugfigürchen in viktorianischem Stil sind auf verfestigtem Stramin, der in seiner Gewebestruktur dem Hardanger-Stoff ähnelt, rasch und mühelos zu sticken.

MATERIAL

20 x 20 cm verfestigter Stramin, 56 Stich/10 cm

Sticktwist und Goldschnur in den in der Tabelle angeführten Farben

Sticknadel

Schere

20 x 20 cm Karton zum Aufziehen, goldfarben

Allzweckkleber

STICKEN

Sticken Sie die Motive auf den Stramin, und nehmen Sie dabei nach Bedarf drei Fäden Sticktwist oder die Goldschnur in die Nadel.

1 Fertigstellen: Die Figuren ausschneiden und dabei ringsum ein Gewebekästchen Stramin überstehen lassen. Die Kanten mit Goldschnur umstechen – mit Ausnahme der Schaukelkufen am Pferdchen, die dreifädig mit rotem Sticktwist umstochen werden.

2 An Sattel, Helm und Trommelkante jeweils eine Schlaufe aus Goldschnur nähen.

3 Die Figuren auf den Karton legen, die Konturen nachzeichnen und innerhalb der Umrißlinien ausschneiden. Die Schablonen auf die Rückseite der Stickereien kleben und auf der Vorderseite eventuell sichtbare überstehende Ränder abschneiden.

Anchor		
	134	
399	778	Goldschnur
weiß	46	

Weihnachtskarten

TRADITIONELLES

Links auf links in einen Ring aus Karton montiert, geben die gestickten Schneeflocken auch einen ungewöhnlichen Christbaumschmuck ab.

STICKEN

Heften Sie den Baumwollstoff auf die Rückseite der Seide und spannen Sie den Stickgrund in einen Rundrahmen. Den Stoff durch Heftlinien in sechs gleichmäßige Segmente teilen, die Mittellinie eines Straminstreifens der Länge nach mit Heftstichen markieren und den Streifen so aufheften, daß Orientierungs- und Mittellinie übereinstimmen.

Anchor

== weiß ⁞⁞ Silberschnur

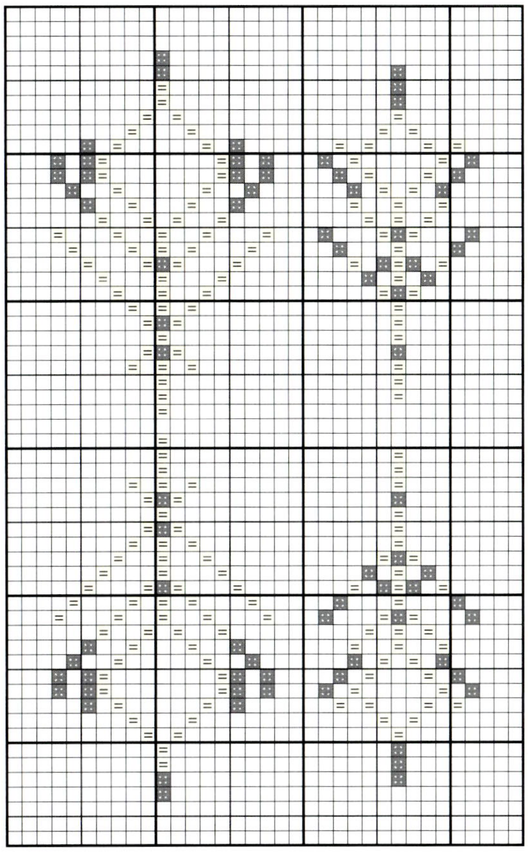

MATERIAL

15 x 15 cm Seide (mittelschwer) oder Seidensamt

drei 5 x 13 cm lange Streifen Zweigart Stramin (Waste Canvas) weiß/blau, 56 Stich/10 cm (Art. 510)

Sticktwist in den in der Tabelle angeführten Farben

Sticknadel

Rundrahmen

15 x 15 cm dünner Baumwollstoff

Heftgarn

Nähnadel

Schere

Markierstift (verblassend)

doppelseitiges Klebeband

Passepartout-Karten mit rundem Ausschnitt, Ø 9,5 cm

1 Fertigstellen: Ein Motiv entweder zweifädig mit Sticktwist oder mit Silberschnur sticken. Der mittlere Stich bleibt vorerst ausgespart und wird später eingefügt. Nach dem Sticken die Straminfäden vorsichtig einzeln herausziehen.

2 Dasselbe Motiv auf den beiden anderen Orientierungslinien sticken. Nach dem sorgfältigen Herausziehen aller Waste-Canvas-Fäden in die Mitte der Schneeflocke den noch fehlenden Kreuzstich einfügen und den Stoff aus dem Rahmen nehmen.

3 Die Stickerei auf passende Größe zuschneiden, auf die Rückseite des Passepartout-Ausschnittes kleben und die Kartenrückseite fest andrücken. Das andere Schneeflockenmotiv nach derselben Methode auf einen anderen Stoff sticken.

Stickbild mit weihnachtlichem Motiv

In dem frischen, mit roten und orangefarbenen Beeren verzierten Stechpalmenkranz wiederholen sich die Farben des dekorativen weihnachtlichen Stickbildes.

MATERIAL

36 x 36 cm Zweigart Stern Aida, 54 Stich/10 cm (Art. 3706), cremefarben

Sticktwist in den in der Tabelle angeführten Farben

Sticknadel

Rundrahmen

Nähgarn

Heftgarn

Nähnadel

Schere

Karton zum Aufziehen, rund, Ø 24 cm

STICKEN

Markieren Sie auf dem Aida-Stoff die Mittellinien in beiden Richtungen mit Heftstichen, und nehmen Sie zum Sticken zwei Fäden in die Nadel. Die beendete Stickerei vorsichtig von links dämpfen.

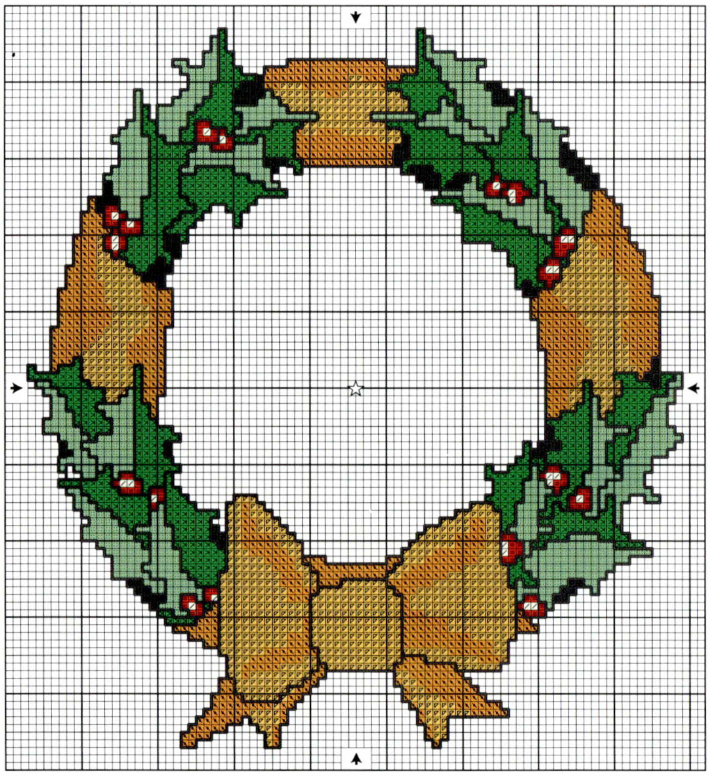

Anchor			Rückstich
47	236	weiß	— 236
214	314		
228	313		☆ Mittelpunkt

1 Fertigstellen: Den Stoff kreisrund auf einen Durchmesser von 30 cm zuschneiden und aufpassen, daß die Stickerei in der Mitte sitzt. Mit doppeltem Nähgarn und Vorstichen an der Kante entlang eine Reihnaht machen, den Karton auf die Rückseite der Stickarbeit legen und den Reihfaden zusammenziehen.

2 Achten Sie darauf, daß die Stickerei faltenfrei in der Mitte des Kartons sitzt, und vernähen Sie den Reihfaden. Abschließend das Stickbild in einen Bilderrahmen einpassen. Man kann auch einen frischen Kranz auf ein Drahtgestell binden und mit sehr dünnem Blumendraht auf das Stickbild montieren.

Engelsbild

Hängen Sie dieses friedvolle Bild während der Weihnachtszeit über den Kamin, und schmücken Sie Ihren Christbaum mit dazu passenden kleinen Stickarbeiten.

MATERIAL

20 x 25 cm Zweigart Fein-Aida, 70 Stich/10 cm (Art. 3793), elfenbeinfarben

Sticktwist in den in der Tabelle angeführten Farben

Sticknadel

Spannrahmen

robustes Nähgarn

Heftgarn

Nähnadel

Schere

14,5 x 17,5 cm Karton zum Aufziehen

Bilderrahmen

STICKEN

Markieren Sie auf dem Aida-Stoff die Mittellinien in beiden Richtungen mit Heftstichen, und nehmen Sie zum Sticken zwei Fäden in die Nadel. Abschließend die Rückstiche arbeiten.

1 Fertigstellen: Die beendete Stickerei vorsichtig von links dämpfen, auf den Karton aufziehen und in einen festlich wirkenden Bilderrahmen einpassen.

Anchor

- weiß
- 94
- 127
- 136
- 150
- 298
- 380
- 881
- 889
- 894
- 970/894
- 970
- 897

Rückstich

- 380

☆ Mittelpunkt

abcdefghijklmnop
qrstuvwxyz
12345678 ABCDE
FGHIJKLMNOPQ
RSTUVWXYZ

KAPITEL 3

FOLKLORE

Exotische, ungewöhnliche und reizvolle Motive aus aller Welt kommen zunehmend mehr in Mode. Die Palette reicht von den leuchtend bunten Stickereien Indiens und Pakistans über die erdigen Farben Afrikas und Mexikos bis hin zu den schlichten, in Rot und Blau gehaltenen Stickarbeiten Osteuropas. Für Stickereien im klassischen Landhausstil arbeiten Sie am besten traditionelle Folkloremotive auf rustikales Gingham-Karo oder grobes Leinen.

RARITÄTENSCHACHTEL

FOLKLORE

In diesen ovalen Buchenholzschachteln, die man einwachsen oder passend zum Stickleinen streichen oder beizen kann, pflegten die Shaker allerlei Kleinigkeiten aufzubewahren.

MATERIAL

20 x 25 cm Zweigart Fein-Aida, 70 Stich/10 cm (Art. 3793), weinrot

Blumengarn (Nordin) in den in der Tabelle angeführten Farben

Sticknadel

Rundrahmen

15 x 20 cm Wattierung, dünn

60 cm Zierband, cremefarben, 15 mm breit

60 cm Zierband, marineblau, 12 mm breit

Heftgarn

Nähnadel

Schere

Papier

Bleistift

doppelseitiges Klebeband

Buchenholzschachtel

STICKEN

Markieren Sie auf dem Aida-Stoff die Mittellinien in beiden Richtungen mit Heftstichen, verarbeiten Sie das Blumengarn (Nordin), wie es vom Strang kommt, und sticken Sie abschließend die Rückstiche.

	Anchor (Nordin)		Rückstich
⁊⁊	275	—	316
←←	150	☆	Mittelpunkt

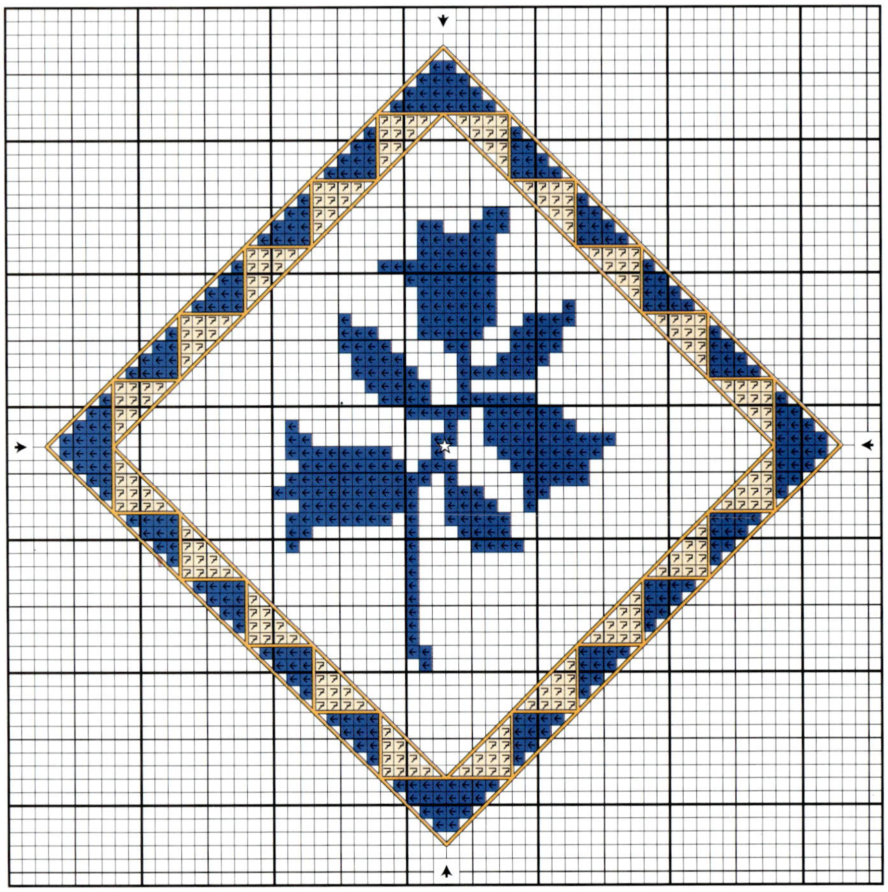

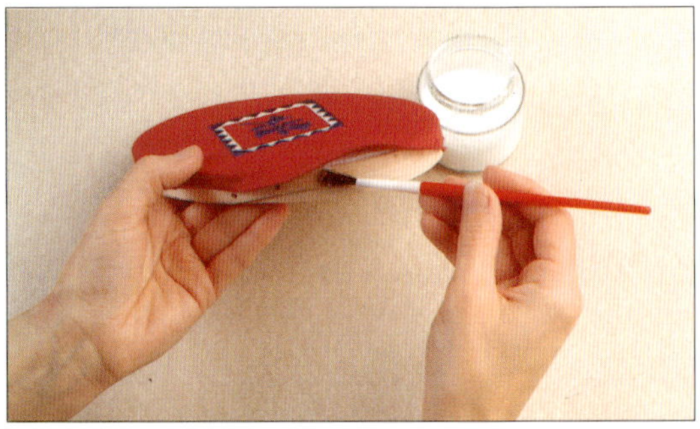

1 Fertigstellen: Vom Deckel eine Schablone anfertigen. Die Wattierung passend ausschneiden, aufkleben und den Stoff mit einer Zugabe von 1 cm zuschneiden. Den Deckelrand mit doppelseitigem Klebeband bekleben. Den Stoff so auflegen, daß das Motiv in der Mitte sitzt, über den Deckel spannen und am Rand festkleben.

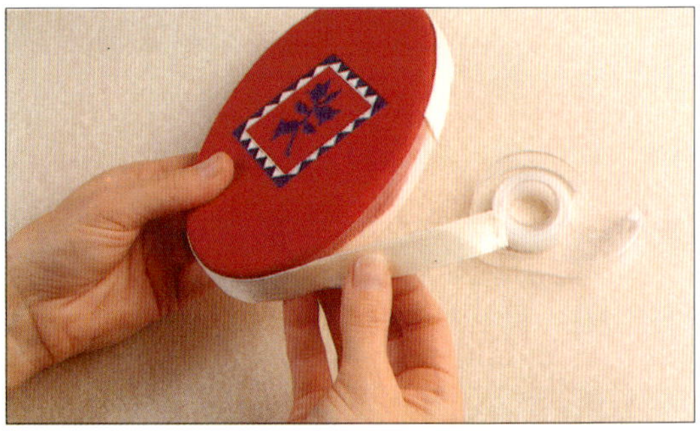

2 Um den Deckelrand nochmals Klebeband legen, das cremefarbene Band fixieren und die Enden aneinanderfügen.

3 Mit dem blauen Band ebenso verfahren, aber das helle Band etwas überstehen lassen. Das Bandende einschlagen und festkleben.

NEUN-STERNE-BILD

FOLKLORE

Vorbild für diese schlichte Stickerei waren die Patchwork-Bilder mit Herz- und Sternmotiven aus den Anfangstagen Amerikas.

MATERIAL

46 x 46 cm Zweigart Cashel Leinen, 112 Fäden/10 cm, Farbe 101 (Art. 3281)

Sticktwist in den in der Tabelle angeführten Farben

Sticknadel

robustes Nähgarn

Heftgarn

Nähnadel

30 x 30 cm Karton zum Aufziehen

Transparentpapier

Bleistift

Papierschere

Markierstift (verblassend)

Rahmen

STICKEN

Markieren Sie in der Mitte des Stickleinens mit Heftstichen ein 25 x 25 cm großes Quadrat, und sticken Sie zunächst die Randbordüre (20 Herzen horizontal und 24 Herzen vertikal). Falten Sie den Stoff in beiden Richtungen zur Hälfte zusammen, kennzeichnen Sie jeweils die Mitte mit verblassendem Markierstift, und beginnen Sie die Bordüre mit einem Herz auf einer der Mittemarkierungen.

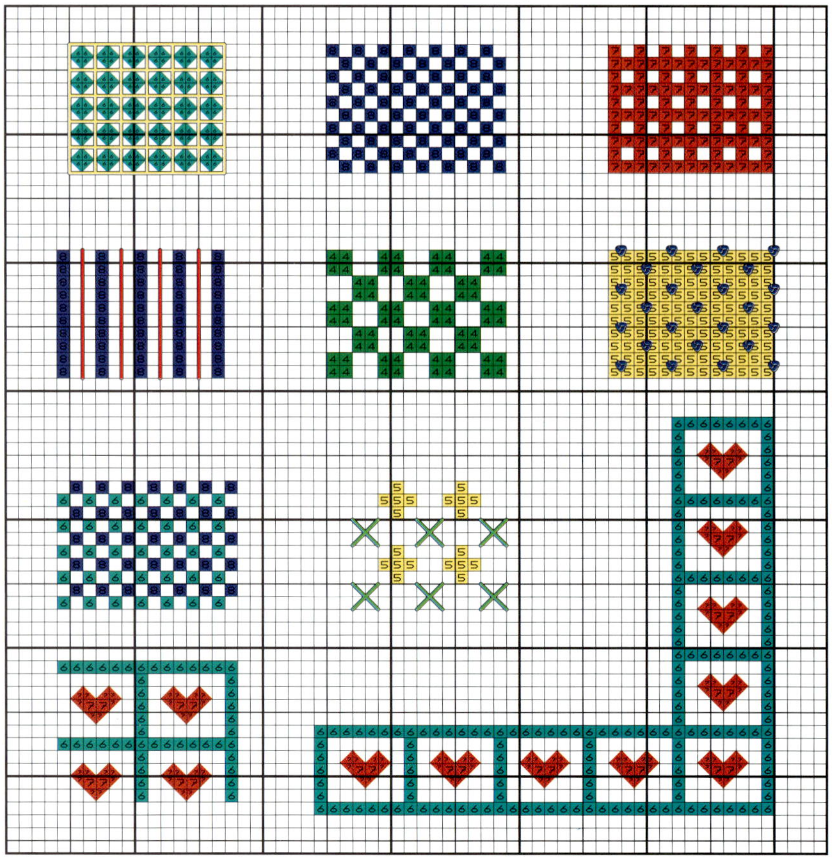

1 Fertigstellen: Die Schablone auf Seite 32 durchpausen und ausschneiden. Den Stern in der Bildmitte plazieren und die Umrisse nachzeichnen.

2 Von der Bildmitte aus und dem Fadenlauf folgend, 8 cm links eine Markierung anbringen. Schablone wieder auflegen, Konturen nachziehen und den Stern mit einem anderen Muster ausfüllen. Mit jeweils 8 cm Abstand von Mitte zu Mitte den Vorgang wiederholen, bis alle Sterne fertig sind. Mitt blauem Garn und Vorstichen ein Gitter sticken und die Stickerei in neun 8 x 8 cm große Quadrate mit je einem Stern unterteilen.

3 Die Stickerei auf den Karton aufziehen und in einen schlichten Rahmen einpassen.

Anchor		Rückstich	
4 4	246	—	39
5 5	305	—	305
6 6	169	—	246
7 7	39	Knötchenstich	
8 8	150	●	150

Utensilien-Behälter

Anstelle von Kochlöffeln können Sie in diesem ansprechenden Behälter auch Kerzen, Pinsel oder Kugelschreiber, Bleistifte und andere Schreibutensilien aufbewahren.

FOLKLORE

STICKEN

Markieren Sie auf dem Stickleinen die Mittellinien in beiden Richtungen mit Heftstichen. Nehmen Sie zwei Fäden in die Nadel, und arbeiten Sie den Kreuzstich über zwei Gewebefäden. Die fertige Stickerei vorsichtig von links dämpfen.

1 Fertigstellen: Den Holzbehälter zweimal dunkelblau streichen; die Farbe nach dem Auftragen jeweils gut trocknen lassen.

2 Den Karton auf die Größe der Behältervorderseite zurechtschneiden. Die Stickerei aufziehen, dabei die Ecken sauber abschrägen, und das fertig montierte Stickbild auf die Vorderseite der Utensilien-Box kleben.

MATERIAL

15 x 20 cm Stickleinen, 112 Fäden/10 cm, naturfarben

Sticktwist in den in der Tabelle angeführten Farben

Sticknadel

Rundrahmen

Heftgarn

Nähnadel

Schere

8 x 15 cm Karton zum Aufziehen, dünn

Cutter

Allzweckkleber

Utensilien-Box aus Naturholz

Emulsionsfarbe, dunkelblau

Pinsel

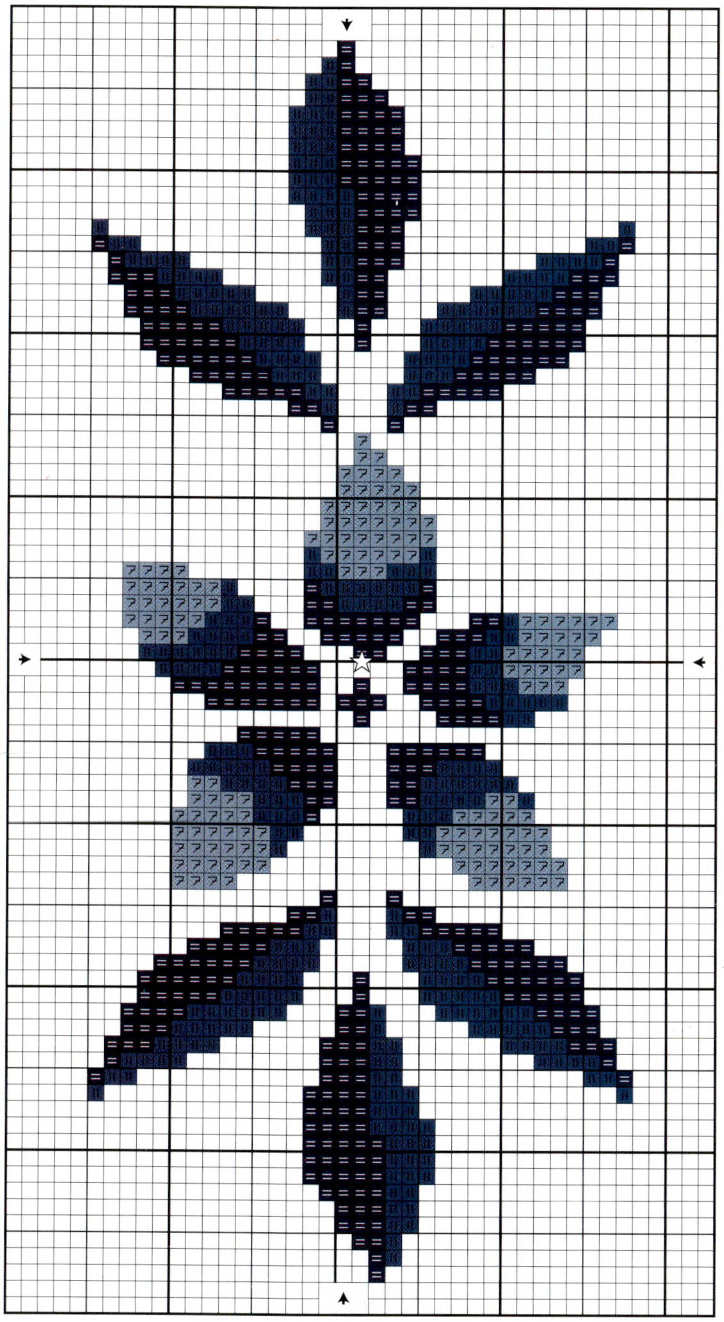

Anchor
1034
1036
150

☆ Mittelpunkt

GROSSES HERZ UND KLEINE HERZEN

Binden Sie das Herz aus frischen Ranken von Wildem Wein oder Clematis, und legen Sie es zum Trocknen unter ein Gewicht.

MATERIAL

20 x 30 Zweigart Cashel Leinen, 112 Fäden/10 cm, Farbe 101 (Art. 3281)

Blumengarn (Nordin) in den in der Tabelle angeführten Farben

Sticknadel

Rundrahmen

Gingham-Karo, verschiedene Reste

15 x 23 cm Vlieseline zum Aufbügeln, dünn

Nähgarn

Stecknadeln

Schere

Bleistift

Synthetik-Füllmaterial zum Ausstopfen

Ranken von Wildem Wein oder Clematis

Schnur

STICKEN

Sticken Sie die sechs Herzen auf das Leinen, nehmen Sie einen Faden Blumengarn (Nordin) in die Nadel, und arbeiten Sie den Kreuzstich über zwei Gewebefäden. Für jedes Herz eine Rundumzugabe von 2,5 cm einrechnen.

1 Fertigstellen: Auf die Rückseite 8 x 8 cm große Quadrate Vlieseline bügeln, ausschneiden und ein Herz zeichnen. Die Stickerei auf Gingham-Karo stecken, steppen und Nahtzugaben zurückschneiden. Das Herz umdrehen, ausstopfen und mit Hohlstichen verschließen.

2 Acht 60 cm lange Ranken zurechtschneiden, das Bündel in zwei Hälften teilen, ein Herz daraus formen und die Enden mit Ranken umwickeln. Um das Herz selbst auch noch eine Ranke wickeln, damit es zusammenhält.

3 Durch die Rückseite der Stoffherzen einen Stickfaden ziehen und die kleinen Kissen am großen Rankenherz festbinden. Das Herz mit einer Schlaufe an die Wand hängen oder mit einem Nagel befestigen.

	Anchor (Nordin)
⊞⊞	47
	Rückstich
—	47

Tablett-Deckchen

FOLKLORE

Das Deckchen – eigens für das abgebildete Holztablett angefertigt – läßt sich im Prinzip auf jede beliebige Größe abwandeln.

MATERIAL

vier Stücke Gingham-Karo, unterschiedlich blaugrundig
Anchor Blumengarn (Nordin) Nr. 144
Sticknadel
Futterstoff, Baumwolle
Vlieseline zum Aufbügeln, mittlere Stärke
Nähgarn
Schere
Papier
Bleistift
Lineal
Aufbügelvlies (doppelseitig)
neun Knöpfe
Nähmaschine

STICKEN

Messen Sie Ihr Tablett aus, und fertigen Sie ein maßgetreues Schnittmuster an. Schneiden Sie mit einer Rundumzugabe von 1,5 cm aus den vier verschiedenen Gingham-Karos je ein Dreieck und einen Streifen zu und bügeln Sie auf die Rückseite aller Teile Vlieseline. Nähen Sie dann rechts auf rechts jeweils zwei Dreiecke an einer kurzen Seite und zwei Streifen der Länge nach zusammen. Anschließend die beiden großen Dreiecke zu einem Quadrat zusammenfügen und die Streifen zu beiden Seiten des Quadrates ansteppen.

1 Fertigstellen: Aus dem Aufbügelvlies vier Herzen ausschneiden, auf die Rückseite der verschiedenen Gingham-Karos bügeln und mit einer 5 mm breiten Rundumzugabe ausschneiden. Papier abziehen, die Nahtzugaben einknipsen, umschlagen und bügeln.

2 Die Herzen – wie auf der Abbildung gezeigt – auf dem Deckchen arrangieren, aufbügeln und an den Rändern sowie auf den Verbindungsnähten der Streifen große Kreuzstiche sticken.

3 Deckchen und Futterstoff rechts auf rechts bis auf eine kleine Öffnung rundum zusammensteppen. Nahtzugaben zurückschneiden, das Deckchen umdrehen und nach dem Verschließen der Öffnung mit Hohlstichen bügeln. Abschließend in der Mitte und über die äußeren Streifen verteilt die Knöpfe aufnähen.

Querbehang

FOLKLORE

Für einen Kinderzimmervorhang sind die originellen Gänschen wie geschaffen. Drapieren Sie den Querbehang einfach über eine Vorhangstange, oder befestigen Sie ihn mit einem Kräuselband.

STICKEN

Messen Sie die Fensterbreite aus, und schneiden Sie ein doppelt so breites, etwa 50 cm langes Stück Gingham-Karo zu. Die Waste-Canvas-Quadrate in Abständen von ca. 15 cm und unter Berücksichtigung der Saumzugaben für die Unter- und Seitenkanten am unteren Rand entlang aufheften. Versuchen Sie, die Mittellinie der Stramingitterstücke jeweils auf das gleiche Karo zu plazieren, und nehmen Sie zum Sticken drei Fäden in die Nadel.

1 Fertigstellen: Nach Abschluß der Stickarbeiten die Straminfäden vorsichtig einzeln herausziehen und den Querbehang von links dämpfen.

2 Die Seiten- und Unterkanten des Querbehanges einschlagen und säumen. Entlang der Oberkante Kräuselband ansteppen oder den Behang einfach über eine Vorhangstange drapieren und die Falten gefällig arrangieren.

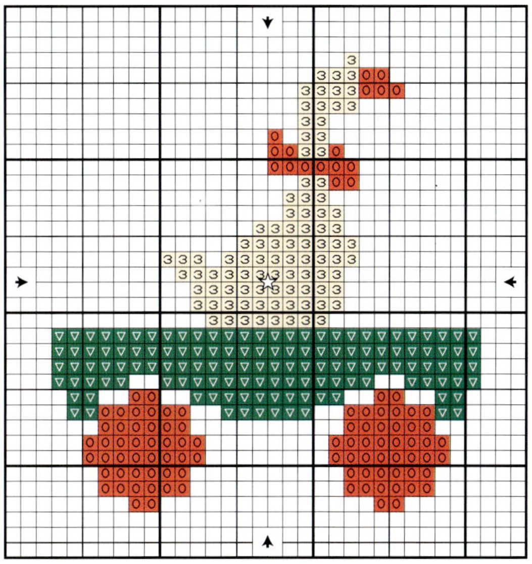

MATERIAL

Gingham-Karo nach Bedarf, rot-grün-cremefarben gewürfelt

Zweigart Stramin weiß/blau (Waste Canvas), 40 Stich/10 cm (Art. 510); 10 x 10 cm pro Motiv

Sticktwist in den in der Tabelle angeführten Farben

Sticknadel

Nähgarn

Heftgarn

Nähnadel

Schere

Maßband

Vorhangband (soweit erforderlich)

Symbol	Anchor
3 3	386
O O	1006
▽ ▽	879
☆	Mittelpunkt

Spielbrett

FOLKLORE

Zur Anfertigung des Spielbrettes brauchen Sie keineswegs Kunsttischler zu sein. Für den »Antik-Look« sorgen Krakelee-Lack und Ölfarbe.

MATERIAL

Stickleinen, 126 Fäden/10 cm, goldfarben

Sticktwist in den in der Tabelle angeführten Farben

Sticknadel

Rundrahmen

Heftgarn

Nähnadel

Schere

Holzfaserplatte 28 x 51 cm, 5 mm dick

1,6 m Holzumleimer (Holzleiste), 2,5 cm breit

56 cm Holzumleimer (Holzleiste), 2 cm breit

Laubsäge

Holzleim

Acryl- oder Emulsionsfarbe, rohweiß

Schultafellack, schwarz

Krakelee-Lack

Ölfarbe, umbrabraun

Pinsel

Kreppband

Bienenwachs

weiches Tuch

23 x 28 cm Karton zum Aufziehen

Lineal

Bleistift

Cutter

Stahllineal

doppelseitiges Klebeband

STICKEN

Schneiden Sie das Stickleinen in der Mitte der Länge nach durch, und heften Sie die Mittellinien in beiden Richtungen. Sticken Sie zweifädig und arbeiten Sie den Kreuzstich über zwei Gewebefäden. Die fertigen Teile vorsichtig von links dämpfen.

1 Fertigstellen: In der Mitte der Holzfaserplatte ein 28 x 28 cm großes Quadrat weiß streichen und trocknen lassen. In der Mitte einer Seite beginnend, an den vier Kanten entlang in Abständen von jeweils 33 mm Markierungen anbringen und die Quadrate anzeichnen. (Rundum sollten 8 mm überstehen.) Danach links ein Quadrat schwarz anmalen, gefolgt von jedem zweiten Quadrat in jeder zweiten Reihe (siehe Abbildung rechts). Die Farbe trocknen lassen und dann die restlichen schwarzen Quadrate in die leeren Reihen versetzt einfügen.

2 Den 2,5 cm breiten Umleimer in vier Teile von zweimal 51 cm und zweimal 28 cm sägen, an die Kanten der Holzfaserplatte leimen und mit Kreppband fixieren, bis der Holzleim trocken ist. Den schmaleren Umleimer auf passende Länge zurechtsägen und an die beiden Schachbrettseiten leimen. Das fertige Spielbrett den Herstellerangaben folgend mit Krakelee-Lack streichen und gründlich trocknen lassen. In dem transparenten Lack sind die entstehenden Risse mitunter kaum sichtbar.

3 Am Tag darauf etwas umbrabraune Ölfarbe mit einem weichen Tuch in das Krakelee einreiben, trocknen lassen und dann das gesamte Brett einwachsen. Die beiden Fächer links und rechts des Schachbrettes ausmessen und den Karton zum Aufziehen etwas kleiner zuschneiden. Die bestickten Teile aufziehen und mit Hilfe von doppelseitigem Klebeband in den Seitenfächern sicher fixieren.

	Anchor		Knötchenstich
	170		403
	211		
	403	☆	Mittelpunkt
	1		
	44		

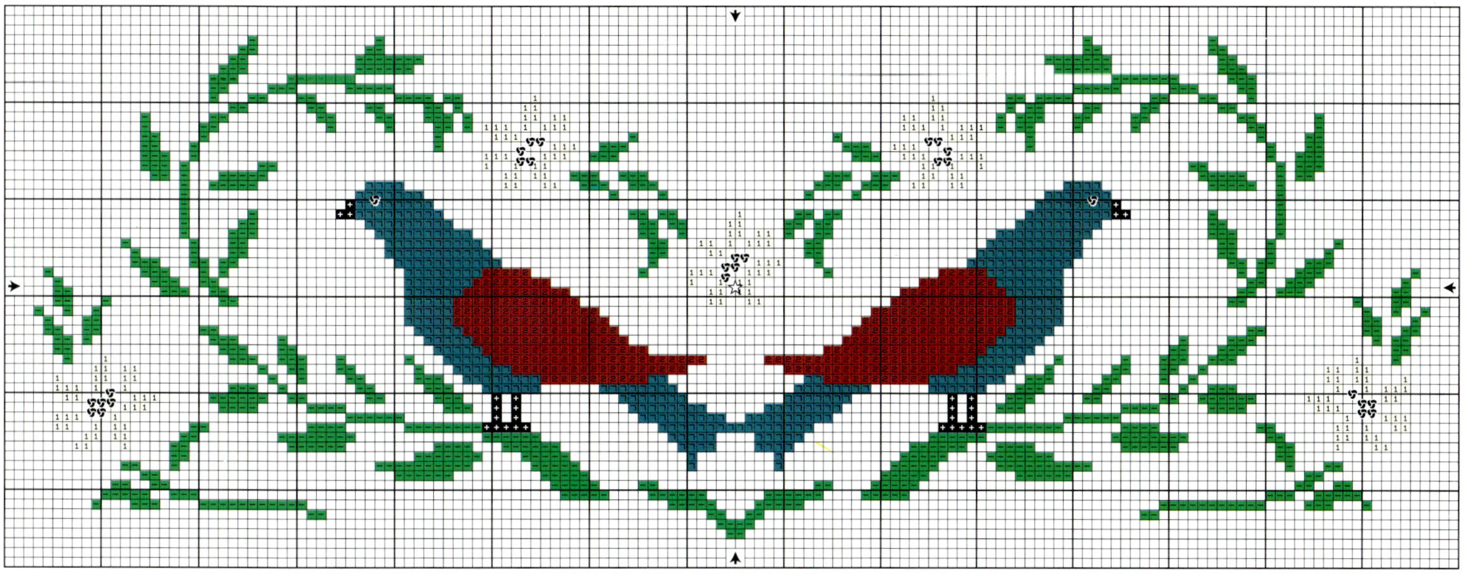

SERVIETTE

FOLKLORE

Der zweifarbig gearbeitete Kantenabschluß ist harmonisch auf das Herz-Motiv der Serviette abgestimmt.

MATERIAL

40 x 40 cm Zweigart Brittney 112 Fäden/10 cm (Art. 3270), graublau

Blumengarn (Nordin) in den in der Tabelle angeführten Farben

Sticknadel

Rundrahmen

Nähgarn

Heftgarn

Nähnadel

Schere

Nähmaschine

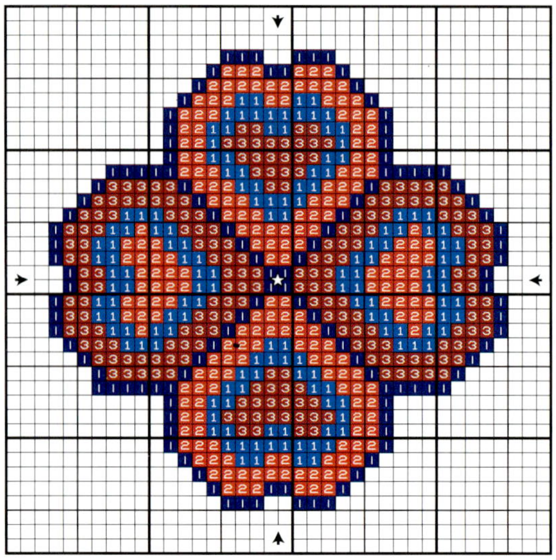

STICKEN

Schlagen Sie die Kante rundum 5 mm ein, und steppen Sie den Umschlag mit der Maschine. Die Ecken abschrägen, den Saum nochmals 5 mm breit umschlagen und mit gleichmäßigen, mit blauem Sticktwist über jeweils vier Gewebefäden gearbeiteten Vorstichen festnähen. Anschließend die Zwischenräume der Ziernaht mit rostfarbenem Stickgarn füllen. Heften Sie dann an einer Ecke der Serviette 3 cm von der jeweiligen Kante entfernt je eine Orientierungslinie, und arbeiten Sie den Kreuzstich über zwei Gewebefäden. Die fertige Stickerei bügeln.

	Anchor		
1 1	127	3 3	341
1 1	150		
2 2	326	☆	Mittelpunkt

KRÄUTERSÄCKCHEN FÜR DIE KÜCHE

FOLKLORE

Ein fröhlicher, kleiner Lebkuchenmann als Dekoration für die Küche. In das Mini-Kissen können Sie ein mit Kräutern oder Blüten gefülltes Säckchen stecken.

STICKEN

Markieren Sie auf einem der beiden Stoffquadrate die Mittellinien in beiden Richtungen mit Heftstichen, sticken Sie zweifädig, und arbeiten Sie den Kreuzstich über zwei Gewebefäden. Die fertige Stickerei von links dämpfen.

1 Fertigstellen: Das Band in der Mitte teilen und beide Abschnitte im Abstand von 4 cm an die Oberkante eines der beiden Stoffteile stecken. Beide Kissenteile rechts auf rechts rundum zusammensteppen und das Band zwischenfassen; unten eine 5 cm lange Öffnung lassen. Nahtzugaben und Ecken zurückschneiden und die Hülle umdrehen.

2 Zwei Stücke Wattierung passend zuschneiden und mit einem Kräuter- oder Blüten-Säckchen in die Hülle stopfen. Die Öffnung mit Hohlstichen verschließen und das Band zu einer Schleife binden.

MATERIAL

zwei 16 x 16 cm große Stücke Zweigart Belfast, 126 Fäden/10 cm (Art. 3609), efeugrün

Sticktwist in den in der Tabelle angeführten Farben

Sticknadel

Spannrahmen

Nähgarn

Heftgarn

Nähnadel

Stecknadeln

Schere

1 m Band, Gingham-Karo

Synthetik-Füllmaterial zum Ausstopfen

getrocknete Kräuter oder Blüten

Nähmaschine

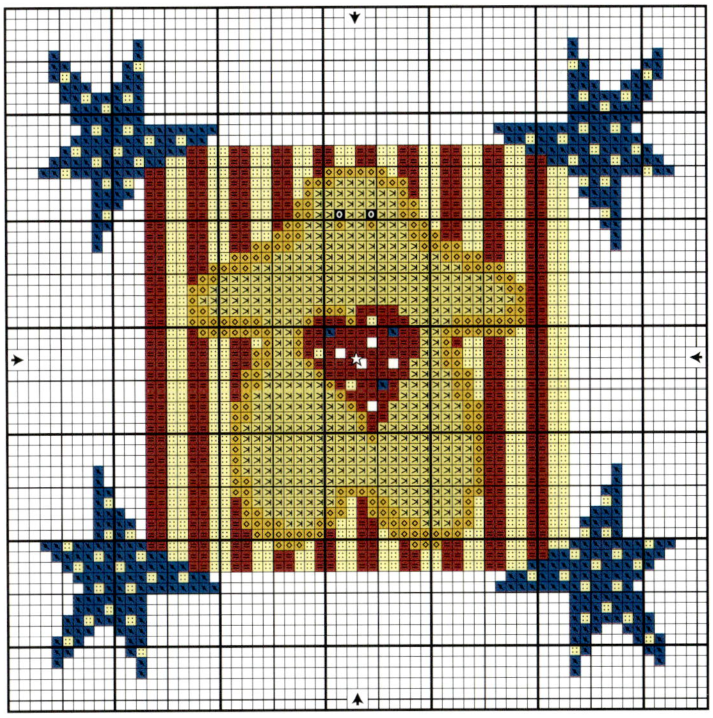

DMC			
221	676	825	☆ Mittelpunkt
3823	729	310	

PATCHWORK-KISSEN

FOLKLORE

Vorbild für die Motive auf diesem rustikalen Patchwork-Kissen waren aus Nordamerika stammende, im 19. Jahrhundert entstandene Mustertücher.

MATERIAL

neun 13 x 13 cm große Quadrate Gingham-Karo, verschiedenfarbig, ca. 10 Karos pro 2,5 cm

Sticktwist in den in der Tabelle angeführten Farben

Sticknadel

Rundrahmen

Nähgarn

Nähnadel

Stecknadeln

Schere

40 x 60 cm Unterstoff in Kontrastfarbe

vier kleine Perlmuttknöpfe

Nähmaschine

STICKEN

Arbeiten Sie den Kreuzstich dreifädig über jeweils ein kleines Karo. Sticken Sie den mit Orangen gefüllten Korb einmal und die übrigen vier Motive jeweils zweimal. Die fertigen Teile von links bügeln und auf einer flachen Unterlage probehalber aneinanderlegen.

DMC			
==	444	◇◇	304
∷	3821	╲╲	801
>>	3830	◸◸	924

1 Fertigstellen: Je drei Quadrate mit einer 12 mm breiten Naht aneinandernähen und die Nahtzugaben breitbügeln. Die Streifen so zusammenstecken, daß die Nähte übereinstimmen, aneinandersteppen und erneut bügeln. An die vier Ecken des mittleren Quadrates je ein Perlmuttknöpfchen nähen.

2 Den Unterstoff des Kissens in zwei 30 x 40 cm große Rechtecke schneiden und beide Teile an einer Längsseite schmal einsäumen. Ober- und Unterseite der Kissenhülle rechts auf rechts so aufeinanderlegen, daß die gesäumten Kanten der beiden Unterstoffteile in der Mitte einander überlappen, und die Hülle ringsum zusammensteppen. Die Ecken zurückschneiden, die Kissenhülle umdrehen und das Kissen hineinstopfen.

KÜCHENSCHÜRZE

FOLKLORE

Eine so originelle, mit drei fröhlichen Lebkuchenmännern dekorierte Küchenschürze wird sich wohl jeder gerne umbinden.

MATERIAL

15 x 30 cm Zweigart Stramin weiß/blau (Waste Canvas), 40 Stich/10 cm (Art. 510)

Perlgarn Nr. 5 in den in der Tabelle angeführten Farben

Sticknadel

Heftgarn

Nähnadel

Küchenschürze

STICKEN

Heften Sie das Stramingitter ca. 8 cm von der Oberkante entfernt auf den Schürzenlatz. Das Motiv durch beide Lagen hindurch sticken und nach Abschluß der Arbeit die Heftfäden herausziehen.

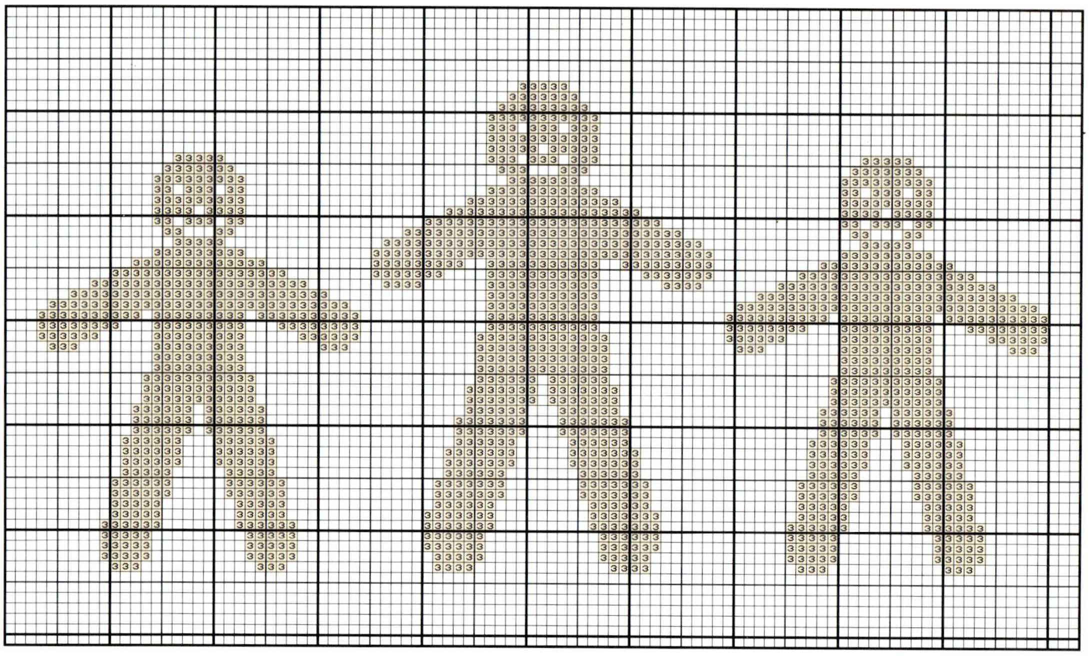

1 Fertigstellen: Nach dem Sticken die Straminfäden einzeln herausziehen. Leichter geht es, wenn man zuerst die kürzeren Fäden entfernt. Die fertige Stickerei vorsichtig von links dämpfen.

DMC Perlgarn Nr. 5

3 3 543

KÜCHENHANDTUCH

FOLKLORE

Fügen Sie in diese reizvolle Kreuzstichbordüre Ihre eigenen Initialen ein, und nähen Sie den Gingham-Streifen auf ein schlichtes, einfarbiges Waffelhandtuch auf.

MATERIAL

20 x 90 cm einfaches Gingham-Karo, ca. 10 Karos pro 2,5 cm

Sticktwist in den in der Tabelle angeführten Farben

Sticknadel

Waffelhandtuch, weiß

Nähgarn

Heftgarn

Nähnadel

Stecknadeln

Schere

Nähmaschine

DMC		
3808	Ihre Wahl	815
321		

STICKEN

Waschen Sie Handtuch und Gingham-Karo für den Fall, daß eines von beiden einläuft, und schneiden Sie dann den Gingham-Streifen in Handtuchbreite plus 5 cm zu. Heften Sie auf dem Karostoff die Mittellinien in beiden Richtungen und arbeiten Sie den Kreuzstich dreifädig über jedes Karo. Sticken Sie zunächst die Initialen, und fügen Sie dann zu beiden Seiten die Herz-Motive an.

1 Fertigstellen: Die Stikkerei von links bügeln. Den Streifen der Länge nach auf eine oben und unten je 4 cm breite Zugabe zurückschneiden. Die Bordüre rundum 12 mm einschlagen, bügeln und auf den unteren Handtuchrand aufstecken. Die Schmalseiten auf die Rückseite des Handtuchs umschlagen, heften und die Bordüre dicht an der Kante entlang ansteppen.

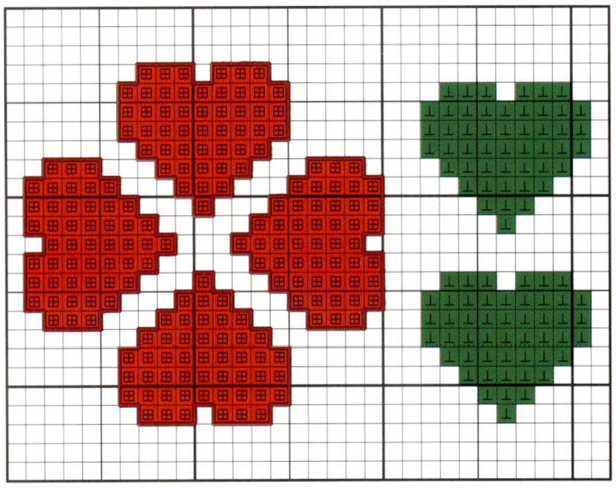

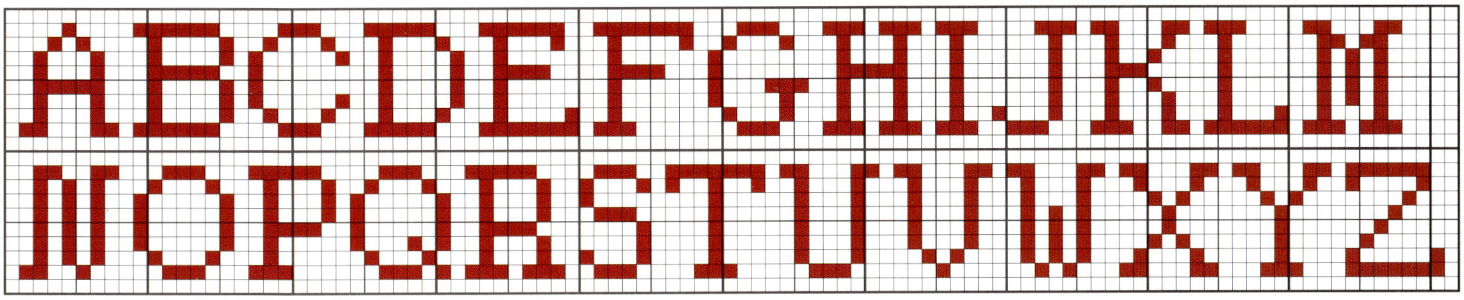

FOLKLORE

Origineller Küchenwandschmuck

Streichen Sie einen alten Holzkochlöffel farbig an, und zaubern Sie aus einer Handvoll Gingham- und Stickgarnresten einen originellen Wandschmuck für Ihre Küche.

MATERIAL

drei Stücke Gingham-Karo, 8 x 8 cm, unterschiedlich kariert

sechs Stücke Gingham-Karo, 10 x 10 cm, in Farbe und Muster gleich

drei 5 x 5 cm große Quadrate Zweigart Stramin weiß/blau (Waste Canvas), 56 Stich/10 cm (Art. 510)

Blumengarn (Nordin) in den in der Tabelle angeführten Farben

Sticknadel

Nähgarn, Heftgarn

Nähnadel

Nadel mit großem Öhr

Schere

8 x 25 cm Aufbügelvlies (doppelseitig)

Synthetik-Füllmaterial zum Ausstopfen

Bleistift

Klebeband

Holzkochlöffel

Holzfarbe, Pinsel

Handbohrer

Nähmaschine

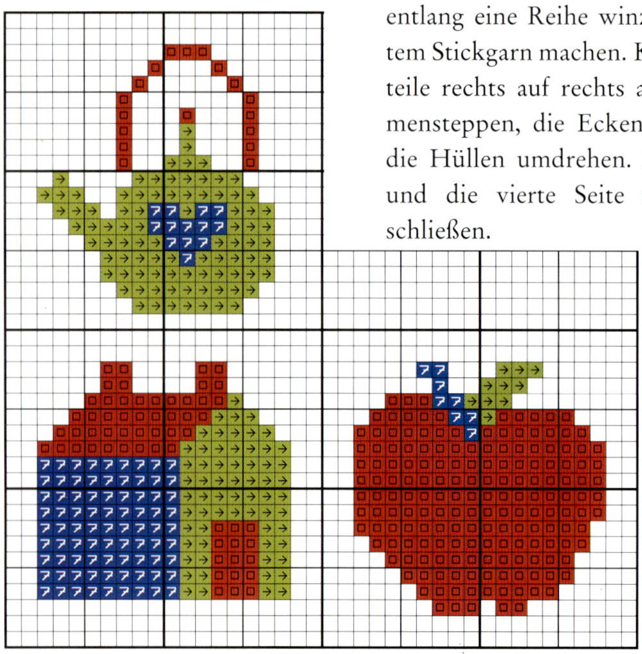

Anchor	
blau	134
rot	13
grün	281

STICKEN

Heften Sie die Stramingitterstücke auf die kleinen Gingham-Quadrate, und sticken Sie jeweils ein Motiv in die Mitte. Ziehen Sie danach die Straminfäden einzeln heraus, und dämpfen Sie die fertige Stickerei vorsichtig von links.

1 Fertigstellen: Auf die Rückseite der bestickten Teile doppelseitiges Aufbügelvlies bügeln und die Quadrate auf 5,5 x 5,5 cm zurückschneiden. Das Papier vom Vlies abziehen, die bestickten Teile auf drei der größeren Gingham-Quadrate bügeln und an den Kanten entlang eine Reihe winziger Vorstiche mit rotem Stickgarn machen. Kissenunter- und -oberteile rechts auf rechts an drei Kanten zusammensteppen, die Ecken zurückschneiden und die Hüllen umdrehen. Die Kissen ausstopfen und die vierte Seite mit Hohlstichen verschließen.

2 Die fertigen Kissen am Kochlöffelstiel entlang nebeneinanderlegen und die Position der Löcher markieren. Die Löcher in den Stiel bohren und den Kochlöffel dann zweimal streichen.

3 Aus Garn Nr. 281 eine 60 cm lange Kordel drehen, in drei gleich lange Stücke schneiden und die Enden mit Klebeband umwickeln, damit sie nicht aufdrieseln. Die Kordel durch die Löcher fädeln (siehe Abbildung) und die Enden am jeweiligen Kisseneck festnähen.

Gifts

Party-Pferdchen

FOLKLORE

Kinder lieben Rollenspiele, und das Pferdchen im Sonntagsgewand – im traditionellen Volkskunststil gearbeitet – ist ein willkommener Gefährte für den Kaffeeklatsch.

MATERIAL

20 x 30 cm Baumwollstoff, weiß

5 x 5 cm Zweigart Stramin weiß/blau (Waste Canvas), 56 Stich/10 cm (Art. 510)

Sticktwist in den in der Tabelle angeführten Farben

Sticknadel

40 cm Leinen oder feiner Wollstoff, 90 cm breit, naturfarben

25 cm Baumwolldruck, blau, 115 cm breit

30 cm Richelieu-Spitze, weiß

30 cm Nahtband, weiß, 5 mm breit

Nähgarn

Heftgarn

Nähnadel

Schere

Stecknadeln

Transparentpapier

Bleistift

Synthetik-Füllmaterial zum Ausstopfen

zwei Perlen, schwarz, Ø 5 mm

Nähmaschine

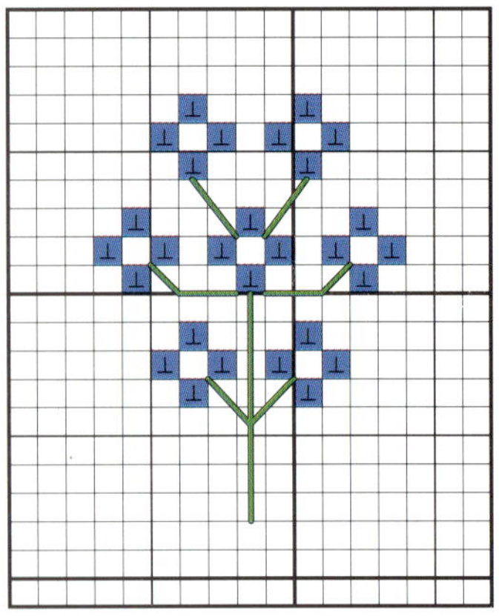

	DMC
⊥⊥	799
	Rückstich
—	3347

STICKEN

Zeichnen Sie die Umrisse der Schürze auf den weißen Baumwollstoff, heften Sie den Waste Canvas in die Mitte der unteren Schürzenhälfte, und nehmen Sie zum Sticken drei Fäden in die Nadel. Abschließend die Straminfäden einzeln herausziehen, die Rückstiche arbeiten und die fertige Stickerei von links dämpfen. Stecken Sie die Richelieu-Spitze rundum an der Schürzenkante sowie das Band an der geraden Oberkante fest, und steppen Sie alles.

1 Fertigstellen: Die Schnittvorlagen für das Pferdchen (Seite 34) vergrößern und das Schnittmuster ausschneiden. Mit einer Rundumzugabe von 5 mm die Teile für Kopf, Ohren, Arme und Beine paarweise zusammensteppen und jeweils an den geraden Schmalseiten offenlassen. Alle Teile umdrehen und mit Ausnahme der Ohren ausstopfen. Die Ohren an den offenen Kanten einschlagen, zu einem Fältchen legen und beiderseits der Kopfnaht von Hand annähen.

2 Für die Augen eine Perle annähen, mit der Nadel auf die andere Seite durchstechen, den Faden straff anziehen, so daß das Auge in einer kleinen Vertiefung sitzt, und die zweite Perle annähen. Die Teile für den Rumpf zusammensteppen und zwischen den Markierungen sowie an der Ober- und Unterkante offenlassen. Den Kopf in die Halsöffnung schieben und mit Hohlstichen festnähen. Die Arme auf dieselbe Weise anfügen und dann den Rumpf fest ausstopfen.

3 Beine feststecken, Rückstiche durch alle Lagen hindurch. Das Oberteil des Kleides und ein 20 x 61 cm großes Viereck für den Rock zuschneiden. Ärmel an der Ober- und Unterseite zusammensteppen, Unterkanten säumen, Halsausschnitt mit Spitze besetzen. Rockteil an den Schmalseiten zu einem Schlauch zusammennähen, an einer Kante entlang kräuseln. Oberteil und Rock zusammenstecken und steppen. Den Rockrand versäubern und mit Spitze besetzen.

GÄSTEHANDTUCH

FOLKLORE

An zwei Messinghaken oder einem Handtuchhalter aus Holz hängend, kommt dieses nicht alltägliche Gästehandtuch besonders gut zur Geltung.

MATERIAL

Waffelhandtuch, weiß

30 cm einfacher Baumwollstoff, kariert, ca. 10 Karos pro 2,5 cm

Perlgarn Nr. 5 in den in der Tabelle angeführten Farben

Sticknadel

Rundrahmen

Nähgarn

Heftgarn

Nähnadel

Stecknadeln

Schere

40 cm Webband

zwei Perlmuttknöpfe

Nähmaschine

STICKEN

Waschen Sie vor dem Sticken Handtuch und Gingham-Stoff, um sicherzugehen, daß das Material farbecht ist und nicht einläuft. Schneiden Sie den Gingham-Streifen 2,5 cm breiter zu als das Handtuch, falten Sie ihn der Breite nach zusammen, und markieren Sie diese Mittellinie mit Heftstichen. Sticken Sie dann, mit der roten Blume in der Mitte beginnend, die Motive 5 cm von der Stoffunterkante entfernt in beide Richtungen.

DMC	Rückstich
726	726
400	311
814	
311	☆ Mittelpunkt
469	

1 Fertigstellen: Die Unterkante des bestickten Streifens und die Handtuchoberkante rechts auf rechts zusammensteppen. Den oberen Rand des Gingham-Streifens 12 mm breit umschlagen und bügeln. Anschließend den Streifen rechts auf rechts falten; die Seitennähte steppen, die Nahtzugaben zurückschneiden und den Besatz umdrehen.

2 Die umgebügelte Kante des bestickten Streifens mit Hohlstichen an der Rückseite des Handtuchs festnähen. Das Webband in zwei gleich große Stücke schneiden und diese in Form von Schlaufen an die Ecken des bestickten Streifens nähen. Auf die Vorderseiten der Ecken je einen Perlmuttknopf als Verzierung aufnähen.

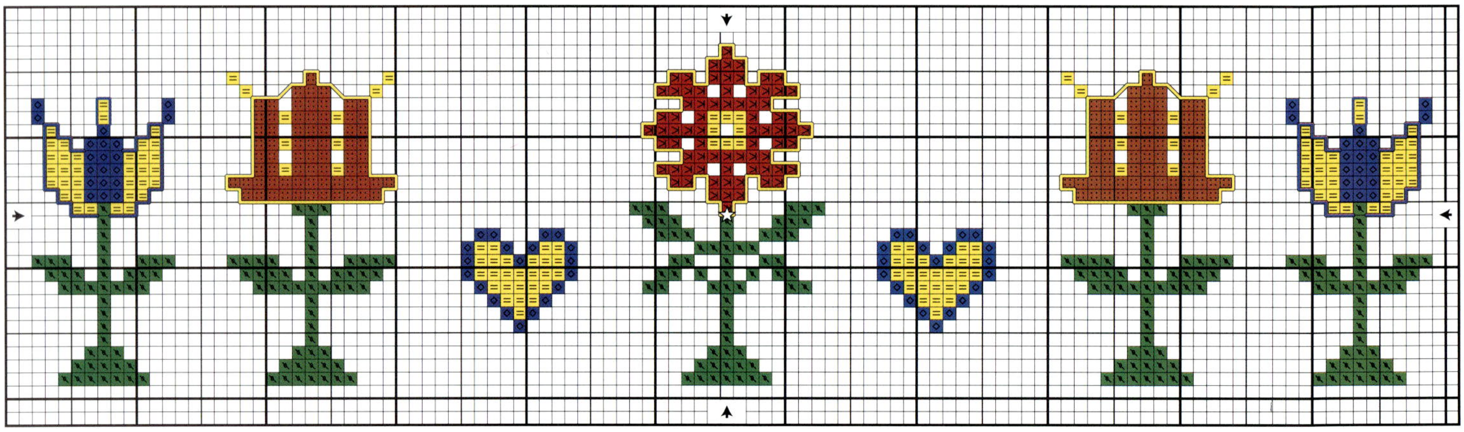

Bunte Kuh

FOLKLORE

An diesem kunterbunten, in traditionellem Folklore-Stil gearbeiteten Stickbild wird so manches Kind seinen Spaß haben.

STICKEN

Heften Sie auf dem Aida-Stoff die Mittellinien in beiden Richtungen. Beginnen Sie in der Mitte, lassen Sie rund um das Bild mit der Kuh zwei Reihen Gewebekästchen für das grüne Band frei, und arbeiten Sie dann die Patchwork-Bordüre.

1 Fertigstellen: Das grüne Band rund um das Bild mit der Kuh und die Patchwork-Kante feststeken und mit winzigen Hohlsaumstichen annähen.

2 Den Aufziehkarton etwas größer zuschneiden als das mit Band eingefaßte Stickbild. Die Stickerei aufziehen und in einen Bilderrahmen einpassen.

MATERIAL

36 x 40 cm Zweigart Easycount Aida, 54 Stich/10 cm (Art. 3246), weiß

Sticktwist in den in der Tabelle angeführten Farben

Sticknadel

Spannrahmen

Nähgarn

Heftgarn

Nähnadel

Stecknadeln

Schere

1,5 m Satinband, grün, 3 mm breit

30 x 36 Karton zum Aufziehen

robustes Garn zum Aufziehen

Cutter

Stahllineal

Bilderrahmen

DMC
- Satinband
- 954
- 702
- 444
- ecru
- 10
- 898
- 605
- 603
- 553
- 799
- 827
- Anchor 254

Rückstich
- 898

☆ Mittelpunkt

Gewürz- und Kräuter-Säckchen-Traube

Füllen Sie die fünf reizenden Beutelchen mit Zimtstangen, getrockneten Chilischoten und anderen Gewürzen und Trockenkräutern, und hängen Sie sie als dekorative »Traube« an die Küchenwand.

MATERIAL

10 x 15 cm Zweigart Aida 16 count, 64 Stich/10 cm (Art. 3251), weiß

Sticktwist in den in der Tabelle angeführten Farben

Sticknadel

17 x 24 cm Baumwolldrell, dunkelblau

fünf Stücke Baumwollstoff, je 15 x 20 cm, unterschiedlich rot oder blau kariert

Nähgarn

Nähnadel

Stecknadeln

Schere

Zickzackschere

Allzweckkleber

Zimtstangen, getrocknete Chilischoten und andere Kräuter und Gewürze

Messingring, Ø 2,5 cm

1 m schwere Baumwollkordel

Schnur

Nähmaschine

STICKEN

Schneiden Sie aus dem Aida-Stoff fünf Quadrate von 4,5 x 4,5 cm zu. Sticken Sie dann mit drei Fäden in der Nadel jeweils ein Herz in die Mitte sowie die roten Kreuzstiche der Umrandung.

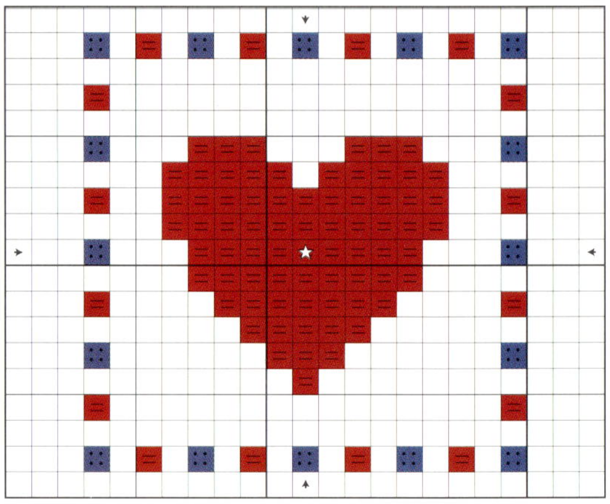

DMC			
▬	815	☆	Mittelpunkt
▬	311		

1 Fertigstellen: Aus dem blauen Drell fünf 7 x 7 cm große Quadrate zuschneiden, die bestickten Teilchen darauflegen und die blauen Kreuzstiche durch beide Lagen hindurch einfügen. Den Aida-Stoff rundum ausfransen und die Kanten des Drells mit der Zickzackschere zurückschneiden. Nun die gestickten Miniaturen 4 cm von der Unterkante entfernt auf die Mitte des karierten Stoffes aufkleben; den Stoff rechts auf rechts falten, an den Schmalseiten zusammensteppen, die Naht in die Mitte der Rückseite verschieben und breitbügeln. Das Säckchen an der Unterkante zusammennähen, die Ecken zurückschneiden und umdrehen. Die Oberkante mit der Zickzackschere versäubern und 4 cm von der Zackenkante entfernt einen Reihfaden einziehen.

2 Die Säckchen füllen, den Reihfaden zusammenziehen und fest verknoten. Die Kordel bis zur Mitte durch den Messingring ziehen und oben mit Schnur abbinden, damit der Ring nicht verrutscht. Die Beutelchen mit Schnur traubenförmig an die Kordel binden.

BESTICKTER WÄSCHESACK

FOLKLORE

Sticken Sie Ihre eigenen, ähnlich gestalteten Initialen auf das Band, und fertigen Sie jedem Familienmitglied seinen eigenen, praktischen Wäschesack an.

MATERIAL

50 cm Zweigart Kreuzstichband, 60 mm, Farbe 19 (Art. 7315)

Sticktwist in der in der Tabelle angeführten Farbe

Sticknadel

80 x 100 cm Leinen oder strukturierter Baumwollstoff, weiß

Nähgarn

Nähnadel

Stecknadeln

Schere

2 m mittelstarke Baumwollkordel, weiß

Markierstift (fein)

Sicherheitsnadel

Kamm

Nähmaschine

STICKEN

Falten Sie das Aida-Band der Breite nach, markieren Sie die Mitte, und arbeiten Sie den Kreuzstich dreifädig.

1 Fertigstellen: Den Stoff für den Sack in zwei 50 x 80 cm große Teile schneiden. Das bestickte Band 20 cm von der Unterkante entfernt auf eines der beiden Teile stecken und ansteppen.

2 Beide Sackhälften rechts auf rechts zusammenstecken. 20 cm unterhalb der Oberkante beginnend und endend, an beiden Seiten und unten steppen und die Nahtzugaben breitbügeln. Die Ecken glattstreichen, 5 cm von der Spitze entfernt eine Linie quer über die Ecke markieren (siehe Abbildung), dann heften und absteppen, so daß ein breiter Boden entsteht.

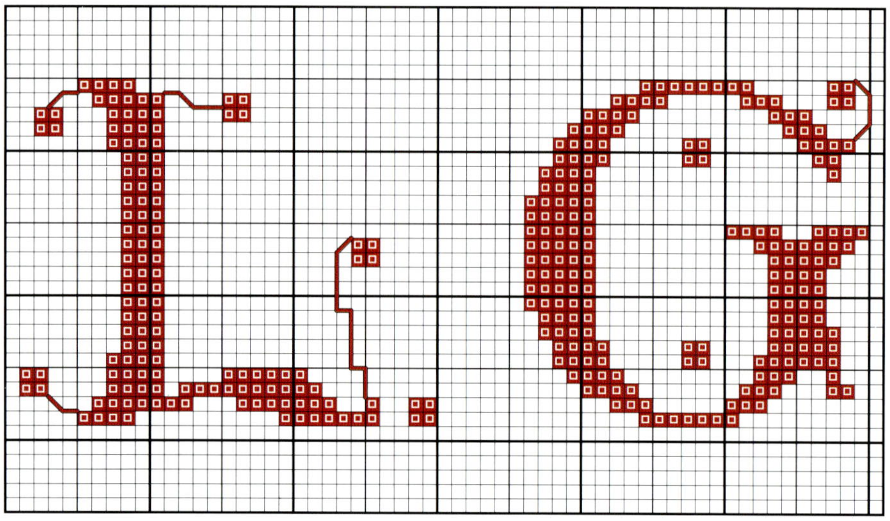

DMC	Rückstich
815	815

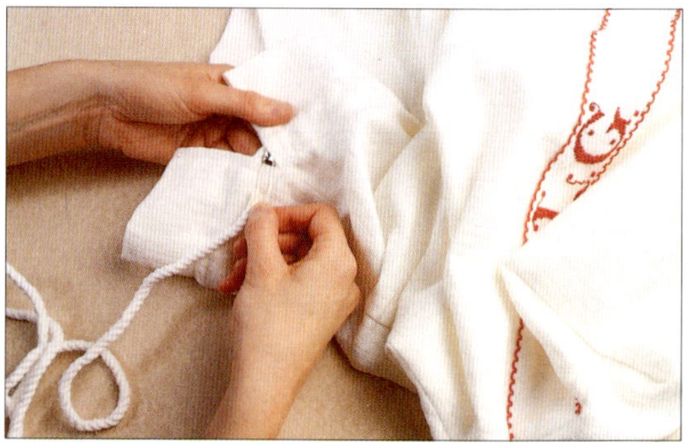

3 Die Nahtzugabe an den oberen Rändern rundum einschlagen und steppen. Die losen Teile zur Hälfte nach innen umschlagen, entlang der Saumkante steppen und im Abstand von 4 cm eine zweite Naht machen, so daß ein Durchzugtunnel entsteht. Die Kordel in zwei gleich lange Teile schneiden und gegenläufig einziehen. Beide Enden jeweils miteinander verknoten, aufdrieseln und die ca. 8 cm langen Quasten auskämmen und mit der Schere begradigen.

L.G.

Schweizer Buchstabentuch

Einfarbig bestickte Mustertücher waren im 19. Jahrhundert in Europa besonders beliebt.

MATERIAL

30 x 36 cm Zweigart Stern Aida, 54 Stich/10 cm (Art. 3706), weiß

Sticktwist in der in der Tabelle angeführten Farbe

Sticknadel

Spannrahmen

robustes Nähgarn

Heftgarn

Nähnadel

23 x 28 Karton zum Aufziehen

Bilderrahmen

DMC

▬ 304 (3 Stränge)

☆ Mittelpunkt

STICKEN

Markieren Sie auf dem Aida-Stoff die Mittellinien in beiden Richtungen mit Heftstichen, und nehmen Sie drei Fäden in die Nadel. Sticken Sie zunächst die mittlere Buchstabenreihe, anschließend die darüber- und darunterliegenden Reihen und zum Schluß die Bordüre samt Eckmotiven.

1 Fertigstellen: Die fertige Stickerei vorsichtig von links dämpfen und eventuell herabhängende Garnenden vernähen oder abschneiden, damit sie auf der Vorderseite nicht durchscheinen. Die Stickerei auf den Karton ziehen und in einen farblich harmonierenden Rahmen einpassen.

FOLKLORE

SCHWEIZER KOPFKISSENBEZUG

Die europäischen Länder haben alle ihre eigene Kreuzstichtradition. Charakteristisch für die Schweiz ist einfarbig roter Kreuzstich auf weißem oder cremefarbenem Stickgrund.

MATERIAL

Kopfkissenbezug, weiß

25 cm Zweigart Stramin weiß/blau (Waste Canvas), 56 Stich/10 cm (Art. 510)

Sticktwist in der in der Tabelle angeführten Farbe

Sticknadel

Heftgarn

Nähnadel

Schere

STICK-TIP

Wie die Ecke auf einem solchen Kissenbezug ausfällt, hängt weitgehend von der Größe des Bezuges und damit der Länge der Bordüre ab. Gleichen Sie also soweit erforderlich das Zählmuster entsprechend an.

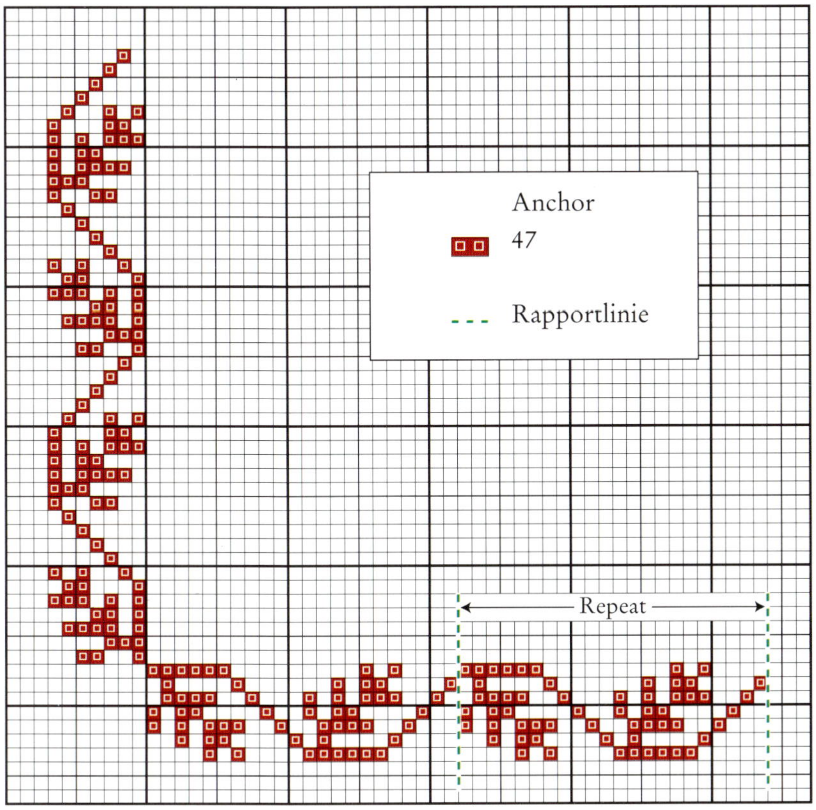

1 Schneiden Sie 2,5 cm breite Waste-Canvas-Streifen zu, und heften Sie sie mehrere Zentimeter von der Kante entfernt rundum auf den Kissenbezug. Beginnen Sie mit dem Sticken in der Mitte einer Seite, und nehmen Sie zwei Fäden in die Nadel.

2 Hören Sie kurz vor der Ecke zunächst mit dem Sticken auf, und gleichen Sie den Rapport anhand der Zählvorlage so an, daß er mit dem später im 90°-Winkel anstoßenden Rapport eine symmetrische Ecke bildet. Anschließend die zweite Hälfte der Seite und dann rundum die restliche Bordüre arbeiten. Den fertig bestickten Kissenbezug von links bügeln.

DUFTSÄCKCHEN

FOLKLORE

Duftige weiße Wäschespitze verleiht dieser reizenden kleinen Stickerei einen Hauch von verspieltem Luxus.

MATERIAL

zwei Stücke Zweigart Stern Aida, 54 Stich/10 cm (Art. 3706), je 13 x 15 cm, weiß

Sticktwist in den in der Tabelle angeführten Farben

Sticknadel

1 m Wäschespitze, weiß, 4 cm breit

15 cm schmales Schmuckband, rot

Nähgarn

Heftgarn

Nähnadel

Stecknadeln

Schere

zwei Stücke Wattierung, 10 x 13 cm

Potpourri-Säckchen

Nähmaschine

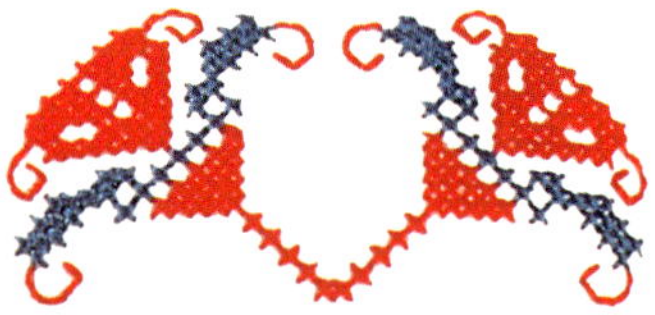

DMC
517
666

Rückstich
666

☆ Mittelpunkt

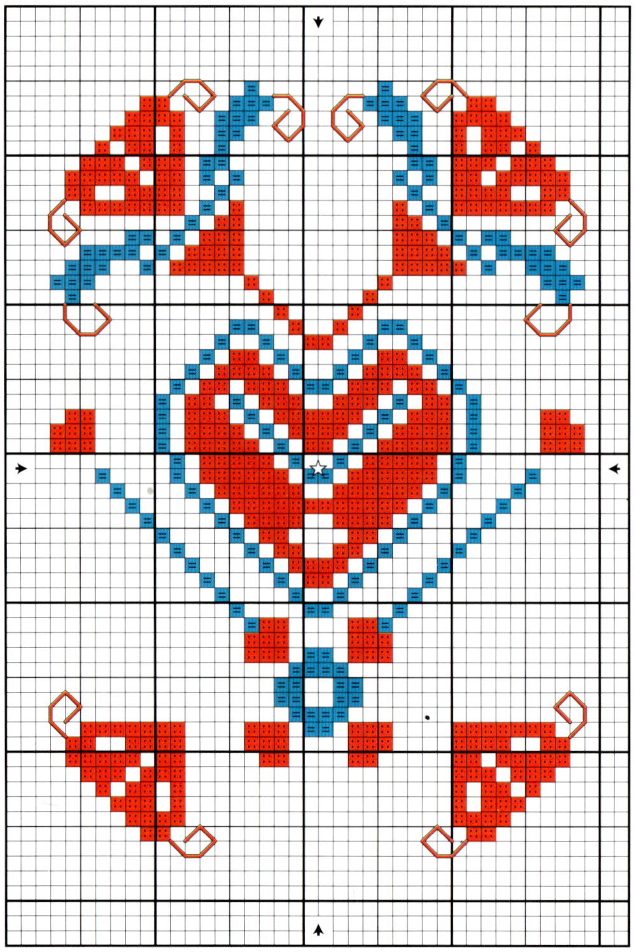

STICKEN

Markieren Sie die Mitte des Aida-Stoffes, und nehmen Sie zum Sticken zwei Fäden in die Nadel; der Rückstich wird einfädig gearbeitet. Die fertige Stickerei vorsichtig von links dämpfen.

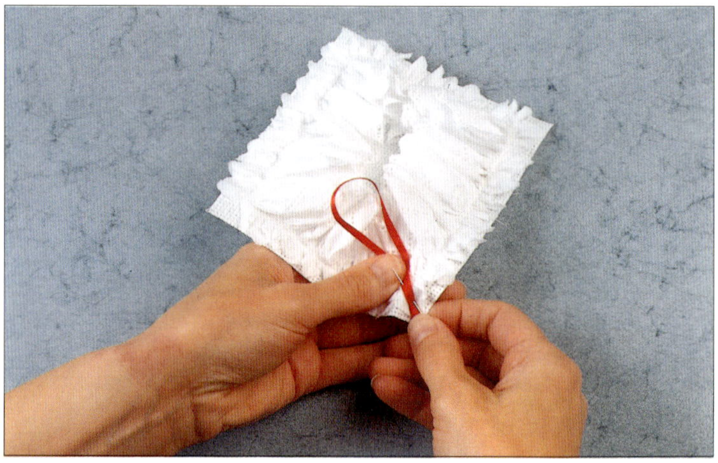

1 Fertigstellen: Spitze einreihen, Rüschen gleichmäßig verteilen und an der Kante der Stickerei entlang feststecken und heften. Das Band zur Schlaufe legen und mit den Enden nach außen an einer der beiden oberen Ecken feststecken.

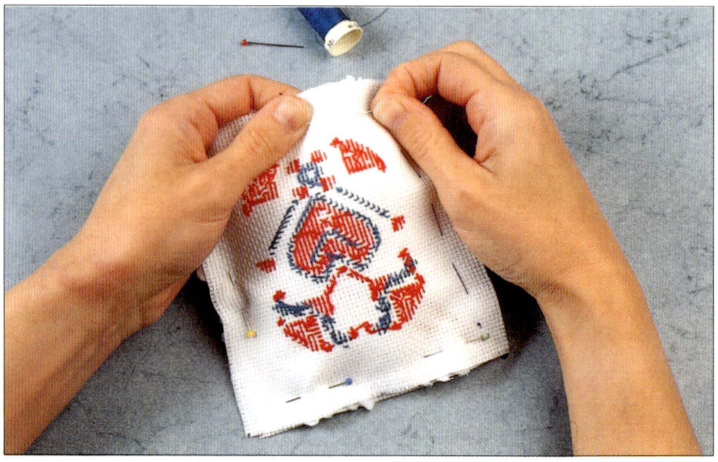

2 Kissenoberseite mit nach innen liegender Spitze und Unterstoff rechts auf rechts an drei Seiten zusammensteppen. Nahtzugaben und Ecken zurückschneiden und das Duft-Säckchen zwischen den beiden Lagen der Wattierung in das Kissen schieben. Die vierte Seite mit Hohlstichen verschließen.

REGALBORTE

Kreuzsticharbeiten in Rot und Blau sind in Osteuropa sehr populär. Ein altüberliefertes Motiv in diesen Ländern ist die Nelke.

MATERIAL

Leinenband mit blauer Kante 7 cm breit

Sticktwist in den in der Tabelle angeführten Farben

Sticknadel

Nähgarn

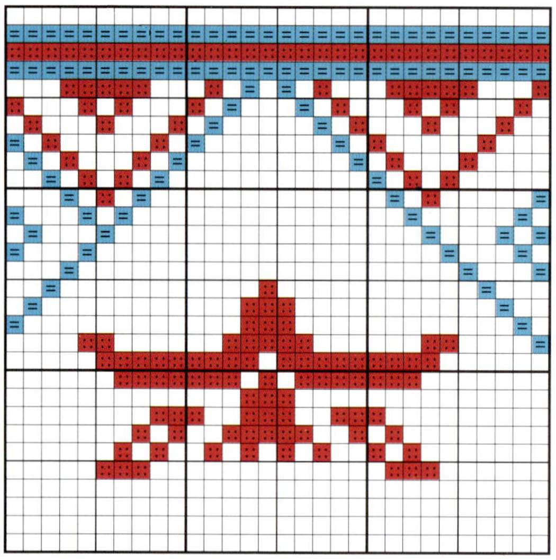

Anchor
1006
161

STICKEN

Wieviel Stickband und Sticktwist Sie benötigen, hängt von der Länge des Regalbrettes ab.

1 Fertigstellen: Das Stickband zur Hälfte falten, die senkrechte Mittellinie markieren und mit dem Sticken sechs Gewebefäden unterhalb der blauen Kante in der Mitte beginnen. Von hier aus das Band in beide Richtungen besticken.

2 Die fertige Stickerei vorsichtig von links dämpfen und die Schmalseiten an den beiden Enden säumen.

NACHTTISCH-DECKCHEN

FOLKLORE

Diese dekorative rustikale Borte kann man ebensogut auch auf Servietten oder quer über die Ecken eines großen Tischtuches sticken.

MATERIAL

46 x 46 cm Zweigart Cashel Leinen, 112 Fäden/10 cm, Farbe 101 (Art. 3281)

Sticktwist in den in der Tabelle angeführten Farben

Sticknadel

Rundrahmen

Nähgarn

Heftgarn

Nähnadel

Schere

8 x 8 cm Karton

STICKEN

Heften Sie an einer Ecke im Abstand von 2,5 cm zur jeweiligen Kante eine Orientierungslinie. Die Bordüre beginnt 90 Gewebefäden von der durch die Orientierungslinien gebildeten Ecke entfernt. Nehmen Sie zwei Fäden in die Nadel, und arbeiten Sie Kreuzstich und Rückstich über zwei Gewebefäden.

1 Fertigstellen: Dieselbe Bordüre über die gegenüberliegende Ecke arbeiten und die fertige Stickerei vorsichtig von links dämpfen.

2 Die Nahtzugaben auf 1,5 cm außerhalb der Kreuzstichkante zurückschneiden. Die Ecken abschrägen, einen schmalen Saum umschlagen und Ecken und Saum mit Hohlstichen nähen.

3 Den Karton mit blauem Sticktwist umwickeln, vier Quasten anfertigen und an die Ecken des Deckchens nähen.

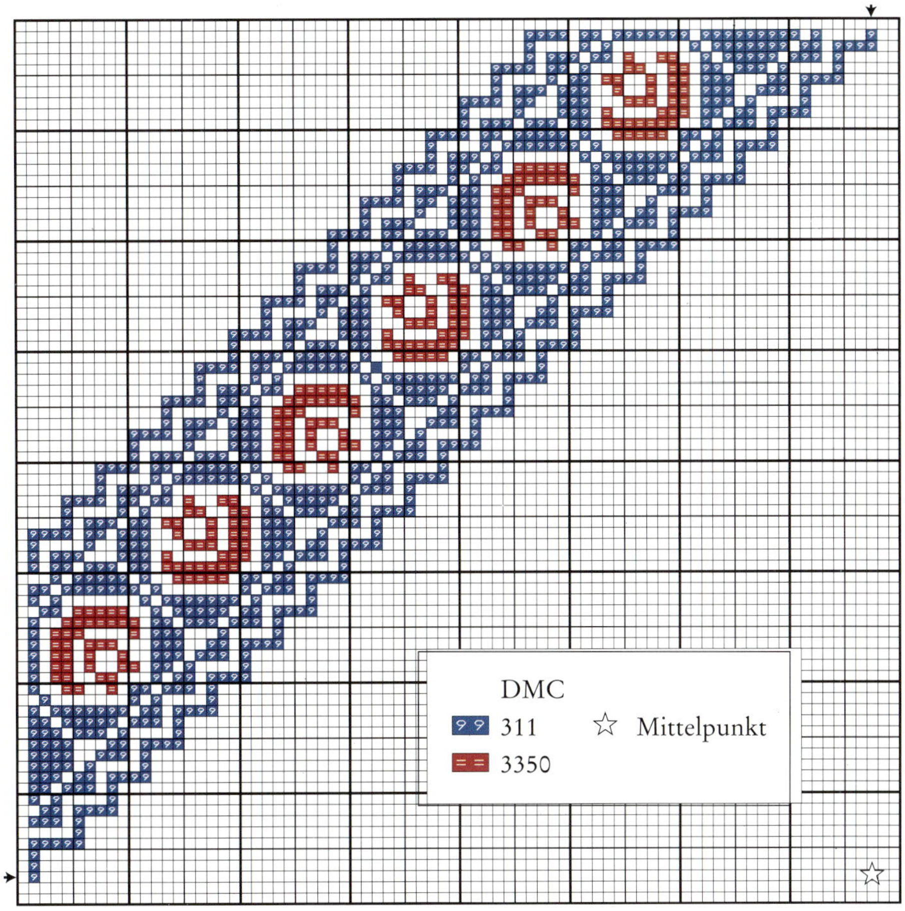

China-Schachtel

FOLKLORE

Ein walzenförmiges chinesisches Rollsiegel aus Hongkong war das Vorbild für das Tigermotiv der Stickerei.

MATERIAL

30 x 50 cm Zweigart Lugana, 100 Fäden/10 cm, Farbe 100 (Art. 3835), weiß

Sticktwist in den in der Tabelle angeführten Farben

Sticknadel

30 x 35 cm Futterstoff, blau

Nähgarn

Heftgarn

Nähnadel

Schere

30 x 50 cm dünner Karton für die Schachtel

Klebeband

Allzweckkleber

STICKEN

Schneiden Sie ein 13 x 25 cm großes Stück Stickleinen ab, und heften Sie die Mittellinien in beiden Richtungen. Sticken Sie, zweifädig und über zwei Gewebefäden arbeitend, die Konturen des Tigers in Holbeinstich. Füllen Sie dann die Kreuzstichflächen aus, und arbeiten Sie zum Schluß die Bordüren wiederum in Holbeinstich. Die fertige Stickerei vorsichtig von links dämpfen und an den Schmalseiten dicht an den Kreuzstichkanten entlang zu einem Schlauch zusammennähen.

1 Fertigstellen: Aus dem Karton zwei Rechtecke von 11 x 24 cm bzw. 14 x 30 cm schneiden. Das kürzere Stück zusammenrollen und die aneinanderstoßenden Kanten mit Klebeband zusammenhalten. Die Rolle in den Stoffschlauch schieben und die Stoffkanten an der Innenseite festkleben. Dann 21 x 26 cm Futterstoff zuschneiden. Das zweite Stück Karton soweit rollen, bis es in die Hülse paßt, und mit Klebeband fixieren. Den Umfang dieser Rolle berechnen und die Schmalseiten des Futterstoffs entsprechend zusammensteppen.

2 Den Futterstoffschlauch in die »Innenrolle« schieben; die Stoffkanten nach außen ziehen, am unteren Rand 2 cm und am oberen Rand 5 cm umschlagen und festkleben. Aus dem restlichen Karton zwei Scheiben in Bodengröße der beiden Rollen ausschneiden. Den kleineren Kreis mit Futterstoff, den größeren mit Stickleinen überziehen und beide Böden überwendlich annähen.

3 Einen 3,5 x 26 cm langen Kartonstreifen so weit rollen, daß er lose auf dem Schachtelrand sitzt, und zusammenkleben. Aus dem Stickleinen einen Streifen von 9 x 26 cm schneiden, der Länge nach falten, über den Ring ziehen und an der Kartonkante entlang zusammennähen. Die Nahtzugaben nach innen biegen. Eine Kartonscheibe in Deckelgröße mit Leinen beziehen und an der Ringkante festnähen. Eine zweite Scheibe etwas kleiner als Deckelgröße zuschneiden, mit Futterstoff beziehen und von innen auf den Schachteldeckel kleben.

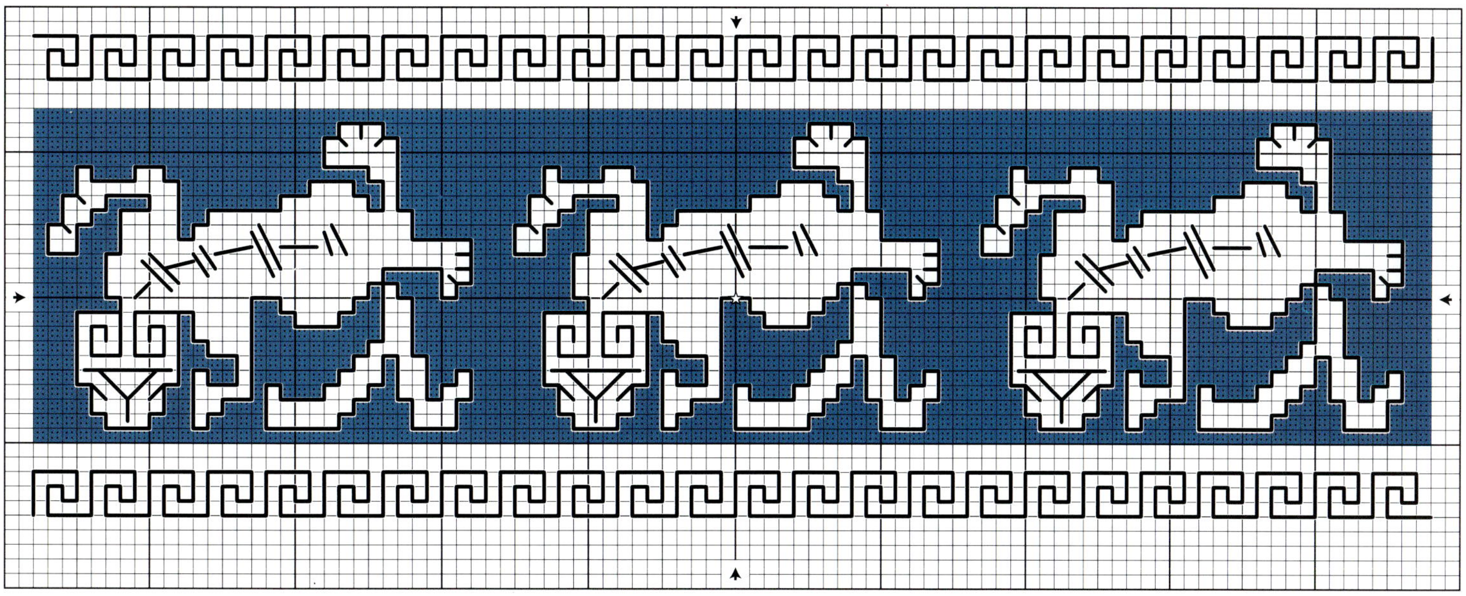

	Anchor	Rückstich
▒	132	— 403
		☆ Mittelpunkt

Indischer Brustbeutel

FOLKLORE

Dieser kleine Brustbeutel ist ein typisches Beispiel für die vom Nomadenstamm der Banjara gefertigten Behältnisse und erinnert in der Anordnung seines Musters an die Holzarchitektur in Gujarat.

MATERIAL

zwei Stücke Stickleinen, 80 Fäden/10 cm, rot, je 15 x 18 cm

DMC Sticktwist Nr. 16 – 321, 444, 552, 700, 796, 907, 943, 947

DMC Blumengarn – 2333, 2531, 2797, 2907, 2917, 2947, 2956

Sticknadel

Spannrahmen

50 cm dünner Baumwollstoff, 90 cm breit, marineblau

Nähgarn

Heftgarn

Nähnadel

Stecknadeln

Schere

rote Wolle

Durchschubnadel oder Ahle

8 x 8 cm Karton zum Anfertigen von Quasten

Nähmaschine

STICKEN

Experimentieren Sie erst mit den Farben, ehe Sie sich an dieses interessante Projekt machen. Je nachdem, ob die Deckstiche mit dunklem oder hellem Garn gestickt sind, ergeben sich fein abgestufte Veränderungen im Farbton. Heften Sie entsprechend den Feldern auf dem Zählmuster senkrechte Linien auf beide Stoffteile. Das mittlere Feld wird mit Sticktwist gestickt, die Bordüre mit Blumengarn, und die Stiche werden über zwei bzw. vier Gewebefäden gearbeitet.

Schneiden Sie mehrere 5 cm breite Schrägstreifen aus dem Baumwollstoff zu; falzen Sie sie der Länge nach, steppen Sie sie 8 mm vom Falz entfernt zusammen, und drehen Sie sie um. Stecken Sie die Stoffschläuche in den langen Zwischenräumen der Stickerei fest, und fixieren Sie sie in gleichmäßigen Abständen mit jeweils zwei roten Kreuzstichen. Rund um die Stickerei acht Gewebefäden freilassen und das Stickleinen zurückschneiden.

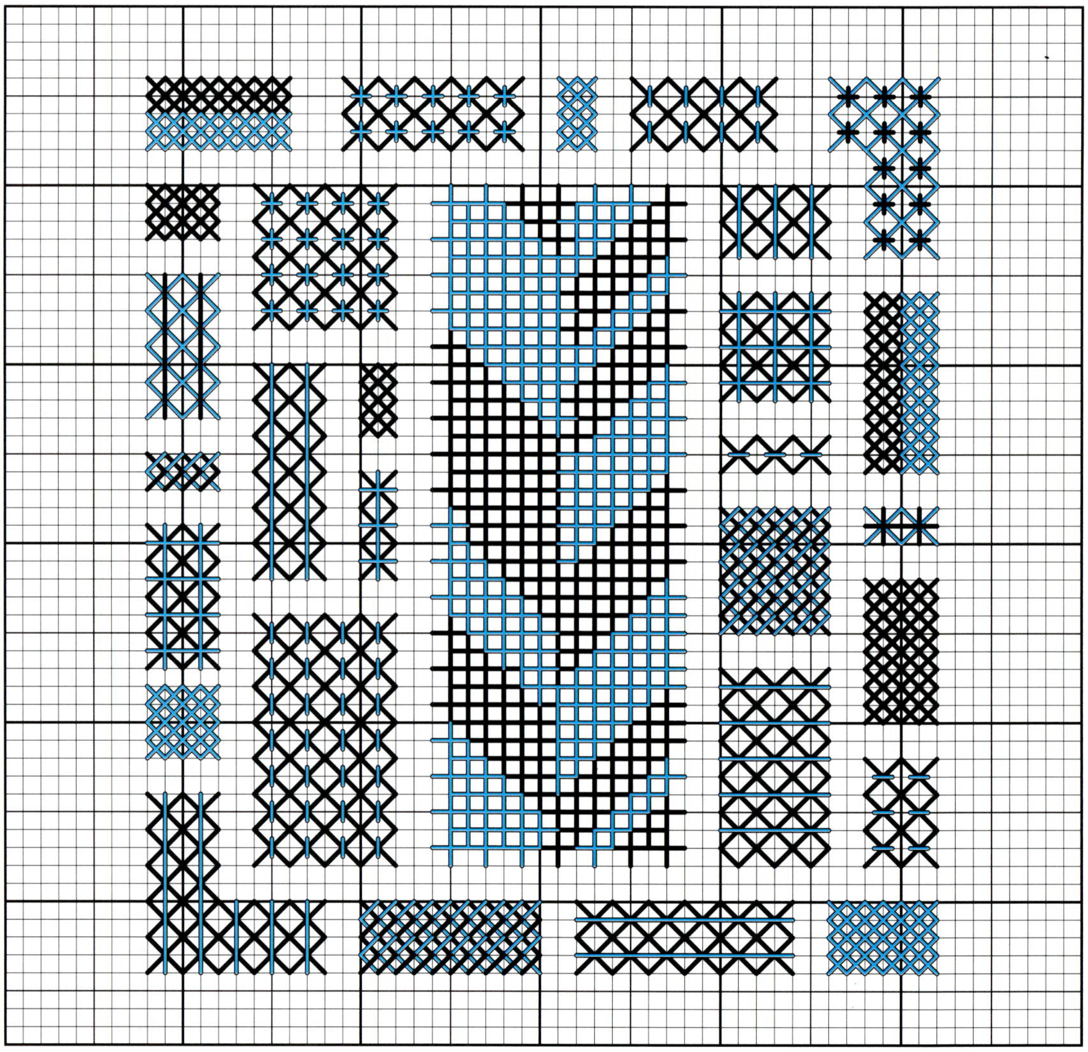

DMC
— helle Flächen
— dunkle Flächen

1 Fertigstellen: Die bestickten Teile mit der rechten Seite nach oben auf jeweils ein 20 x 23 cm großes Stück Futterstoff auflegen und knapp an der Kante ansteppen. Die Ecken des Futterstoffes abschrägen, einen schmalen Saum nach außen auf die rechte Seite der Stickerei umschlagen und mit Hohlstichen annähen.

2 Die beiden bestickten, abgefütterten Teile mit der rechten Seite nach außen seitlich und an der Unterkante überwendlich zusammennähen.

3 Aus Schrägstreifen drei, jeweils 1 m lange Stoffschläuche anfertigen und mehrere rote Wollfäden durchziehen. Die Schläuche flechten und die Enden einzeln verknoten. Aus dem Stickgarn sechs Quasten anfertigen und über jedem Knoten befestigen. Das Flechtband an der Vorder- und Rückseite des Beutels mit Kreuzstichen annähen.

Afrikanische Maske

FOLKLORE

In einen länglichen Rahmen eingefügt, wirkt diese phantasievolle Maske wie ein afrikanischer Schild.

MATERIAL

30 x 43 cm Zweigart Annabelle, 112 Fäden/10 cm (Art. 3240), khakifarben

Sticktwist in den in der Tabelle angeführten Farben

Sticknadel

Rundrahmen

robustes Nähgarn

Heftgarn

Nähnadel

24 x 36 cm Karton zum Aufziehen

Bilderrahmen

STICKEN

Markieren Sie auf dem Stickleinen die Mittellinien in beiden Richtungen mit Heftstichen. Nehmen Sie zwei Fäden in die Nadel, und arbeiten Sie den Kreuzstich über zwei Gewebefäden.

Der Goldfaden wird dreifädig verarbeitet. Plastischer wirken die Stiche, wenn Sie das Goldgarn zunächst teilen und dann die drei Fäden wieder zusammen in die Nadel fädeln. Die Rückstiche werden zum Schluß einfädig mit Farbe Nr. 3371 gearbeitet.

1 Fertigstellen: Die beendete Stickerei vorsichtig von links dämpfen. Das Stickbild so auf den Karton aufziehen, daß die Maske in der Mitte sitzt, und in einen länglichen, schmalen Rahmen einpassen.

DMC

- Goldfaden Art. 282
- 666
- 3371
- 300
- 301
- 744
- 783
- 712

Rückstich

- 3371

☆ Mittelpunkt

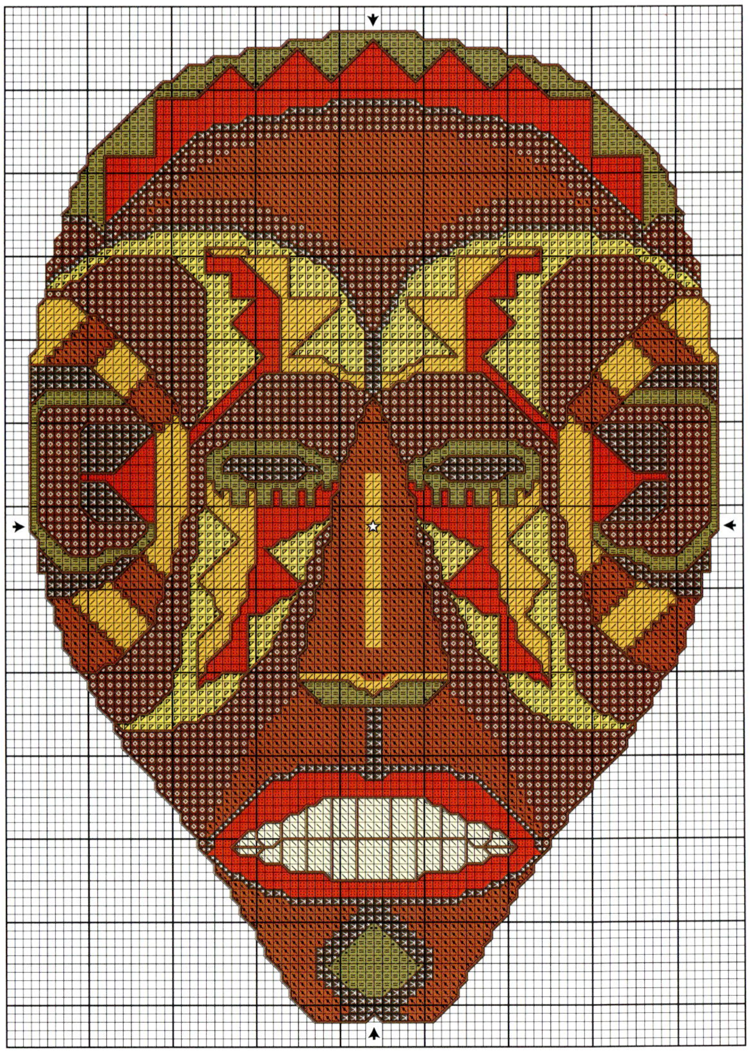

Afrikanisches Zierkissen

Das typisch afrikanische Sujet eignet sich für ein kleines Zierkissen. Ebensogut können Sie die Stickerei aber auch – mit einer Fransenborte besetzt – auf ein normal großes Kissen nähen.

Material

25 x 25 cm Zweigart Sudan-Stramin, 29 Stich/10 cm (Art. 699)

Tapisseriewolle in den in der Tabelle angeführten Farben

Sticknadel

Drehrahmen

42 x 94 cm Deko-Stoff, cremefarben

1,10 m Fransenbesatz, naturfarben

Nähgarn

Stecknadeln

Schere

Kissen, 40 x 40 cm

Nähmaschine

Anchor Tapisseriewolle

9800 (2 Str.)	9794
9648 (2 Str.)	8006
9564 (2 Str.)	9490

☆ Mittelpunkt

STICKEN

Markieren Sie die Mitte des Stramins, und sticken Sie das Motiv nach Zählvorlage. Anschließend die fertige Stickerei beschweren, um die Stiche zu glätten, und die Rundumzugabe auf 1 cm kürzen.

1 Fertigstellen: Aus dem Deko-Stoff ein 42 x 42 cm großes Quadrat zuschneiden; die Stickerei in der Mitte feststecken und anheften. Den Fransenbesatz an der Kreuzstichkante entlang feststecken und die Schmalseiten vorsichtig so aneinanderfügen, daß die Borte nicht aufdrieselt. Anschließend den Besatz sorgfältig festheften und ansteppen.

2 Die beiden kurzen Seiten des restlichen Deko-Stoffes schmal säumen und das Teil in der Mitte auseinanderschneiden. Die beiden gesäumten Seiten des Unterstoffes so weit überlappen, bis sie ein 42 x 42 cm großes Quadrat ergeben, und zusammenstecken. Kissenober- und -unterseite rechts auf rechts zusammensteppen, die Ecken zurückschneiden und umdrehen. Den restlichen Fransenbesatz aufdrieseln. Aus den Garnabschnitten vier Quasten anfertigen, an die Ecken nähen, und das Kissen in die Hülle stopfen.

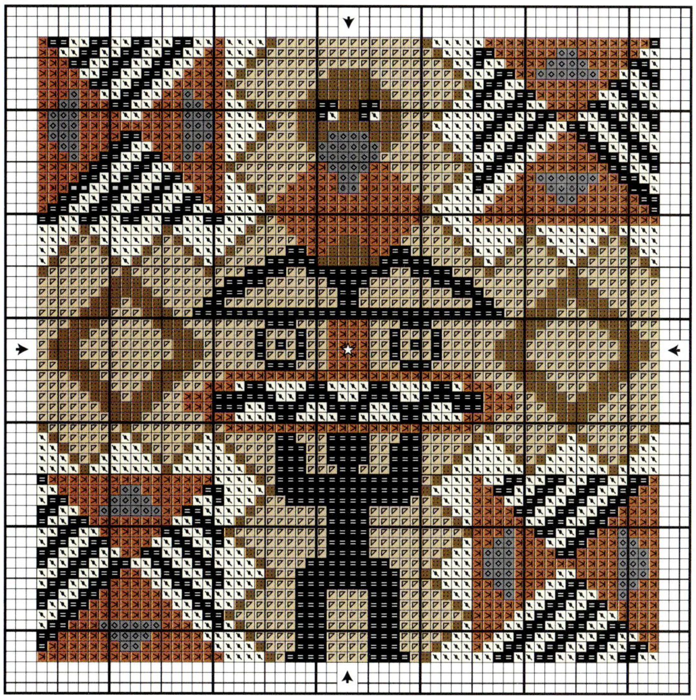

EINBAND FÜR EIN SKIZZENBUCH

Das richtige Geschenk für einen Freund mit Talent zum Zeichnen – ein Skizzenbuch mit handgesticktem Einband. Der Kordelverschluß verhindert das Herausfallen loser Blätter.

MATERIAL

30 x 40 cm Zweigart Linda, 107 Fäden/10 cm (Art. 1235), schwarz

Sticktwist in den in der Tabelle angeführten Farben

Sticknadel

Rundrahmen

Nähgarn

Heftgarn

Nähnadel

Stecknadeln

Schere

doppelseitiges Klebeband

Skizzenbuch, 15 x 20 cm

40 cm dünne Kordel, rot

STICKEN

Falten Sie das Stickleinen in der Mitte, schieben Sie das Buch hinein, und markieren Sie mit Stecknadeln die Mitte von Vorder- und Rückseite des Buches. Heften Sie dann auf der Vorderseite Orientierungslinien, und kennzeichnen Sie den Mittelpunkt. Arbeiten Sie den Kreuzstich dreifädig über zwei Gewebefäden. Die Rückstiche werden einfädig mit schwarzem Stickgarn gearbeitet. Die fertige Stickerei vorsichtig von links dämpfen.

DMC	
310	Rückstich
321	310
444	Mittelpunkt

1 Fertigstellen: Das Skizzenbuch so auf den Leinenstoff legen, daß die Stickerei kantengerade ausgerichtet in der Mitte der Vorderseite sitzt, und die Ecken mit Stecknadeln markieren.

2 Die Ecken 1 cm von der Buchkante entfernt abschneiden und den Einband an den Innenkanten entlang mit doppelseitigem Klebeband bekleben. Das Buch hochkant halten (siehe Abbildung) und das Stickleinen kräftig an das Klebeband drücken; die Ecken sauber abschrägen und – soweit erforderlich – überschüssigen Stoff abschneiden.

3 Mit dem rückwärtigen Einband ebenso verfahren. Die Kordel teilen und an den Umschlaginnenseiten in der Mitte annähen. Die abgeschrägten Ecken mit Hohlstichen zusammenhalten und die beiden Vorsatzblätter mit doppelseitigem Klebeband so fixieren, daß die Stoffkanten abgedeckt sind.

Einkaufsbeutel in Eimerform

FOLKLORE

In seiner Form ist der Beutel dem für Ekuador typischen Shigra-Korb nachempfunden, in dem man dort Obst und Gemüse nach Hause trägt.

MATERIAL

60 x 84 cm Segeltuch, sandfarben
Blumengarn in den in der Tabelle angeführten Farben
Sticknadel
Nähgarn
Heftgarn
Nähnadel
Stecknadeln
Schere
dicke Kordel, 1,60 m lang
Schneiderkreide
Nähmaschine

Anchor (Nordin)
326
341
365

STICKEN

Segeltuchgewebe ist ziemlich grob und der Fadenlauf deutlich erkennbar. Mit etwas Erfahrung im Sticken fallen deshalb Stiche und Abstände relativ gleichmäßig aus. Schneiden Sie zwei 30 x 63 cm große Teile zu, falten Sie eines davon der Länge nach in der Mitte, und markieren Sie den Kniff mit Schneiderkreide. Sticken Sie jeweils im Abstand von 2 cm beiderseits der Kreidelinie je eine Reihe durch Zwischenräume voneinander getrennte Kreuzstiche und danach zwischen diesen beiden Reihen die Fischmotive und Einzelkreuzstiche. Arbeiten Sie dann 8 cm von Ober- und Unterkante entfernt nochmals eine parallele Reihe mit unterbrochenen Kreuzstichen und abschließend die jeweils sechs Kreuzstiche der kurzen Senkrechtreihen.

1 Fertigstellen: Beide Stoffteile jeweils rechts auf rechts an den Schmalseiten zu einem Schlauch zusammensteppen. Zwei kreisförmige Teile mit einem Durchmesser von 20 cm aus dem Segeltuch zuschneiden und jeweils eines davon als Boden an die Unterkante eines Schlauches anstecken. Schlauch und Boden zusammenheften, dabei den Stoff einhalten. Anschließend zusammensteppen. Die Rundungen einknipsen und das bestickte Teil auf die rechte Seite umdrehen.

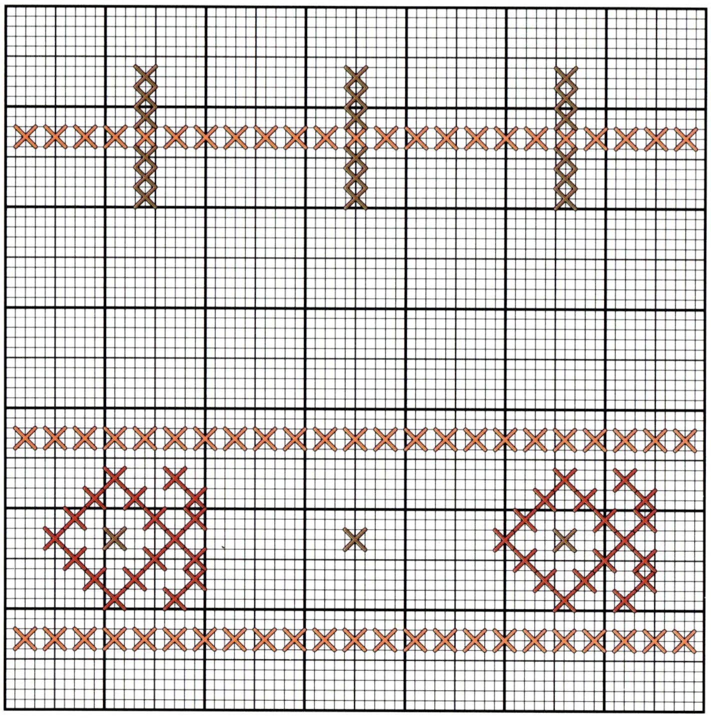

2 Die Kordel auseinanderschneiden; jeweils ein Ende 6 cm von der an der Beutelrückseite liegenden Naht entfernt und die beiden anderen Enden an der gegenüberliegenden Seite feststecken und innerhalb der Nahtzugabe annähen (siehe Abbildung).

3 Den Innenbeutel in den bestickten Beutel stekken und an beiden Teilen die Oberkante etwa 1,5 cm breit einschlagen. Beide Ränder zusammenstecken, heften und dicht an der Kante entlang steppen. Im Abstand von 5 mm eine zweite Steppnaht machen.

FOLKLORE

MEXIKANISCHER SPIELZEUGSACK

Mit einem so originellen Spielzeugsack fällt so manchem Knirps das Aufräumen leichter.

MATERIAL

18 x 46 cm Zweigart Bellana, 80 Fäden/10 cm, Farbe 101 (Art. 3256)

Sticktwist in den in der Tabelle angeführten Farben

Sticknadel

80 x 60 cm kräftiger Köper, marineblau

Nähgarn

Heftgarn

Nähnadel

Stecknadeln

Schere

1,60 m dicke Kordel, weiß

Sicherheitsnadel

Kamm

Nähmaschine

DMC			
==	972	(schwarz)	310
∷	704	▽▽	603
>>	300	//	806
◇◇	349	Rückstich	
		—	310

STICKEN

Markieren Sie auf dem Stickleinen die Mittellinien in beiden Richtungen mit Heftstichen. Sticken Sie zweifädig und arbeiten Sie den Kreuzstich über einen Gewebefaden. Die Rückstiche einfügen und die fertige Stickerei vorsichtig von links dämpfen.

1 Fertigstellen: Den Köper der Breite nach in zwei Teile schneiden. Die Stickerei an den beiden Längsseiten einschlagen und 15 cm von der Unterkante entfernt auf eine Spielsackhälfte heften und steppen. Die beiden Teile rechts auf rechts zusammenstecken und an den Seiten und der Unterkante entlang steppen; dabei 7 cm von der Oberkante entfernt an beiden Seiten eine 4 cm lange Öffnung lassen. Dicht an der Stepplinie entlang eine Zickzacknaht machen, die Nahtzugaben zurückschneiden und den Sack umdrehen.

2 Die Oberkante einschlagen, einen 5 cm breiten Saum stecken und absteppen. 1 cm von der Oberkante entfernt eine weitere Naht machen, so daß ein Durchzugtunnel entsteht. Die Kordel in zwei gleich lange Stücke schneiden und diese gegenläufig einziehen. Die Kordeln ca. 8 cm vor den Enden verknoten, die Enden zu Quasten aufdrieseln, auskämmen und begradigen.

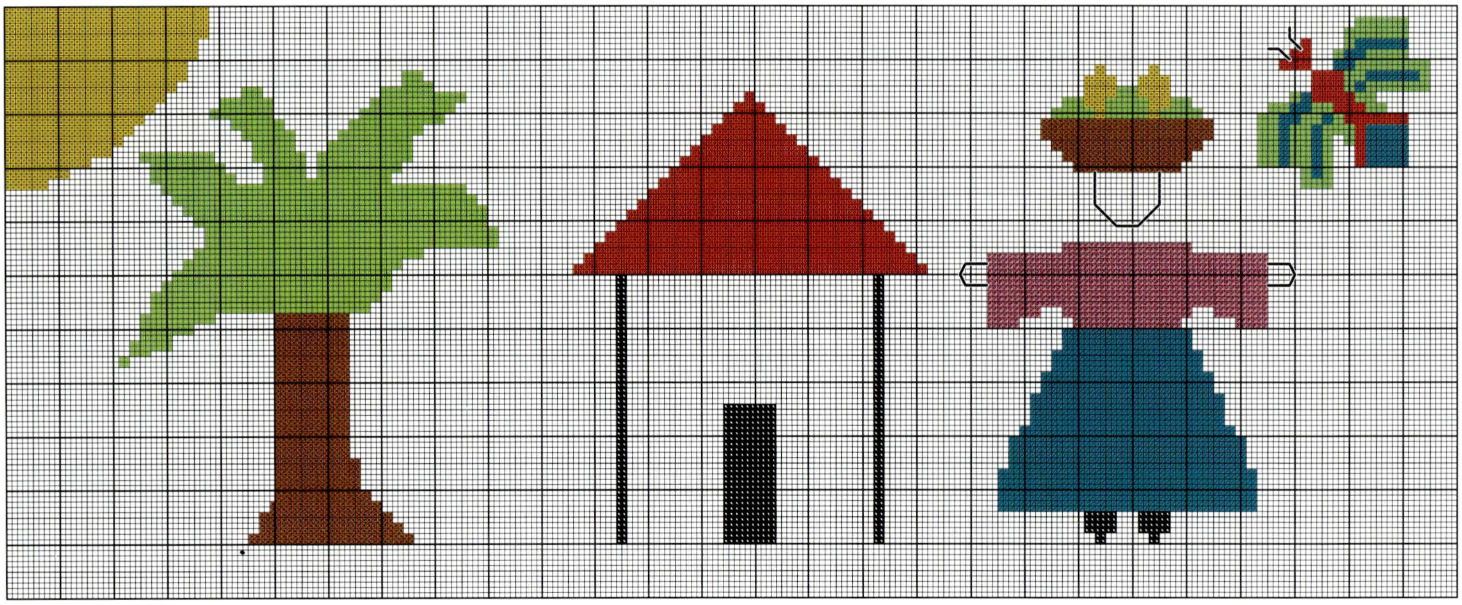

Schuhbeutel

FOLKLORE

Geometrische Webmuster lassen sich ohne weiteres in Kreuzstichvorlagen umsetzen. Vorbild für die stilisierten Tiere auf dieser Seite waren die Motive auf einer in Ghana gefertigten Hängematte.

MATERIAL

28 x 66 cm Zweigart Bantry/-Quaker Cloth, 112 Fäden/10 cm (Art. 3993), goldbraun

Sticktwist in den in der Tabelle angeführten Farben

Sticknadel

Nähgarn

Heftgarn

Nähnadel

Stecknadeln

Schere

Sicherheitsnadel

Nähmaschine

STICKEN

Schneiden Sie vom Stoff einen 5 x 66 cm langen Streifen für das Durchzugband ab. Das restliche Material in beiden Richtungen in der Mitte falten und die Kniffe mit Heftstichen markieren. Nehmen Sie zwei Fäden in die Nadel, und arbeiten Sie den Kreuzstich über zwei Gewebefäden. Sticken Sie ab Unterkante der Zählvorlage, und plazieren Sie den Hahn über der horizontalen Heftlinie. Die fertige Stickerei vorsichtig von links dämpfen.

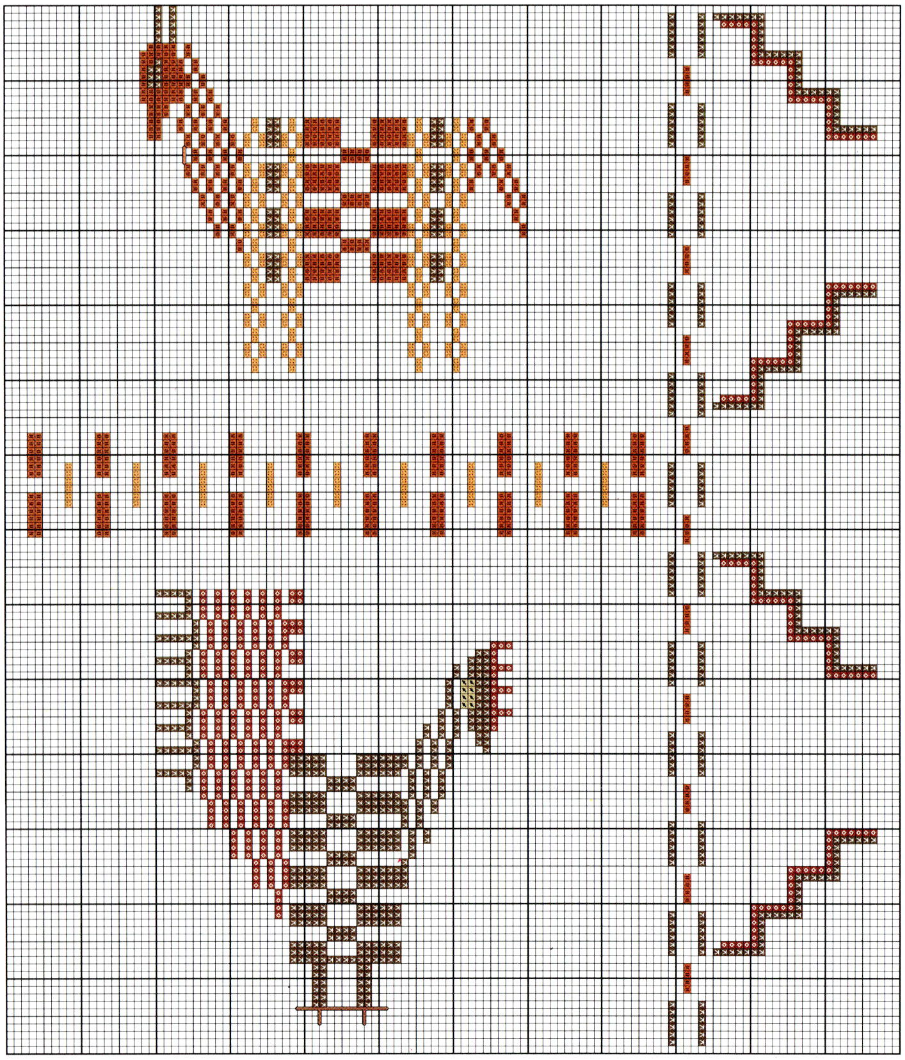

1 Fertigstellen: Den Stoff rechts auf rechts falten, die Seitennähte zusammenstecken und steppen; an einer Seite 2,5 cm von der Oberkante entfernt eine 5 cm lange Öffnung lassen. Die Nahtzugaben breitbügeln.

2 Für den Durchzugtunnel zunächst den Stoff an der Oberkante 5 cm breit nach innen schlagen, den Umschlag 12 mm breit umkippen, stecken und steppen. Dann dicht an der Oberkante entlang eine zweite Naht machen.

3 Die Kanten des Stoffstreifens umkippen und zur Mitte hin bügeln. Die Schmalseiten 12 mm breit einschlagen, den Streifen der Länge nach falten, stecken und rundum zusammensteppen. Das Band mit der Sicherheitsnadel durch den Tunnel ziehen und die Enden verknoten.

DMC	Rückstich
919	300
976	919
300	
498	
676	

Mexikanischer Wandbehang

FOLKLORE

Im Motiv dieses kleinen Wandschmuckes klingt die traditionelle mexikanische Darstellung des Gottesauges an. Man könnte auch mehrere solche Wandbehänge nebeneinander hängen.

STICKEN

Schneiden Sie aus dem Stickleinen zwei 18 x 25 cm große Rechtecke zu, und markieren Sie auf einem Teil die senkrechte Mittellinie mit Heftstichen. Heften Sie dann 10 cm von der Oberkante entfernt eine zweite waagrechte Orientierungslinie. Nehmen Sie zwei Fäden in die Nadel, und arbeiten Sie Kreuzstiche und Rückstiche über zwei Gewebefäden. Die fertige Stickerei vorsichtig von links dämpfen.

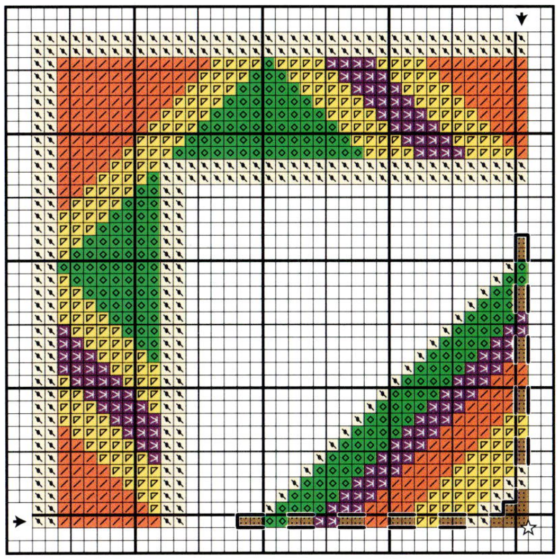

MATERIAL

36 x 36 Stickleinen, 126 Fäden/10 cm, naturfarben

Sticktwist in den in der Tabelle angeführten Farben

Sticknadel

Rundrahmen

Nähgarn

Heftgarn

Nähnadel

Stecknadeln

Schere

dünnes Ästchen oder Rundholz, 15 cm lang

30 cm dünne Kordel

Nähmaschine

1 Fertigstellen: Aus dem Stickleinen zwei 5 x 13 cm lange Streifen schneiden, der Länge nach falten und 12 mm breit absteppen. Die Nahtzugaben breitbügeln. Dann den Schlauch umdrehen, die Naht zur Mitte verschieben und erneut bügeln.

2 Die Stoffstreifen mit der Naht nach innen zu Schlaufen falten und diese an der Oberkante des bestickten Teiles dicht an den Ecken feststecken. Die beiden Teile rechts auf rechts und mit nach innen weisenden Schlaufen zusammenstecken und an der Oberkante und den beiden Seiten entlang steppen. Nahtzugaben und Ecken zurückschneiden und umdrehen.

3 Den Wandbehang an der Unterkante ausfransen und von links dämpfen. Das Ästchen oder Rundholz durch die Schlaufen schieben und die Kordel daran befestigen.

DMC		
435	900	
550		
701	Rückstich	
712	— 310	
743	☆ Mittelpunkt	

INDISCHES MOBILE

Shisha-Spiegel gelten seit eh und je als Schutz vor dem Bösen. Nach altüberliefertem Glauben lassen sich böse Geister von ihrem Spiegelbild abschrecken und ergreifen die Flucht.

MATERIAL

zwei Blätter Stickpapier, dunkelgrün

Sticktwist in den in der Tabelle angeführten Farben

Sticknadel

Schere

1,5 x 1,5 cm dünner Karton

30 cm Klaviersaitendraht

66 Shisha-Spiegel

STICKEN

Stickpapier reißt leicht ein. Notfalls kann man es mit Klebeband ausbessern und die Löcher mit einer dicken Nadel durchstechen. Arbeiten Sie die Motive und ihre spiegelbildlichen Gegenstücke dreifädig, und sparen Sie die für die Shisha-Spiegel vorgesehenen Felder aus. Fügen Sie die Shishas den Anleitungen auf Seite 23 folgend ein, und füllen Sie eventuell entstehende Zwischenräume mit Kreuzstichen aus.

1 Fertigstellen: Die Motive vorsichtig und ohne die Stickerei zu beschädigen ausschneiden und jeweils zwei Hälften mit einem Faden in der Nadel überwendlich zusammennähen. Für die Elefanten aus Garnfäden 1,5 cm lange Miniaturquasten anfertigen. Je drei Quasten an beide Seiten der größeren und je zwei an die kleineren Elefanten nähen. An der unteren Ecke der Raute gleichfalls eine Quaste befestigen.

2 Die Teile kreuzförmig mit Abständen von ca. 4 cm auf eine flache Unterlage legen (siehe Abbildung oben). Mit gelbem, sechsfädigem Sticktwist das Mobile zusammenhalten. Pfau, großen und mittelgroßen Elefanten und die Raute wie auf dem Bild links aneinandernähen. Den Faden zwischen Pfau und Elefant um den Draht schlingen. Um die beiden Drahtenden dreifädigen Sticktwist winden und die kleinen Elefanten daran befestigen. Das Mobile mit einigen Quasten dekorieren und an die Rückseite des Pfaus eine Schlaufe zum Aufhängen nähen.

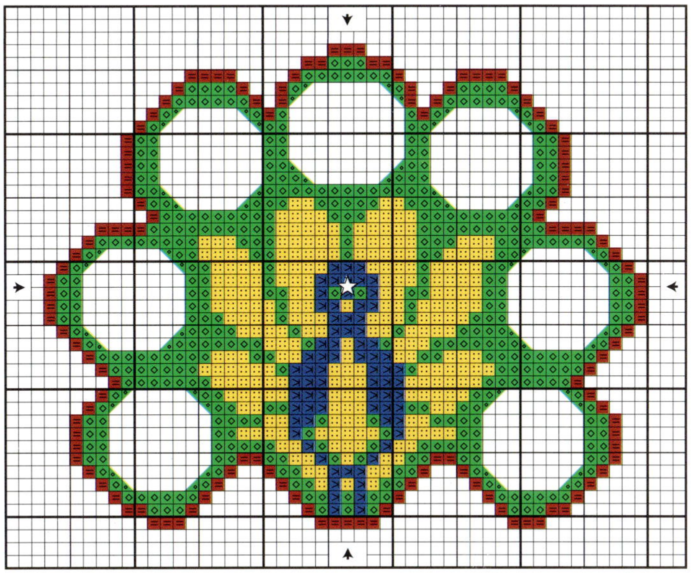

Pfauen-Motiv

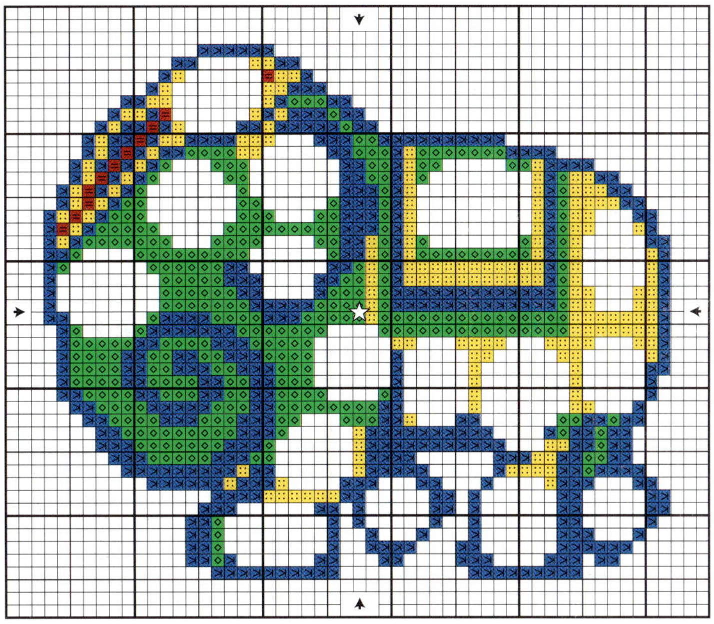

Großer Elefant

DMC

- 815
- (4 Stränge) 911
- (3 Stränge) 783
- 3765
- (3 Stränge) 796
- ☆ Mittelpunkt

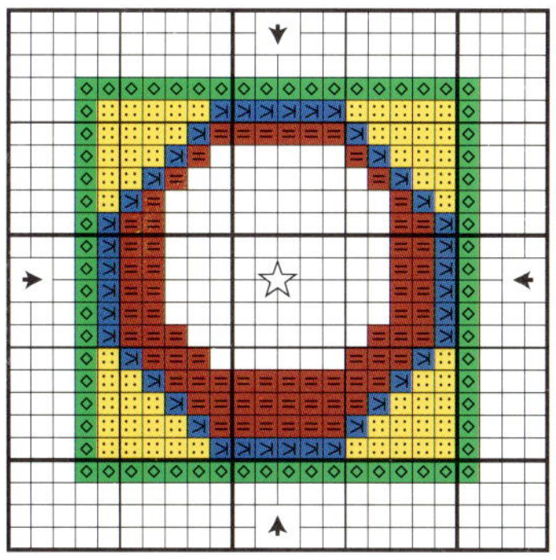

Rauten-Motiv

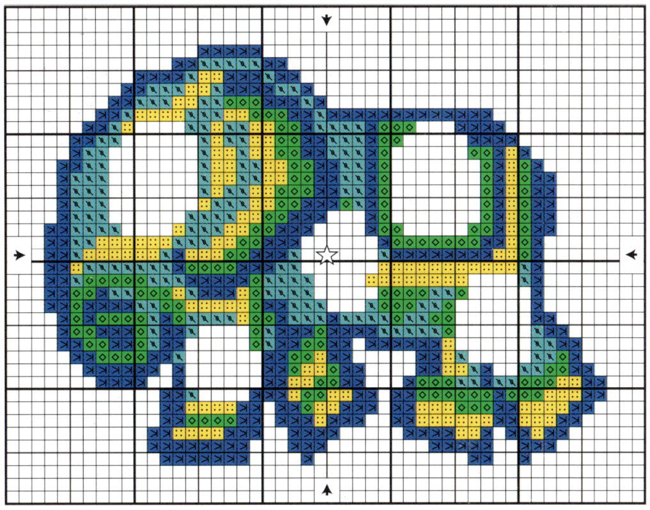

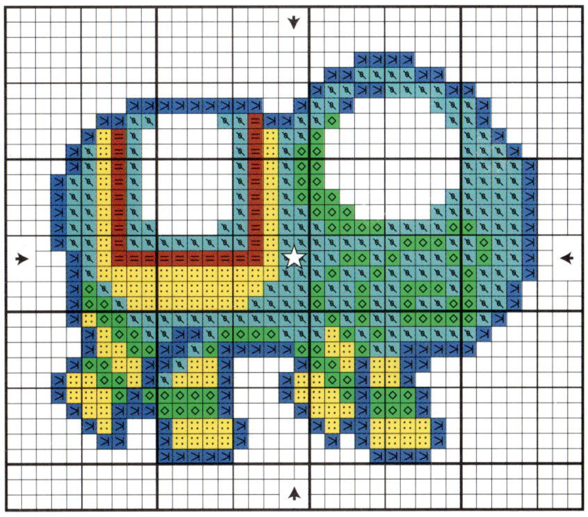

Links: Mittelgroßer Elefant   Oben: Kleiner Elefant

FOLKLORE

Serviettenring und Platzdeckchen

Vorbild für dieses kunstvoll gearbeitete Motiv war die Passe des Kleides, das die Frauen des westpakistanischen Nomadenstammes der Belutschi tragen.

MATERIAL

Zweigart Fein-Aida, 70 Stich/ 10 cm (Art. 3793), schwarz: für den Serviettenring 8 x 22 cm, für das Platzdeckchen 25 x 36 cm

Sticktwist in den in der Tabelle angeführten Farben

Sticknadel

Rundrahmen

Nähgarn

Heftgarn

Nähnadel

Schere

Serviettenring

STICKEN

Markieren Sie auf dem Aida-Stoff die senkrechte Mittellinie mit Heftstichen. Nehmen Sie zwei Fäden in die Nadel, und arbeiten Sie drei ganze und an den Enden zwei halbe Rauten.

1 Fertigstellen: Die Längskanten 5 mm breit einschlagen und auf der linken Seite mit unsichtbaren Stichen festnähen. Die Schmalseiten auf 5 mm zurückschneiden, einschlagen und auf der rechten Seite mit Hohlstichen aneinanderfügen.

Platzdeckchen

STICKEN

Heften Sie an der unteren rechten Ecke 5 cm von der jeweiligen Kante entfernt eine Orientierungslinie. Nehmen Sie zwei Fäden in die Nadel, und arbeiten Sie drei vollständige Rauten.

2 Fertigstellen: Die Ecken abschrägen, einen schmalen, 5 mm breiten Saum heften und mit der Maschine oder von Hand nähen.

DMC

349

352

3731

3733

☆ Mittelpunkt

Indischer Bilderrahmen

FOLKLORE

Charakteristisch für indische Stickereien sind üppige Farben und allerlei Tiermotive – allen voran der seit eh und je beliebte Elefant.

MATERIAL

ein Bogen Plastikgitter, 28 Stich/10 cm

Sticktwist in den in der Tabelle angeführten Farben

Sticknadel

Nähgarn

Nähnadel

Schere

25 x 30 cm Karton zum Aufziehen

Bild, 13 x 13 cm

Fixierspray

Bleistift

Allzweckkleber

kleiner Messingring

STICKEN

Bei diesem Projekt wechselt die Richtung der Deckstiche in jeder Reihe, und damit wirkt die Stickerei plastischer. Nehmen Sie zum Sticken alle sechs Fäden in die Nadel. Fülliger ist der Sticktwist, wenn Sie ihn zuvor in sechs Einzelfäden trennen und diese dann wieder zusammen einfädeln.

1 Fertigstellen: Nach dem Sticken die leere Innenfläche herausschneiden, das Plastikgitter rundum zurückschneiden und die Kanten in Form von Kreuzstichen so umstechen, daß vom Stickgrund nichts mehr zu sehen ist.

2 Den Rahmenausschnitt auf den Karton zeichnen, ein Bild mit Fixierspray in der Mitte montieren und den Rahmen aufkleben. Abschließend den Messingring an der Rahmenrückseite dicht an der Oberkante annähen.

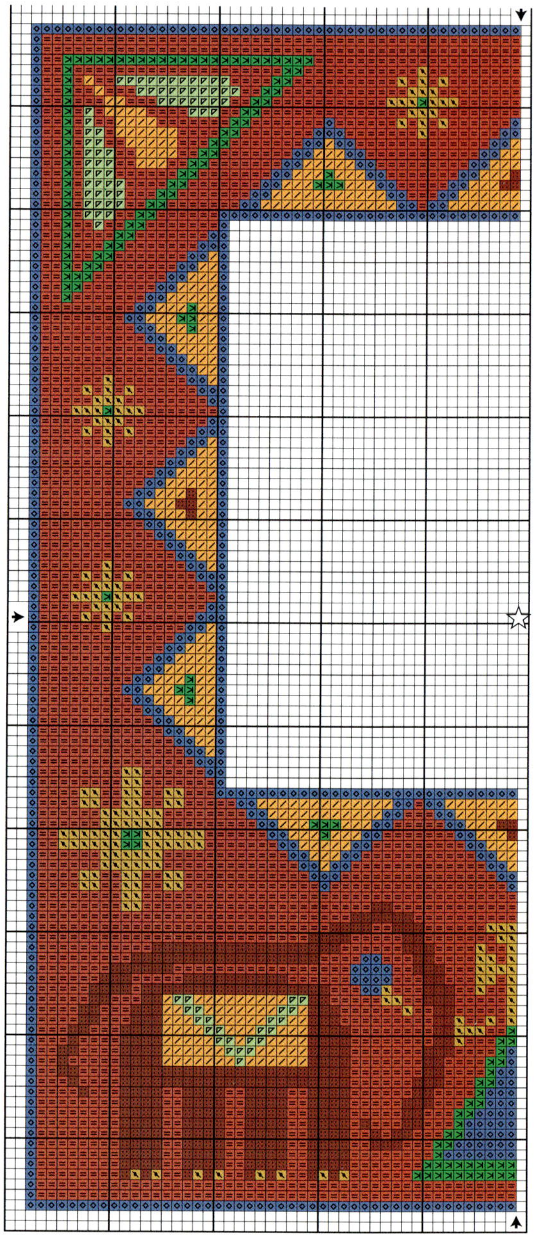

Anchor		
1006		307
70		254
258		304
150		☆ Mittelpunkt

INDISCHER SPIEGELRAHMEN

FOLKLORE

Shisha-Spiegel und Silberperlchen verleihen diesem kleinen, bestickten Spiegelrahmen einen Hauch von Kostbarkeit.

MATERIAL

20 cm Monostramin, 40 Stich/10 cm

Sticktwist in den in der Tabelle angeführten Farben

Sticknadel

30 x 56 cm Baumwollstoff, schwarz

Nähgarn

Nähnadel

Stecknadeln

Schere

doppelseitiges Klebeband

vier Shisha-Spiegel

16 Silberperlchen, ø 5 mm

11 x 11 cm Karton zum Aufziehen

12,5 x 12,5 cm Karton zum Aufziehen

Spiegel, 10 x 10 cm

5 cm Nahtband, schwarz

STICKEN

Nehmen Sie für die roten Kreuzstiche den sechsfädigen Sticktwist doppelt in die Nadel. Füllen Sie anschließend die schwarzen Flächen, und sparen Sie in den vier Ecken jeweils ein Feld für die Shisha-Spiegel aus.

1 Fertigstellen: Die Shishas mit Klebeband auf dem Stramin fixieren und sechsfädig mit schwarzem Sticktwist annähen. Für die Silberperlchen doppelten Faden und für die orangefarbenen Kreuzstiche doppelte sechsfädigen Sticktwist nehmen.

2 Beide Kartons mit schwarzem Baumwollstoff beziehen und den Spiegel auf die Mitte des größeren aufkleben. Den Ausschnitt aus dem Stramin ausschneiden, an den Kanten 12 mm überstehen lassen und die Ecken einknipsen. Die Rundumzugabe auf die linke Seite umschlagen, den Rahmen auf dem großen Karton feststecken und beide Teile rundum überwendlich zusammennähen.

3 Für den Ständer schwarzen Stoff 2 cm größer als den kleinen Karton zuschneiden, rundum 1 cm einschlagen und an der Rückseite festnähen. Den Ständer seitlich am Rahmen festnähen. An der gegenüberliegenden Seite zwischen Ständer und Rahmenrückseite das Nahtband annähen, damit der Ständer nicht wegrutscht.

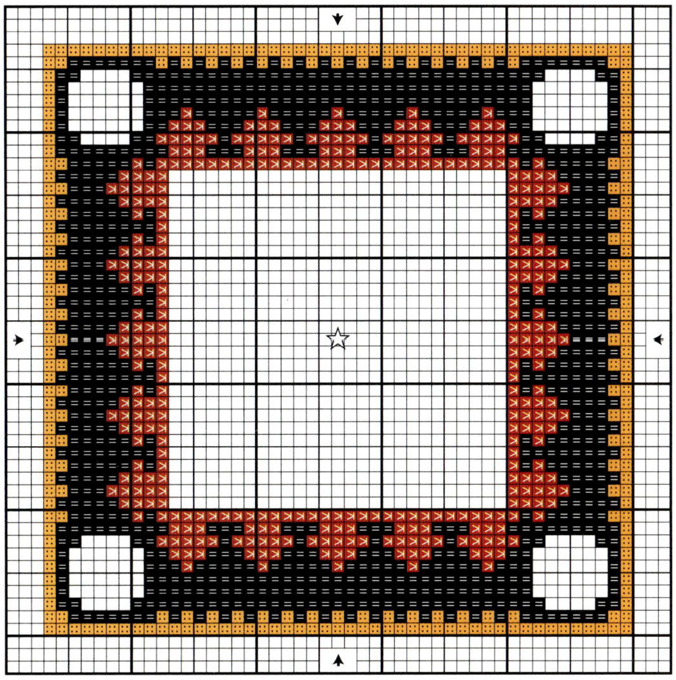

Anchor				
	▬	403	⊠	9046
	⁙	316	☆	Mittelpunkt

Indischer Wandschmuck

FOLKLORE

In indische Stickereien werden oftmals Shisha-Spiegel zum Abwehren böser Geister eingearbeitet. Ebensogut können Sie aber auch große Pailetten verwenden.

MATERIAL

ein Blatt Stickpapier

Sticktwist in den in der Tabelle angeführten Farben

Sticknadel

fünf Shisha-Spiegel oder Pailletten

Nähgarn

Nähnadel

Stecknadeln

Schere

doppelseitiges Klebeband

kleine Glöckchen

1,5 x 1,5 cm Karton zum Anfertigen von Quasten

STICKEN

Arbeiten Sie die Motive dreifädig, und sparen Sie der Vorlage entsprechend die Felder für die Shishas aus.

Sollen die Dekorationen nicht an der Wand, sondern frei im Raum hängen, müssen beide Seiten bestickt werden.

Stickpapier reißt beim Auftrennen von Stichen leicht ein, läßt sich aber mit etwas Klebeband ausbessern; und die Löcher können dann mit einer dicken Nadel durchgestochen werden.

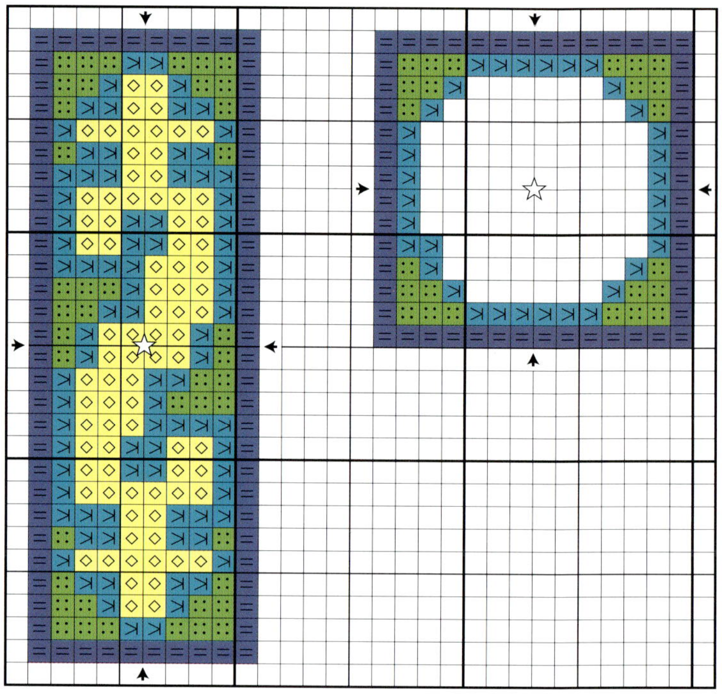

▲

DMC		
824	806	☆ Mittelpunkt
469	744	

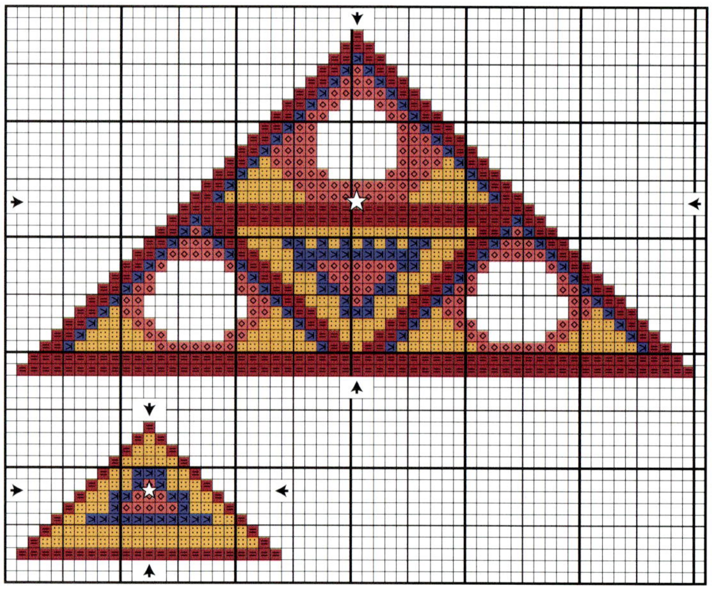

▲

DMC	
915	917
783	☆ Mittelpunkt
796	

▶

DMC	
744	738
920	922
436	☆ Mittelpunkt
918	

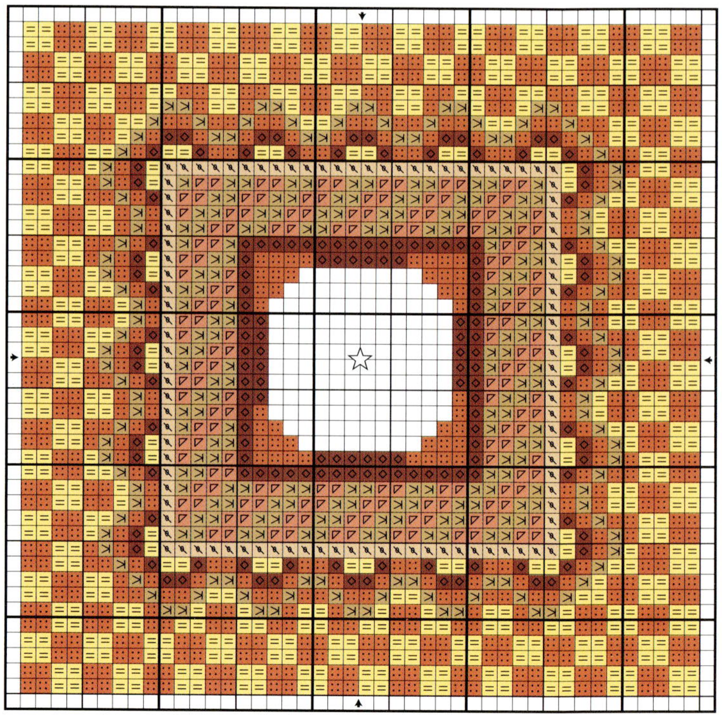

1 Fertigstellen: Die Shishas in die vorgesehenen Felder einfügen und den Anleitungen auf Seite 23 folgend festnähen. Leere Stellen rund um die Kanten mit Kreuzstichen ausfüllen. Die Motive dicht an der Stickkante entlang vorsichtig und ohne die Stickerei zu beschädigen ausschneiden. Für jedes Teil ein passendes Stück Stickpapier ausschneiden, auf der Rückseite feststecken und die Kanten einfädig überwendlich zusammennähen.

2 Die Deko-Teile aneinandernähen; dabei an den einzelnen Verbindungsstellen wie beim Annähen von Knöpfen ein »Stielchen« wickeln. Die Miniaturglöckchen auf dieselbe Weise befestigen. Abschließend aus farblich passenden Einzelfäden einige kleine Quasten anfertigen und die Wanddekoration damit verzieren.

KAPITEL 4

MODERNE MUSTER

Die phantasievollen, farbenfrohen Stickereien auf den folgenden Seiten erinnern an müßige Sommertage, an ausgedehnte Spaziergänge durch blumenbedeckte Wiesen und Ferientage am tiefblauen Mittelmeer und fügen sich harmonisch in ein modernes, zeitgenössisches Ambiente ein. Anfänger versuchen es am besten mit einfachen Kreuzstichen auf einem Kinderwestchen oder einer Bademattte, und wer in der Kunst der Kreuzstickerei bereits geübter ist, liebäugelt vielleicht mit großen, goldenen Sonnenblumen auf Vorhangschlaufen oder Handtüchern.

MODERNE MUSTER

KISSEN FÜR DEN KÜCHENSTUHL

Das bodenständige Tassenmotiv paßt gut in eine Küche oder einen Wintergarten.

MATERIAL

30 x 46 cm Zweigart Sudan-Stramin, 29 Stich/10 cm (Art. 699)

Tapisseriewolle in den in der Tabelle angeführten Farben

Sticknadel

Drehrahmen

30 x 46 cm Unterstoff, cremefarben

1,5 m Paspel, cremefarben

Nähgarn

Heftgarn

Nähnadel

Stecknadeln

Schere

Nähmaschine

Kissen, 25 x 38 cm

STICKEN

Heften Sie die Mittellinien in beiden Richtungen. Beginnen Sie in der Mitte, und sticken Sie zunächst die mittleren Tassen ober- und unterhalb der Orientierungslinie. Arbeiten Sie dann die seitlichen Tassen, wechseln Sie Punkte und Streifen ab, und rahmen Sie die Stickerei nach Belieben mit weinroten und grünen Streifen ein.

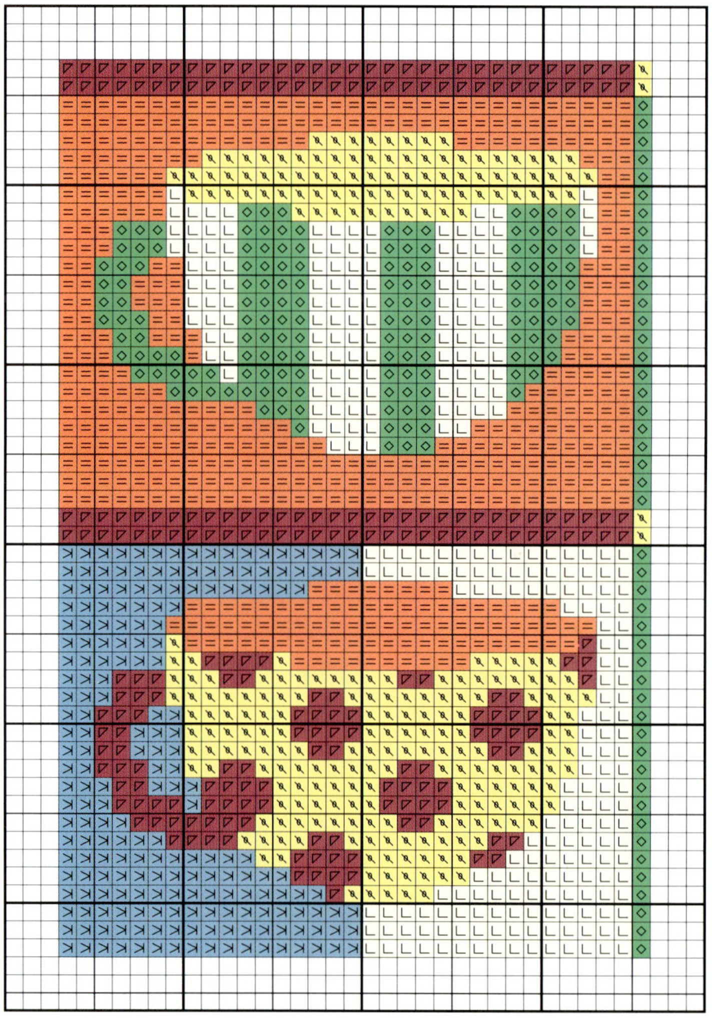

1 Fertigstellen: Die beendete Stickerei beschweren. Die Paspel rundum an der Kreuzstichkante feststecken, heften und an der Unterkante entlang ansteppen; die Enden dabei überlappen.

2 Stickerei und Unterstoff rechts auf rechts zusammenstecken, heften und an den Seiten und der Oberkante steppen. Nahtzugaben und Ecken zurückschneiden und die Hülle umdrehen. Das Kissen hineinstopfen und die Unterkante mit Hohlstichen verschließen.

Anchor Tapisseriewolle			
= =	8306	◇ ◇	8986
L L	8006	∖ ∖	8116
> >	8626	◸ ◸	8528

MODERNE MUSTER

Bestickte Latzhose und Hutband

Die beiden Stickmotive sind aufeinander abgestimmt und machen aus einer schlichten Latzhose und einem Strohhütchen ein reizendes Ensemble für kleine Mädchen.

MATERIAL

Jeans-Latzhose

10 x 15 cm Zweigart Stramin weiß/blau (Waste Canvas), 56 Stich/10 cm (Art. 510)

Strohhut

60 cm Zweigart Kreuzstichband, 2,5 cm (Art. E 7002), cremefarben

Sticktwist in den in den Tabellen angeführten Farben

Sticknadel

Nähgarn

Heftgarn

Nähnadel

Stecknadeln

Schere

Bleistift

Latzhose

STICKEN

Das Schweinchenmotiv ist 7 x 13 cm groß und paßt auf eine Latzhose für Fünf- bis Sechsjährige. Wollen Sie eine größere Fläche besticken, verwenden Sie einfach ein Stramingitter mit 40 Stich/10 cm; das Motiv mißt dann 10 x 18 cm.

Stecken Sie das Stramingitter auf die Latzmitte, heften Sie es fest, und markieren Sie die Mitte des Stickgrundes mit Bleistift. Nehmen Sie zwei Fäden in die Nadel (bei 40 Stich/10 cm drei Fäden), ziehen Sie nach Abschluß der Arbeit die Straminfäden einzeln heraus, und bügeln Sie die fertige Stickerei.

	Anchor				Rückstich
– –	6	2 2	291	——	896
I I	9	3 3	46		
1 1	896	4 4	238	☆	Mittelpunkt

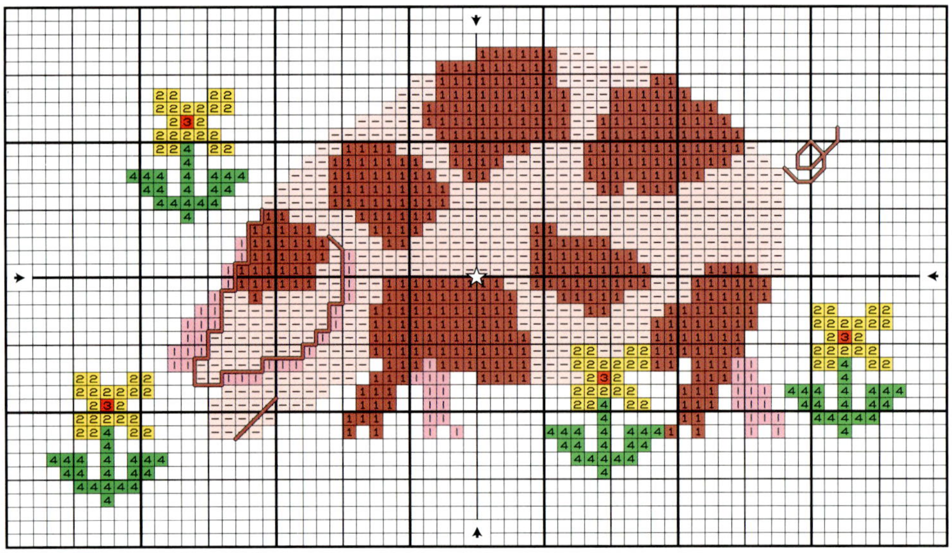

Hutband

STICKEN

Messen Sie den Hutumfang, und geben Sie beim Aida-Band 5 cm zu. Falten Sie das Band zusammen, und markieren Sie mit einer Stecknadel die Mitte. Sticken Sie eine Blume auf die Mittellinie, und wiederholen Sie dann das Motiv nach beiden Seiten. Wenn möglich, sollte das Band mit einer ganzen Blume oder einer roten Kreuzstichreihe enden.

1 Fertigstellen: Das Band um den Hut legen. Ein Ende einschlagen, auf das andere Ende stecken und mit Hohlstichen festnähen. Falls erforderlich, das Band mit Punktstichen (Vorstiche, die an der Oberseite winzig und auf der Rückseite lang sind) am Hut fixieren.

	Anchor
2 2	291
3 3	46
4 4	238

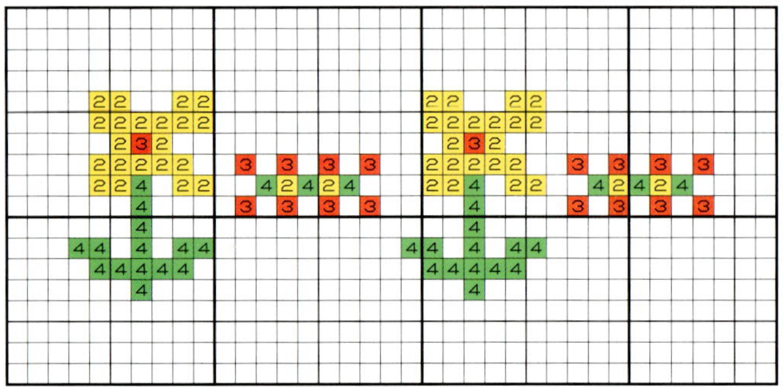

Besticktes Notizbuch

Originell und individuell – ein Büchlein aus Karton- und Stoffresten, mit leeren Blättern aus Büttenpapier.

MATERIAL

11 x 13 cm Gingham-Karo
25 x 25 cm Moleskin oder Drell, blau
15 x 15 cm Baumwollstoff, geblümt
15 x 15 cm Baumwollstoff, braun
23 x 38 cm Baumwollstoff, gestreift
18 x 33 cm Baumwollstoff, kariert
Anchor Sticktwist Nr. 352 und 890
Sticknadel
15 x 30 cm Aufbügelvlies (doppelseitig)
zwei Stücke Karton, je 15 x 18 cm
doppelseitiges Klebeband
Allzweckkleber
Kreppband
Schere
Zickzackschere
fünf Bogen Büttenpapier, 18 x 33 cm

STICKEN

Besticken Sie das Gingham-Karo rundum mit einer Doppelreihe von Kreuzstichen. Schneiden Sie ein Stück Moleskin so groß zu, daß es in den Kreuzstichrahmen paßt, und nähen Sie es mit größeren, gröberen Stichen auf dem Gingham-Karo fest. Das Aufbügelvlies auf die linke Seite des braunen und geblümten Baumwollstoffes bügeln. Baumstamm, Äste und Blütenblätter ausschneiden und die Teile nach dem Entfernen des Schutzpapiers auf das Moleskin bügeln. Umstechen Sie die Ränder der Applikationen mit winzigen Kreuzstichen, setzen Sie drei große Kreuzstiche an den Fuß des Stammes und jeweils einen in die Blumenmitte. Die fertige Applikation vorsichtig von links bügeln. Schneiden Sie ein 12 x 14 cm großes Stück Moleskin zu, und fixieren Sie es mit Aufbügelvlies oder Klebstoff auf der Rückseite des Gingham-Karos.

1 Fertigstellen: Beide Kartonhälften so aneinanderkleben, daß in der Mitte ein 1 cm breiter Spalt bleibt und sie sich wie ein Buch zuklappen lassen. Den Buchdeckel auf die linke Seite des Streifenstoffes legen, auf die Ränder doppelseitiges Klebeband geben und den Stoff aufziehen; die Ecken sauber abschrägen.

2 Den karierten Baumwollstoff mit der Zickzackschere auf Buchdeckelgröße zurechtschneiden und auf die Innenseite kleben. Die Blankoblätter in der Mitte falten, auf den Einband legen und an der Mittellinie entlang festheften. Anschließend die bestickte Applikation auf die Einbandvorderseite kleben.

DEKORATIVER SPIEGEL

Der kleine Spiegel – mit seinem kunstvoll gearbeiteten Rahmen ein nicht alltägliches Accessoire – paßt in jede Handtasche.

MATERIAL

zwei Stücke Zweigart Linda, 107 Fäden/10 cm (Art. 1235), je 15 x 15 cm

Effektgarn in den in der Tabelle angeführten Farben + Goldfaden

Sticknadel

Rundrahmen

Nähgarn

Heftgarn

Nähnadel

Schere

11 x 11 cm Karton zum Aufziehen

Spiegel, ca. 11 x 11 cm

doppelseitiges Klebeband

Cutter

Stahllineal

STICKEN

Markieren Sie auf dem Stickleinen die Mittellinien in beiden Richtungen mit Heftstichen, und arbeiten Sie die Trennlinien über zwei Gewebefäden mit Goldfaden. Für Motive und Viereckbordüre zwei Fäden Effektgarn in die Nadel nehmen.

Anchor Effektgarn

1034	feiner Goldfaden
845	
870	
1040	
1140	☆ Mittelpunkt

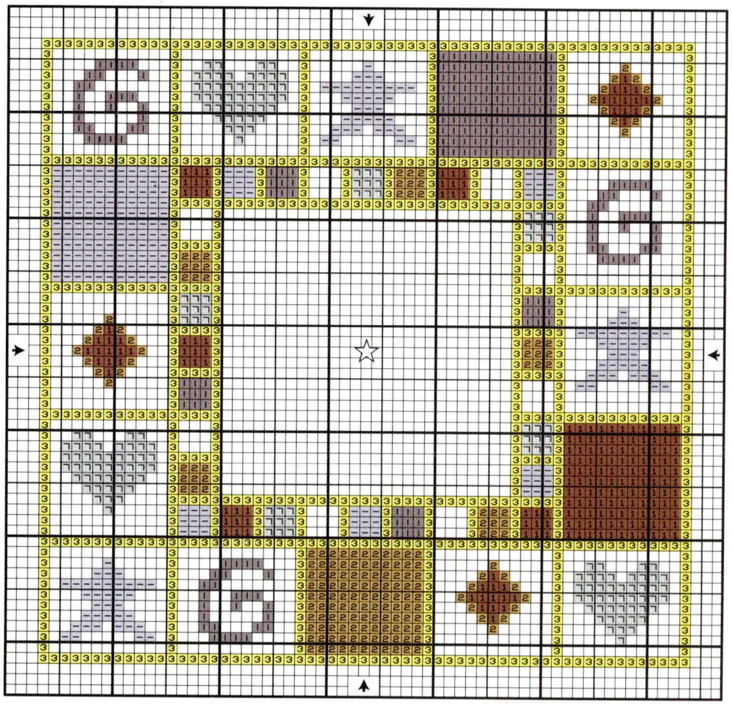

1 Fertigstellen: Die Stickerei von links dämpfen; dabei behutsam vorgehen, weil das Synthetik-Effektgarn empfindlich ist. Die Außenkanten der Stickerei abmessen, den Karton auf passende Größe bringen und den Spiegel mit einem Glasschneider selbst oder von einem Glaser zuschneiden lassen. Den Ausschnitt ausmessen und den Karton entsprechend ausschneiden.

2 Die Stickerei mit der rechten Seite nach unten ausbreiten und die Ausschnittecken einknipsen. Den Karton auflegen, die Innenkanten mit doppelseitigem Klebeband bekleben und den Stoff fest andrücken. Danach den Spiegel mit der Vorderseite nach unten auflegen.

3 Den überschüssigen Stoff bis auf eine Rundumzugabe von 2,5 cm kürzen. Auf die Spiegelkanten Klebeband geben, den Stoff straffziehen und auf der Spiegelrückseite festkleben; die Ecken sauber abschrägen. Das zweite Stück Leinen zurechtschneiden, einen schmalen Saum einschlagen und mit überwendlichen Stichen an der Rückseite des Spiegelrahmens festnähen.

GRUSSKARTE

Grußkarten werden meistens nicht sehr lange aufgehoben – es sei denn, sie sind handgestickt und auf einen Karton montiert, den man in ein Bilderrähmchen einpassen kann.

STICKEN

Spannen Sie das Stickleinen in einen kleinen Rundrahmen, arbeiten Sie das Motiv über zwei Gewebefäden von der Mitte aus, und sticken Sie die Sterne mit Rückstichen über vier Gewebefäden. Die fertige Stickerei vorsichtig von links dämpfen.

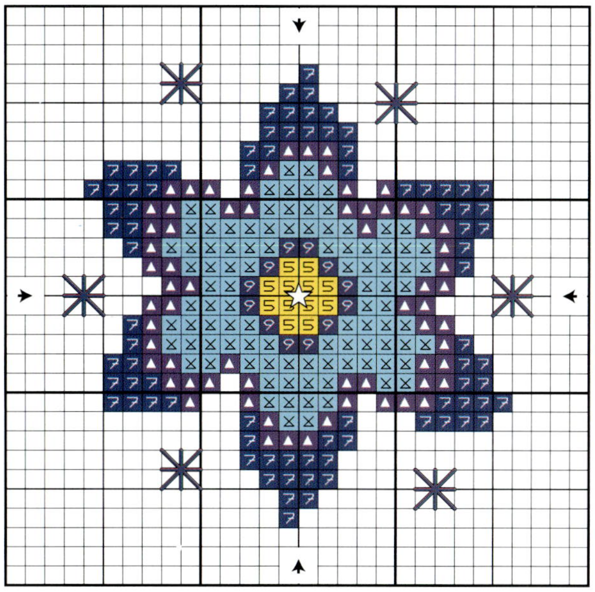

	Anchor (Nordin)
5 5	290
7 7	134
9 9	127
X X	144
▲▲	119
	Rückstich
—	127
☆	Mittelpunkt

MATERIAL

15 x 15 cm Zweigart Cashel Leinen, 112 Fäden/10 cm (Art. 3281), weiß

Blumengarn (Nordin) in den in der Tabelle angeführten Farben

Sticknadel

Rundrahmen

zwei Reste verschiedene Gingham-Karos

10 x 15 cm Karton zum Aufziehen

Schere

doppelseitiges Klebeband

Cutter

Stahllineal

1 Fertigstellen: Ein 10 x 10 cm großes Stück Karton ausschneiden. Auf dem restlichen Streifen 2,5 cm von einem Ende entfernt eine Linie einritzen, knicken und diesen Abschnitt so an die Kartonrückseite kleben, daß eine einfache Stütze entsteht.

2 Ein Stück Gingham-Karo etwas kleiner als den Karton zuschneiden und knapp oberhalb der Mitte aufkleben. Mit dem zweiten Gingham-Abschnitt ebenso verfahren und abschließend die Stickerei zurechtschneiden und gleichfalls applizieren.

PLATZDECKCHEN

Die Farben von Stoff und Stickgarn des mit geometrischen Formen bestickten Platzdeckchens lassen sich passend zu jedem Geschirr oder Tischtuch abwandeln.

MATERIAL

30 x 40 cm Stickleinen, 112 Fäden/10 cm, terrakottafarben

Sticktwist in den in der Tabelle angeführten Farben

Sticknadel

Rundrahmen

Nähgarn

Heftgarn

Nähnadel

Stecknadeln

Schere

STICKEN

Markieren Sie auf dem Stickleinen die Mittellinien in beiden Richtungen mit Heftstichen. Sticken Sie zweifädig, arbeiten Sie den Kreuzstich über zwei Gewebefäden, und zählen Sie die Gewebefäden zwischen den einzelnen Formen sorgfältig ab.

	DMC	Rückstich
1 1	310 —	310
2 2	743	
3 3	712 ☆	Mittelpunkt
4 4	3053	

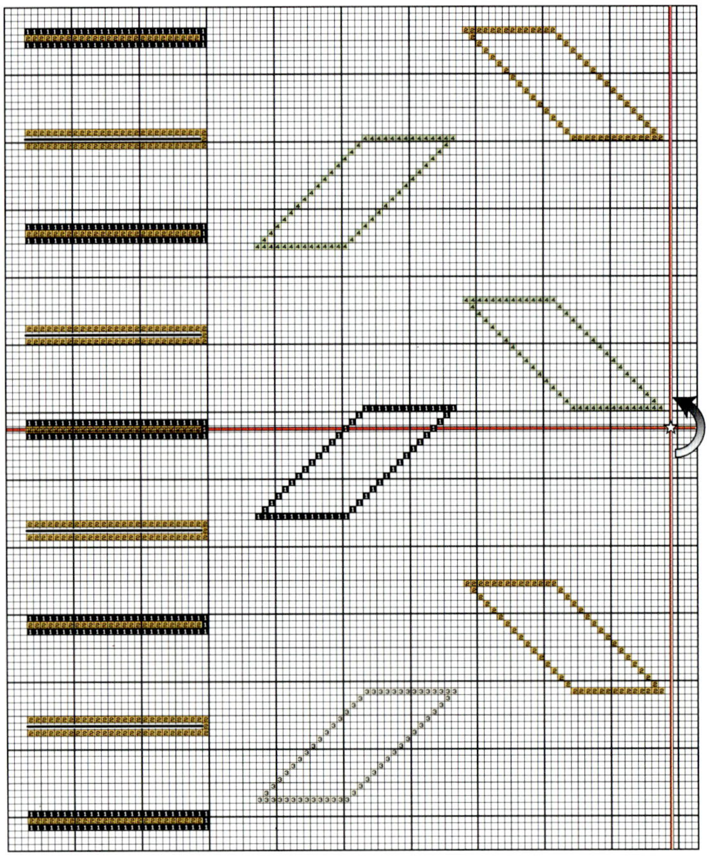

1 Fertigstellen: Bei den seitlichen Streifen zunächst die Kreuzstiche sticken, danach die Rückstiche. Die Fadenanfänge und -enden jeweils 5 cm lang hängen lassen.

2 Die fertige Stickerei vorsichtig von links dämpfen. An den langen Seiten einen schmalen Saum einschlagen, stecken und mit Hohlstichen annähen.

3 Die Schmalseiten breiter umschlagen, einen Saum stecken und mit Hohlstichen annähen. Das Deckchen nochmals von links dämpfen und die Garnfransen auf 3 cm zurückschneiden.

Photorahmen

In diesem Photorahmen klingt die Art-deco-Epoche an – jene zu Beginn der zwanziger Jahre einsetzende Periode, in der erstmals »moderne« Muster entstanden.

MODERNE MUSTER

STICKEN

Beginnen Sie mit dem Sticken in einer Ecke ca. 4 cm von den Kanten entfernt. Sticken Sie zweifädig, und arbeiten Sie den Kreuzstich in waagrechten oder senkrechten Reihen, damit das Ergebnis möglichst gleichmäßig ausfällt. Die Stickerei vorsichtig von links dämpfen.

MATERIAL

25 x 30 cm Zweigart Stern Aida, 54 Stich/10 cm (Art. 3706), weiß

Sticktwist in den in der Tabelle angeführten Farben

Sticknadel

Schere

18 x 23 cm Karton zum Aufziehen

Cutter

Stahllineal

doppelseitiges Klebeband

Allzweckkleber

Kreppband

76 cm Holzleiste, 2,5 cm breit

Handsäge

Schmirgelpapier

Tacker

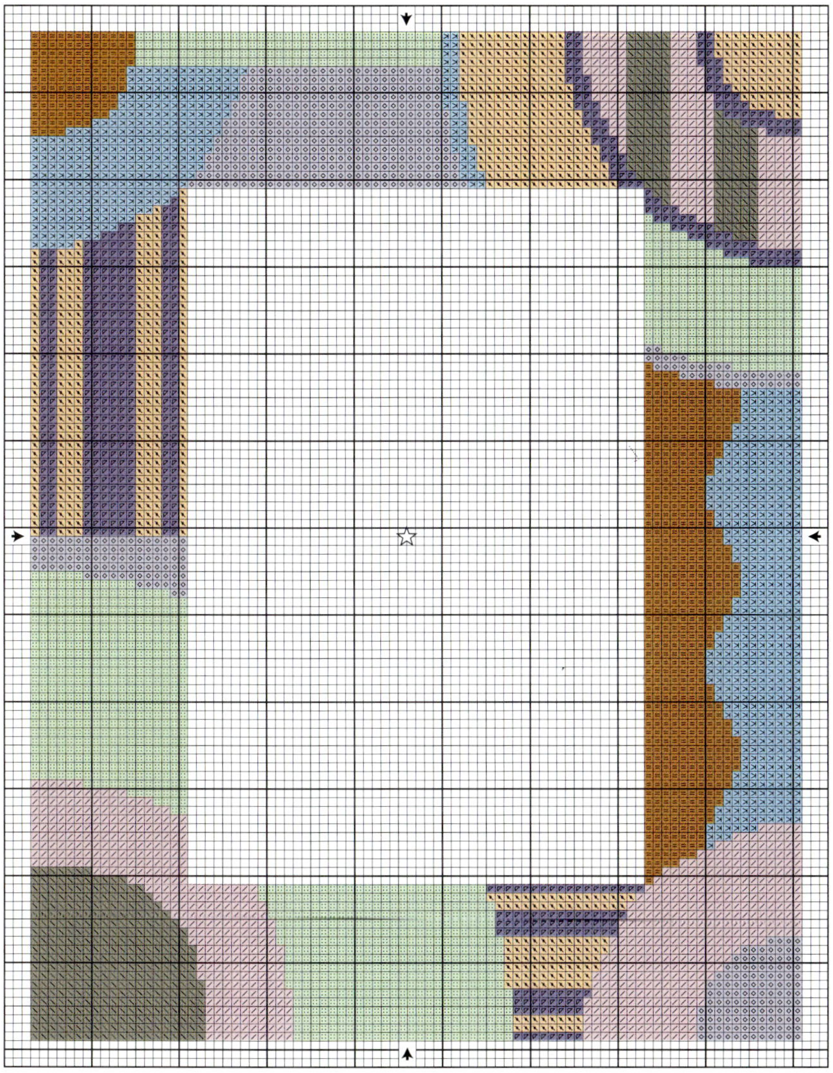

Anchor
- 308
- 259
- 9159
- 870
- 311
- 872
- 968
- 273

☆ Mittelpunkt

1 Fertigstellen: Die Stickerei ausmessen, den Karton in exakt derselben Größe zuschneiden und die Innenkanten mit Klebeband bekleben. Die inneren Ecken der Stickerei einknipsen und den überschüssigen Stoff herausschneiden. Den Karton auflegen, die Stickerei aufziehen und auf dem Klebeband fixieren.

2 Von der Holzleiste jeweils zwei Abschnitte in Länge und Breite des Kartons absägen. Die Enden abschmirgeln, die Leisten auf die Kartonränder kleben und die Verbindungsstellen zusätzlich mit Heftklammern stabilisieren.

3 Die Ecken abschrägen, die Stickerei spannen und auf der Rückseite mit Heftklammern auf dem Rahmen befestigen. Überschüssigen Stoff abschneiden und die ungesäumten Kanten mit Kreppband abdecken. Aus einem der Stickgarne eine Kordel drehen und an der vorderen Rahmenkante entlang aufkleben.

VORHANGSCHLAUFEN

Die farbenfrohen großen Sonnenblumen heben sich plastisch vom Untergrund aus blau-weiß gewürfeltem Gingham ab.

MATERIAL

1 m Gingham, 90 cm breit, blau-weiß gewürfelt

18 x 50 cm Zweigart Stramin weiß/blau (Waste Canvas), 56 Stich/10 cm (Art. 510)

Sticktwist in den in der Tabelle angeführten Farben

Sticknadel

Nähgarn

Heftgarn

Nähnadel

Stecknadeln

Schere

36 x 66 cm Vlieseline zum Aufbügeln, mittlere Stärke

Transparentpapier

Bleistift

vier »D«-Kunststoffringe, weiß

Nähmaschine

STICKEN

Bei Gingham-Stickleinen, das zwar hergestellt wird, aber schwer erhältlich ist, kann direkt auf den Stoff gestickt werden. Schneiden Sie das Gingham-Karo in vier 23 x 68 cm lange Streifen. Falten Sie einen der Streifen zweimal, markieren Sie die Mittellinien, und heften Sie die Hälfte des Stramingitters auf die Mitte der rechten Streifenhälfte. Markieren Sie dann den Mittelpunkt des Waste Canvas, und nehmen Sie zum Sticken zwei Fäden in die Nadel. Nach Beendigung der Arbeit die Straminfäden einzeln herausziehen und die fertige Stickerei vorsichtig von links dämpfen.

DMC					
▭	300	▭	742	▭	938
▭	301	▭	743	▭	977
▭	400	▭	904	▭	986
▭	433	▭	906	☆	Mittelpunkt

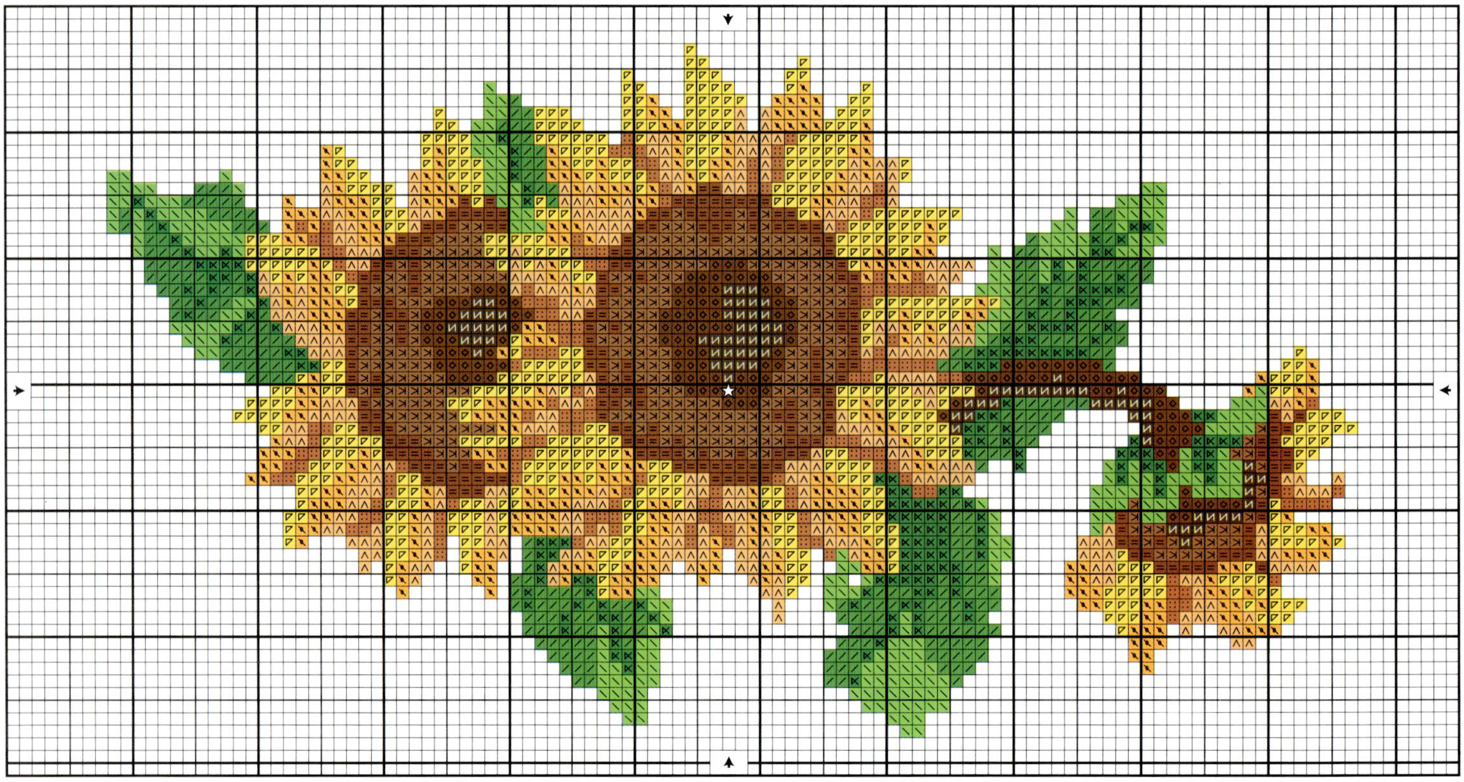

1 Fertigstellen: Die Schnittvorlage auf Seite 35 auf Transparentpapier durchpausen und vergrößern. Das Schnittmuster auf das Gingham-Karo legen, Vorder- und Rückseite zuschneiden und darauf achten, daß die Stickerei exakt in der Mitte sitzt. Auf die Rückseite Vlieseline bügeln und beide Teile rechts auf rechts an den langen Seiten zusammensteppen. Die Nahtzugaben zurückschneiden und die Rundungen einknipsen.

2 Die Vorhangschlaufe umdrehen und von links bügeln. Beide Enden jeweils durch einen »D«-Ring schieben, in Fältchen gelegt über die gerade Kante des Ringes umschlagen und mit einem schmalen Saum festnähen. Die zweite Vorhangschlaufe auf dieselbe Weise anfertigen, aber das Sonnenblumenmotiv spiegelverkehrt auf die linke Streifenhälfte sticken.

HANDTUCH MIT SONNENBLUME

Die Vorhangschlaufen auf der vorangehenden Seite und das Handtuch würden gut in ein schlichtes weißes Badezimmer passen.

MATERIAL

Frotteehandtuch, dunkelblau

25 x 25 cm Zweigart Stramin weiß/blau (Waste Canvas), 56 Stich/10 cm (Art. 510)

Sticktwist in den in der Tabelle angeführten Farben

Sticknadel

Heftgarn

Nähnadel

Stecknadeln

Schere

STICKEN

Heften Sie das Stramingitter in der gewünschten Handtuchecke fest. Nehmen Sie sechs Fäden in die Nadel, und arbeiten Sie den Kreuzstich über zwei Gewebekästchen. Geschlossener wirkt die Stickerei, wenn Sie den Sticktwist zunächst in Einzelfäden trennen und diese dann wieder zusammen einfädeln. Nach Abschluß der Arbeit das Stramingitter ausfransen und die Fäden einzeln herausziehen. Die fertige Stickerei von links dämpfen.

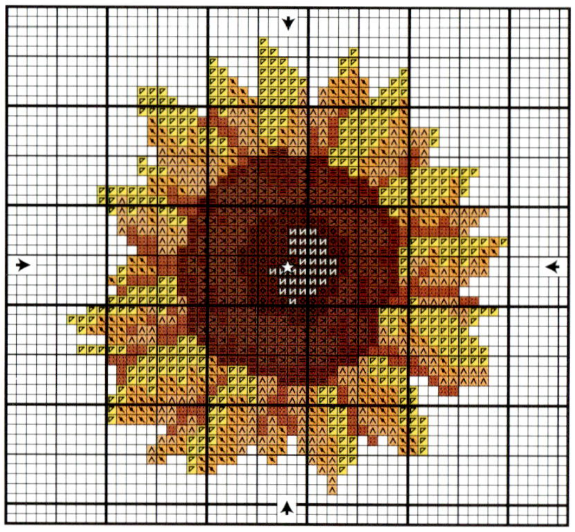

	DMC
	300
	301
	400
	433
	742
	743
	938
	977
☆	Mittelpunkt

KISSEN MIT GERBERA-MOTIV

Farblich lassen sich die Blütenblätter der Gerbera auf jedes beliebige Karo abstimmen. Nehmen Sie dazu eine helle und eine dunkle Nuance einer einzigen Farbe.

Anchor	
2 2	45
3 3	896
4 4	306
5 5	305
6 6	891
▽▽	212

1 Fertigstellen: Nach dem Sticken das Stramingitter ausfransen und die Fäden einzeln herausziehen. Die beendete Stickerei vorsichtig von links bügeln, die Hülle umdrehen und das Kissen hineinstopfen.

STICKEN

Stecken Sie das Stramingitter auf die Mitte der nach unten offenen Kissenhülle, und heften Sie es fest. Spannen Sie die Vorderseite der Hülle in einen größeren Rundrahmen, markieren Sie die Mitte des Waste Canvas, und nehmen Sie zum Sticken drei Fäden in die Nadel.

MATERIAL

Kissenhülle, 30 x 30 cm, kariert

15 x 30 cm Zweigart Stramin weiß/blau (Waste Canvas), 40 Stich/10 cm (Art. 510)

Sticktwist in den in der Tabelle angeführten Farben

Sticknadel

Rundrahmen

Heftgarn

Nähnadel

Stecknadeln

Bleistift

Kissen, 30 x 30 cm

MODERNE
MUSTER

GARTENSCHÜRZE

Hübsch bestickt und praktisch – eine große Gartenschürze. Sie bewahrt die Kleidung vor Schmutz, und in der großen, geteilten Tasche hat allerlei Kleinkram Platz.

MATERIAL

90 cm Segeltuch, 115 cm breit, sandfarben

20 x 20 cm Zweigart Stramin weiß/blau (Waste Canvas), 40 Stich/10 cm (Art. 510)

Sticktwist in den in der Tabelle angeführten Farben

Sticknadel

Nähgarn

Heftgarn

Nähnadel

Stecknadeln

Schere

Schneiderkreide

Sicherheitsnadel

Transparentpapier

Bleistift

Nähmaschine

STICKEN

Wahrscheinlich tun Sie sich leichter, wenn Sie die Schürze erst nähen und dann besticken. Stecken Sie das Stramingitter auf die Latzmitte, und heften Sie es fest. Nehmen Sie drei Fäden in die Nadel, arbeiten Sie zunächst Kreuzstiche und Rückstiche, und schließen Sie mit den Knötchenstichen ab. Ziehen Sie die Straminfäden einzeln heraus, markieren Sie die Linien der Quadrate und sticken Sie sie dann dem Fadenlauf folgend mit Rückstichen.

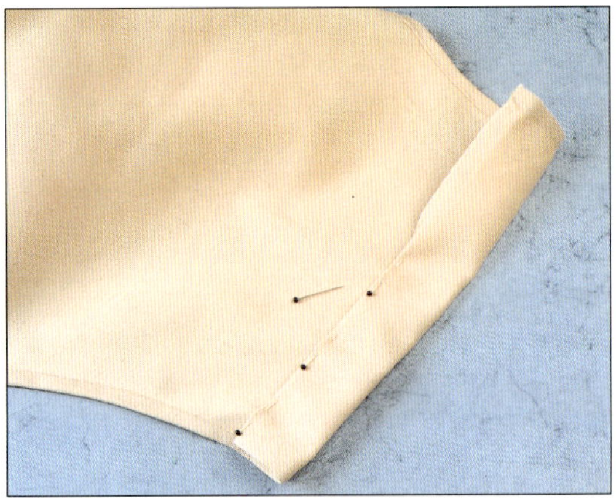

1 Fertigstellen: Die Schnittvorlage auf Seite 35 vergrößern, auf den Stoff legen und die Umrisse nachzeichnen. Insgesamt sechs Teile zuschneiden: Schürze, zweimal die Tasche und drei Streifen von jeweils 5 x 50 cm. Von der Oberkante des Latzes abgesehen, die Schürze rundum schmal einsäumen. Die Latzoberkante zunächst 12 mm und dann 2,5 cm breit umschlagen, stecken, heften und steppen.

2 Die Streifen der Länge nach falten, mit einer 12 mm breiten Naht zusammensteppen und an einem Ende offenlassen. Mit Hilfe der Sicherheitsnadel alle Streifen umdrehen, die offene Kante nach innen kippen und bügeln. Jeweils ein Band seitlich an die Schürze und das dritte an die Oberkante des Latzes stecken und heften. Alle Bänder mit der Nähmaschine in Form eines kleinen Viereckes annähen und dicht an den Kanten der Länge nach nochmals absteppen.

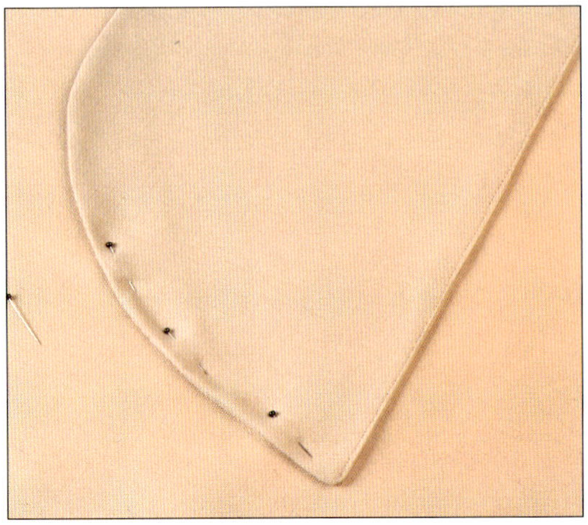

3 Die Taschenteile rechts auf rechts zusammennähen; an der geraden Kante eine 8 cm lange Öffnung lassen. Nahtzugaben zurückschneiden, die Rundungen einknipsen und dann die Tasche umdrehen und bügeln. Die gerade Kante absteppen, die Tasche auf die Schürze stecken, festheften und entlang der Rundung zweimal ansteppen. In der Taschenmitte eine senkrechte Naht machen. Zum Schluß das Stramingitter auf den Latz heften und die Schürze besticken.

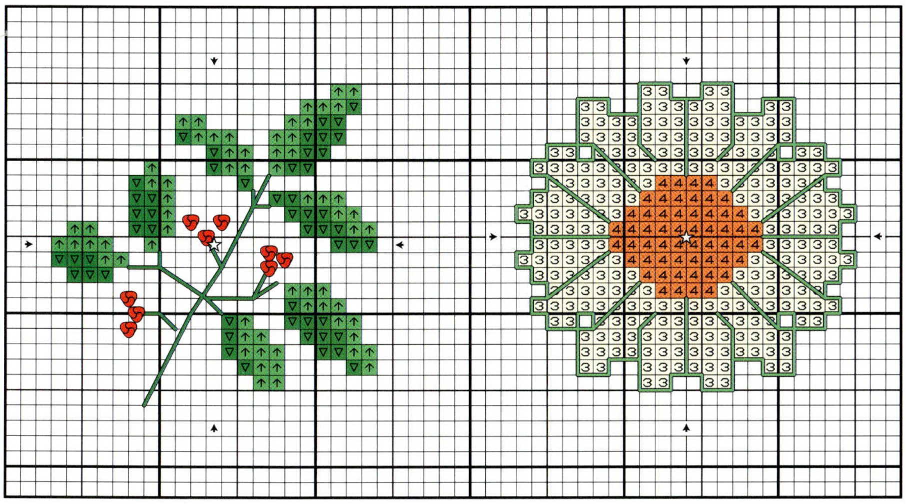

Anchor		Rückstich		
33	926	238	☆	Mittel-punkt
44	316	212		
▽▽	212	Knötchenstich		
↑↑	226	46		

ARCHE NOAH

Sie ist seit eh und je beliebt: die Arche Noah. Diese farbenfrohe Variante mit der leuchtend bunten Bordüre dürfte so manches Kinderherz erfreuen.

MATERIAL

30 x 36 cm Zweigart Sulta Hardanger, 88 Stich/10 cm (Art. 1008), weiß

Sticktwist in den in der Tabelle angeführten Farben

Sticknadel

Spannrahmen

robustes Nähgarn

Heftgarn

Nähnadel

25 x 30 cm Karton zum Aufziehen

Bilderrahmen

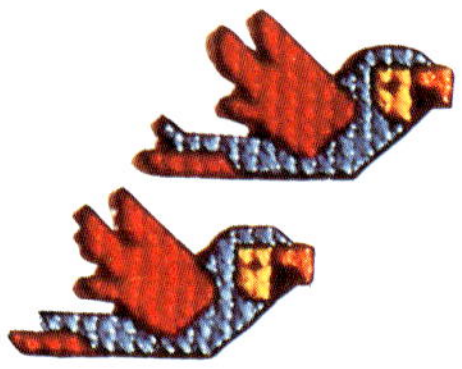

STICKEN

Markieren Sie auf dem Hardanger-Gewebe die Mittellinien in beiden Richtungen mit Heftstichen. Nehmen Sie drei Fäden in die Nadel, und arbeiten Sie den Kreuzstich über zwei Fadenpaare.

1 Fertigstellen: Die beendete Stickerei vorsichtig von links dämpfen, auf den Karton aufziehen und in den Bilderrahmen einpassen.

DMC			
	702		444
	970		797
	996		310
	666		weiß

Rückstich
— 310

Knötchenstich
310

☆ Mittelpunkt

Stifte-Behälter

Mit dem bunten Vögelchen sieht die schmucklose Stifte-Schachtel gleich viel hübscher aus; ebensogut eignet sich der Piepmatz auch für eine Grußkarte oder ein Miniaturbildchen.

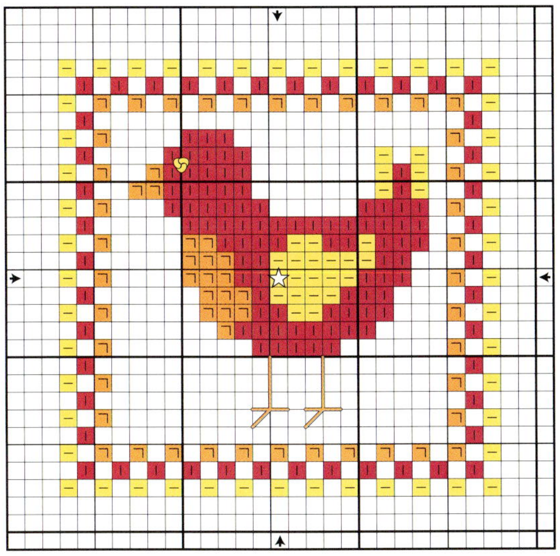

STICKEN

Sticken Sie zunächst die Bordüre, nehmen Sie zwei Fäden in die Nadel, und arbeiten Sie Kreuzstich und Rückstich über zwei Gewebefäden. Die fertige Stickerei vorsichtig von links dämpfen und mit einem Knötchenstich das Auge einfügen.

DMC	Rückstich	Knötchenstich
741	741	726
726		☆ Mittelpunkt
917		

MATERIAL

15 x 15 cm Zweigart Cashel Leinen, 112 Fäden/10 cm (Art. 3281), weiß

Sticktwist in den in der Tabelle angeführten Farben

Sticknadel

Rundrahmen

10 x 10 cm Stoff, burgunderrot

Schere

Stifte-Behälter, gelb

doppelseitiges Klebeband

1 Fertigstellen: Den burgunderroten Stoff auf passende Größe zuschneiden und mit doppelseitigem Klebeband an der Schachtelvorderseite fixieren. Das Stickbildchen etwas kleiner ausschneiden und auf den dunkelroten Stoff applizieren.

Anstecker für Kinder

MODERNE MUSTER

Kindern macht es Spaß, Klamotten, Mützen und Taschen mit hübschen Ansteckern zu verzieren. Die hier gezeigten Anstecker sind auf Plastikgitter gestickt und mühelos anzufertigen.

MATERIAL

ein Bogen Plastikgitter, 40 oder 56 Stich/10 cm

Effektgarn in den in der Tabelle angeführten Farben

Sticknadel

Schere

Sicherheits- oder Anstecknadel zum Annähen

STICKEN

Alle Motive können auf Plastikgitter von 40 oder 56 Stich/10 cm gestickt werden. Bei 40 Stich/10 cm mißt der Anstecker 8 bis 10 cm, bei 56 Stich/10 cm etwa 5 bis 7 cm. Nehmen Sie bei 56 Stich/10 cm zwei Fäden und bei 40 Stich/10 cm vier Fäden Effektgarn in die Nadel.

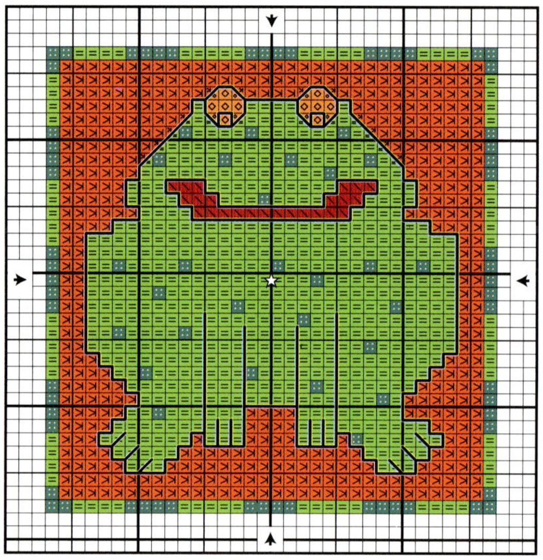

Anchor Effektgarn		Rückstich
1030	850	801
1056	893	☆ Mittelpunkt
854		

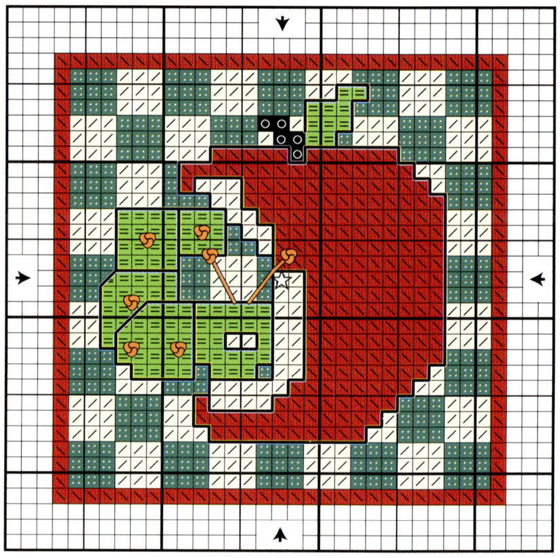

Anchor Effektgarn		Rückstich
1030	801	801
1056		850
893	☆ Mittelpunkt	Knötchenstich
800		850

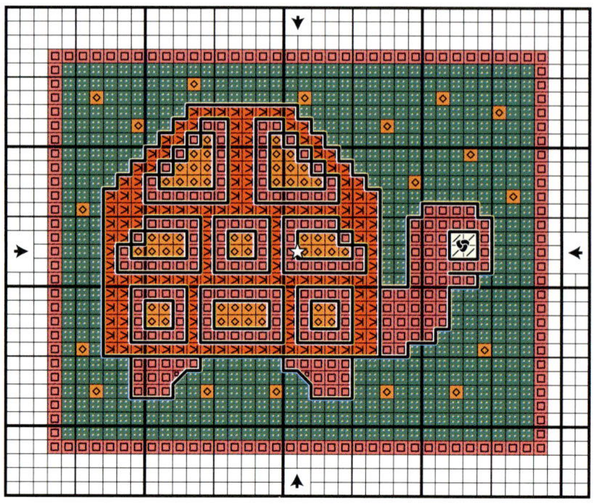

Anchor Effektgarn		Rückstich
1056	800	801
814		Knötchenstich
850	☆ Mittelpunkt	850
854		

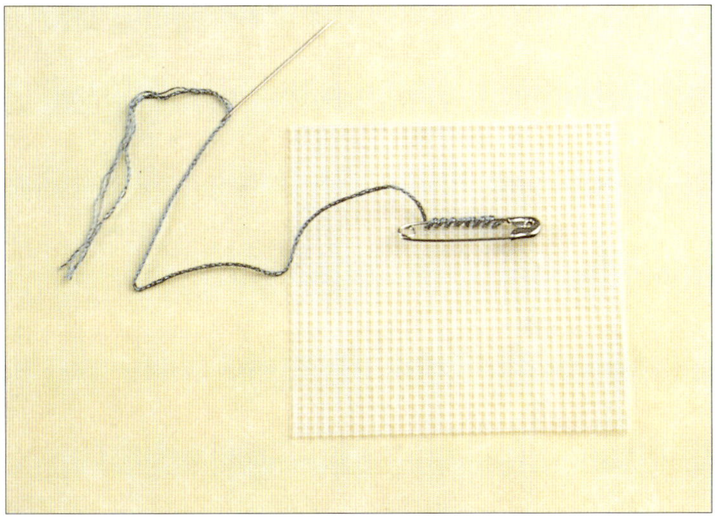

1 Fertigstellen: Die Anstecker mit einem leeren Gewebekästchen rundum ausschneiden. Ein zweites Stück Plastikgitter in derselben Größe ausschneiden und eine Sicherheits- oder Anstecknadel daran festnähen.

2 Beide Teile überwendlich zusammennähen und dafür je nach Dichte des Plastikgitters zwei oder vier Fäden in die Nadel nehmen. Das Fadenende zwischen den beiden Lagen durchziehen und abschneiden.

BADEZIMMER-SCHRÄNKCHEN

Das originelle Fichtenholzschränkchen, eine Einzelanfertigung, wurde passend zur Kreuzstickerei rot-weiß gestreift lackiert.

MATERIAL

30 x 40 cm Zweigart Belfast, 126 Fäden/10 cm (Art. 3609), blau

Sticktwist in den in der Tabelle angeführten Farben

Sticknadel

Rundrahmen

robustes Nähgarn

Heftgarn

Nähnadel

zwei Stücke Karton zum Aufziehen, je 28 x 38 cm

Cutter

Stahllineal

Reißnägel

Hammer

STICKEN

Markieren Sie auf dem Stickleinen die Mittellinien in beiden Richtungen mit Heftstichen. Arbeiten Sie den Kreuzstich zweifädig, und nehmen Sie für die Rückstiche nur einen Faden in die Nadel. Die fertige Stickerei vorsichtig von links dämpfen.

DMC		Rückstich
839	824	310
321	948	
322	weiß	☆ Mittelpunkt
444		

1 Fertigstellen: Den Karton auf die Größe der Türfüllung zuschneiden, die Stickerei aufziehen und in die Öffnung einpassen. Ein zweites Stück Karton auflegen und mit Reißnägeln befestigen.

Bestickte Hemdbluse

Schimmerndes Effektgarn und eine dezente, geschmackvolle Stickerei machen aus einer schlichten Bluse ein elegantes Kleidungsstück.

MATERIAL

Leinenbluse, weiß

Effektgarn in den in der Tabelle angeführten Farben

Sticknadel

Schere

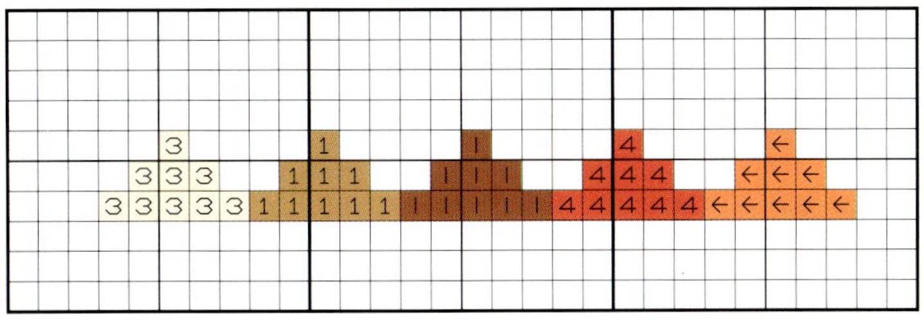

Anchor

▮ ▮	1040	4 4	1003
1 1	1140	← ←	864
3 3	1036		

STICKEN

Das Material dieser Bluse besitzt eine deutlich erkennbare Leinwandbindung und kann deshalb ohne weiteres direkt bestickt werden. Verwenden Sie bei einem feineren Gewebe Stramingitter, damit die Stiche gleichmäßig ausfallen.

1 Nehmen Sie eine Hemdbluse mit einem langen, spitzen Kragen, dessen Außenkanten dem Fadenlauf folgen. Sticken Sie die Bordüre mit zwei Fäden in der Nadel 1 cm von der Kante entfernt. Die Fadenanfänge und -enden auf der Rückseite so akkurat wie möglich verwahren.

2 Sticken Sie in derselben Farbenfolge einzelne Kreuzstiche auf die Knopflochleiste (siehe Abbildung).

3 Anschließend an den Manschettenkanten entlang dieselbe Bordüre wie auf dem Kragen arbeiten.

DEKORATIVE BADEMATTE

Passend zur Badezimmerausstattung, wurde diese schlichte Baumwollbadematte mit schneckenförmigen Motiven und großen Kreuzstichen bestickt.

MATERIAL

Baumwollbadematte, naturfarben

Anchor Baumwollgarn Nr. 11, 13, 228, 242, 305, 307

lange, spitze Nadel

Heftgarn

Nähnadel

Schere

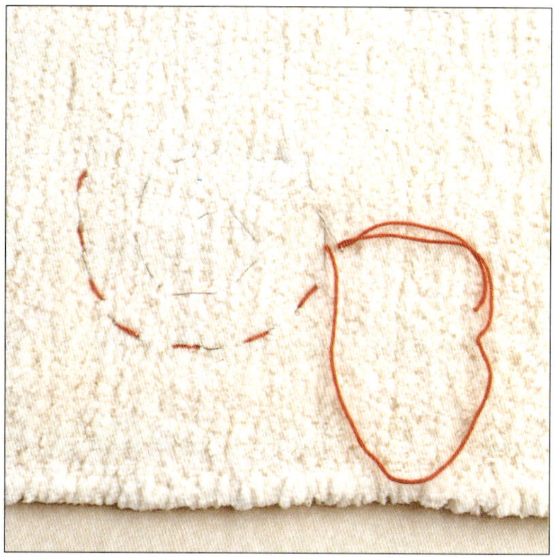

1 Heften Sie – gleichmäßig verteilt – zwölf große Schneckenmotive; der Abstand innerhalb der Spirallinien beträgt ca. 2,5 cm. Lassen Sie den Fadenanfang auf der Rückseite etwa 5 cm lang hängen, und sticken Sie die Spiralen mit 2,5 cm langen Vorstichen. Am Ende angelangt und von hier aus in der Gegenrichtung arbeitend, die Zwischenräume mit einer zweiten Reihe von Vorstichen ausfüllen.

2 Sticken Sie in jeder Farbe zwei Spiralen, und verknoten Sie Fadenanfang und -ende auf der Rückseite.

3 Die Kreuzstiche zwischen die Spiralen einstreuen und Fadenanfänge und -enden gleichfalls verknoten. Abschließend an den Schmalseiten der Badematte eine Reihe von Kreuzstichen in wechselnden Farben sticken.

VORHANGBORDÜRE MIT PFLAUMENMOTIV

Das weiße Leinenband, mit plastisch wirkenden Pflaumen bestickt, nimmt dem großkarierten Vorhang etwas von seiner geometrischen Strenge.

MATERIAL

Leinenband, 8 cm breit, weiß
Sticktwist in den in der Tabelle angeführten Farben
Sticknadel
Nähgarn
Heftgarn
Nähnadel
Stecknadeln
Schere
Vorhänge, grün-weiß gewürfelt
Nähmaschine

STICKEN

Die Länge des Leinenbandes hängt von der Vorhangbreite ab. Schneiden Sie das Band 10 cm breiter als den Vorhang, falten Sie es in der Mitte, und markieren Sie den Kniff mit Heftstichen. Messen Sie von der Mittellinie aus in beide Richtungen je 20 bis 25 cm ab, markieren Sie die Abstände mit Stecknadeln, und markieren Sie auf dem Band die Mittellinien in beiden Richtungen mit Heftstichen. Achten sie darauf, daß sich die letzten Stecknadeln ca. 15 cm vom Bandende entfernt befinden, und korrigieren Sie die Abstände der Motive gegebenenfalls der Vorhangbreite entsprechend.

Anchor	Rückstich
905	— 905
373	
72	☆ Mittelpunkt
70	
69	
212	

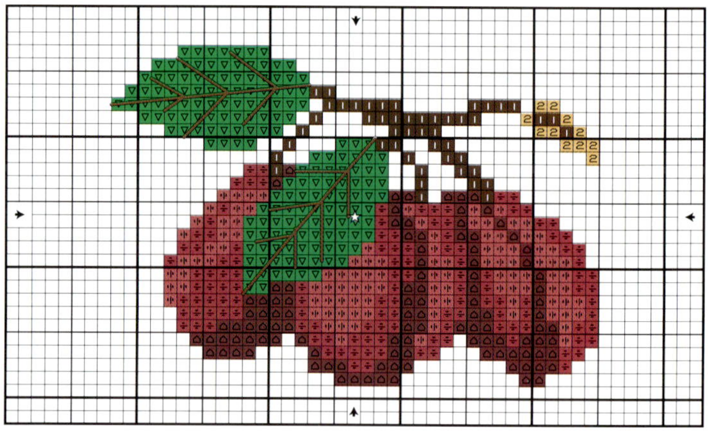

1 Die Pflaumenmotive zweifädig und über zwei Gewebefäden auf die Mitte des Leinenbandes sticken und mit den Rückstichen abschließen.

2 Fertigstellen: Die Bordüre entlang des Vorhangsaumes aufstecken. Das Bandende auf die Vorhangrückseite umschlagen, die ungesäumten Kanten umkippen und heften. Das Band dicht an den Kanten entlang aufsteppen, von links bügeln und mit dem zweiten Vorhang ebenso verfahren.

Raritätenschachtel mit Pflaumendeckel

Der Deckeleinsatz der bemalten Schachtel eignet sich ideal für eine lustige kleine Stickerei.

STICKEN

Sticken Sie das Motiv einfädig über einen Gewebefaden. Leichter tun Sie sich, wenn Sie zunächst die Pflaume sticken und dann den Hintergrund ausfüllen.

1 Fertigstellen: Die Schachtel zunächst mit der helleren Farbe streichen und trocknen lassen. Anschließend die dunklere Farbe so auftragen, daß die hellere noch durchscheint.

2 Die fertige Stickerei vorsichtig von links dämpfen, über die Wattierung und den Karton spannen und mit doppelseitigem Klebeband in dem Deckelausschnitt fixieren.

DMC

3810	732	814
718	581	3731
907	817	791
936	498	3746
905	3721	Mittelpunkt

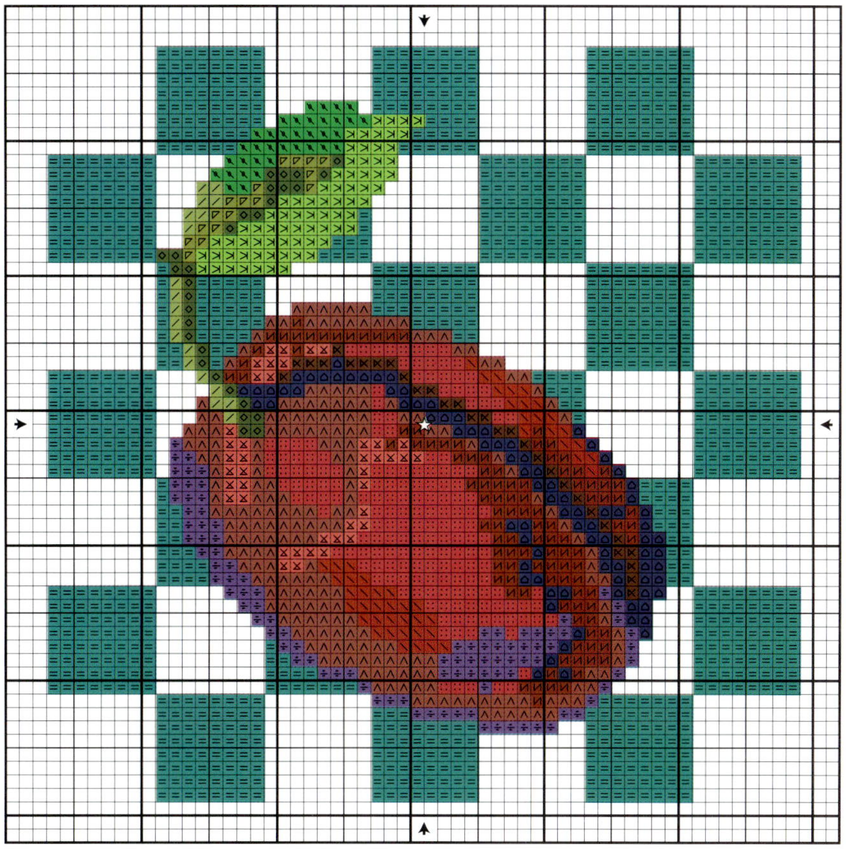

MATERIAL

15 x 15 cm Zweigart Cashel Leinen, 112 Fäden/10 cm (Art. 3281), weiß

Sticktwist in den in der Tabelle angeführten Farben

Sticknadel

Rundrahmen

Schere

Schachtel mit Deckelaussparung, Pappmaché

Acrylfarbe, gelb, zwei verschiedene Töne

Schwammpinsel

8 x 8 cm Wattierung

8 x 8 cm dünner Karton zum Aufziehen

doppelseitiges Klebeband

WANDUHR

Ein ungewöhnlicher, in marineblau-cremfarbenem Krakelee gehaltener Rahmen fügt sich harmonisch um diese wunderschöne Assisi-Stickerei.

MATERIAL

20 x 20 cm Zweigart Fein-Aida, 70 Stich/10 cm (Art. 3793), marineblau

Anchor Sticktwist Nr. 1223

Sticknadel

robustes Nähgarn

Heftgarn

Nähnadel

Schere

Holzfaserplatte, 22 x 22 cm, 6 mm dick

Acrylfarbe, dunkelblau und cremefarben

Krakelee-Lack

1,2 m Profilleiste, Holz

Handbohrmaschine mit 10-mm-Bohrer

Handsäge

Holzleim

Pinsel

14 x 14 cm Karton zum Aufziehen

Kreppband

doppelseitiges Klebeband

Schmirgelpapier

Bleistift

Uhrwerksmechanismus mit Kunststoffzeigern

STICKEN

Markieren Sie auf dem Aida-Stoff die Mittellinien in beiden Richtungen mit Heftstichen. Arbeiten Sie die Rückstiche einfädig, und füllen Sie den Hintergrund mit Kreuzstichreihen aus. Die fertige Stickerei vorsichtig von links dämpfen.

Anchor
1223

Rückstich
1223

☆ Mittelpunkt

1 Fertigstellen: In die Mitte der Holzfaserplatte ein 10 mm breites Loch bohren. Ein Ende der Profilleiste auf Gehrung schneiden; an der Innenkante 14 cm abmessen, das zweite Ende gleichfalls auf Gehrung schneiden und drei weitere identische Rahmenteile vorbereiten. Die Unterseiten der Leisten und den Rand der Platte mit Leim bestreichen und die Profilleisten aufkleben (siehe Abbildung). Den Rahmen mit Klebeband zusammenhalten, trocknen lassen und die Kanten abschmirgeln.

2 Den Uhrenrahmen zunächst marineblau streichen, danach Krakelee-Lack und abschließend die cremefarbene Schicht auftragen. Die einzelnen Schichten gut trocknen lassen. Den letzten Farbauftrag mit einem Föhn trocknen, um die Entstehung von Rissen zu fördern. Die Uhrzeiger soweit erforderlich zurechtschneiden und damit ebenso verfahren.

3 Den Karton in den Rahmen einpassen, die Position des Loches markieren und die Öffnung ausstanzen. Die Stickerei auf den Karton ziehen, die Ecken sauber abschrägen und überschüssiges Stickleinen abschneiden. Das Stickbild in den Rahmen kleben. Den Stoff vorsichtig in der Mitte einschneiden, die frontseitigen Teile der Uhr durch das Loch schieben, mit dem Uhrenmechanismus verbinden und das Uhrwerk an die Rahmenrückseite montieren.

MODERNE
MUSTER

JANNIS TAVERNE

Blumen, blaues Meer und eine typisch griechische Taverne – Erinnerungen an einen sommerlichen Ferientag.

MATERIAL

45 x 50 cm Zweigart Cashel Leinen, 112 Fäden/10 cm, Farbe 101 (Art. 3281)

Sticktwist in den in der Tabelle angeführten Farben

Sticknadel

robustes Nähgarn

Heftgarn

Nähnadel

21 x 23 cm Karton zum Aufziehen

Bilderrahmen

STICKEN

Markieren Sie auf dem Stickleinen die Mittellinien in beiden Richtungen mit Heftstichen, und nehmen Sie zum Sticken zwei Fäden in die Nadel. Die fertige Stickerei vorsichtig von links dämpfen.

1 Fertigstellen: Das Stickbild auf den Karton ziehen und in einen farblich harmonierenden Rahmen einpassen.

DMC
- 350
- 400
- 435
- 437
- 598
- 646
- 648
- 712
- 747
- 988
- 3024
- 3348
- weiß
- 842

Rückstich 646

☆ Mittelpunkt

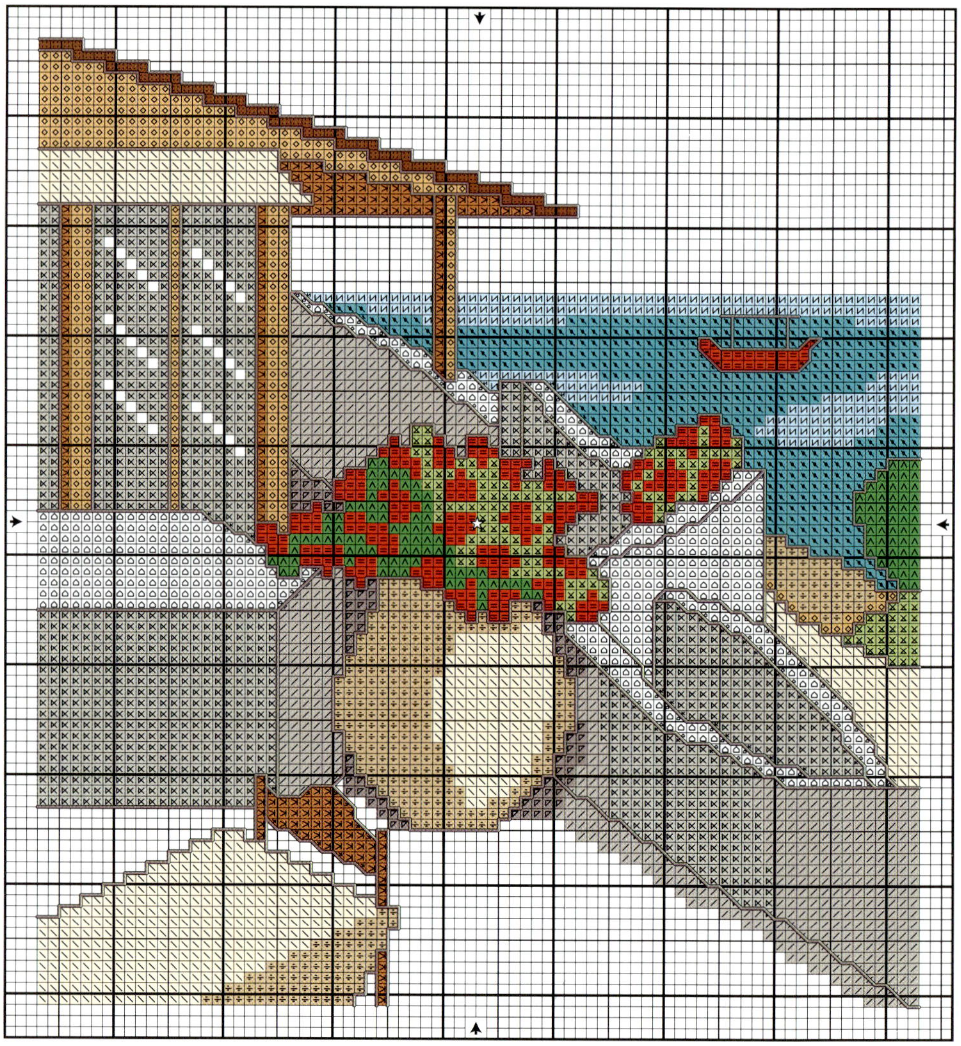

Schlüsselbrettchen

MODERNE MUSTER

Schlüssel pflegen sich zur falschen Zeit am falschen Ort zu befinden. Ein hübsches Schlüsselbrettchen sorgt dafür, daß sie griffbereit sind und nicht verlorengehen

STICKEN

Die jeweils benötigten Stickgarnmengen sind sehr gering. Sie brauchen deshalb nicht unbedingt alle angeführten Farben zu kaufen, sondern können farblich passende Garne aus Ihren Vorräten verwenden. Achten Sie beim Sticken darauf, die Fadenanfänge und -enden auf der Rückseite so akkurat wie möglich zu verwahren.

1 Fertigstellen: Das Schlüsselbrettchen zweimal streichen, gut trocknen lassen und danach die mitgelieferten Haken einschrauben.

2 Die Motive dicht an der Stickkante entlang ausschneiden und dabei die Kreuzstiche nicht beschädigen. Die Stickbildchen auf dem Brettchen gefällig arrangieren und ankleben.

MATERIAL

ein Stück Zweigart Stern Aida, 54 Stich/10 cm, Farbe 770 (Art. 3706)

Sticktwist in den in den Tabellen angeführten Farben

Sticknadel

Schere

Schlüsselbrettchen

Farbe, Terrakotta

Pinsel

Allzweckkleber

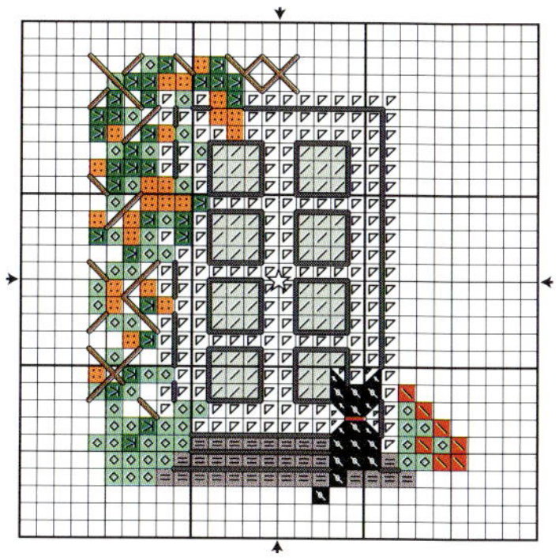

DMC		Rückstich
451	weiß	433
740	928	817
986	817	3799
989		☆ Mittelpunkt
310		

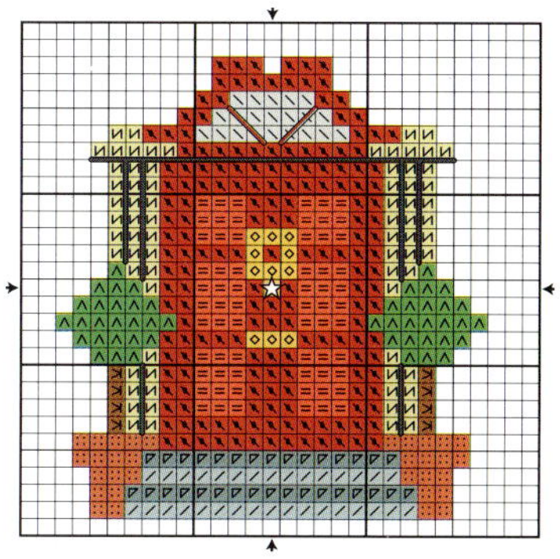

DMC		Rückstich
350	926	817
356	927	3799
433	928	
729	3047	☆ Mittelpunkt
817	3346	

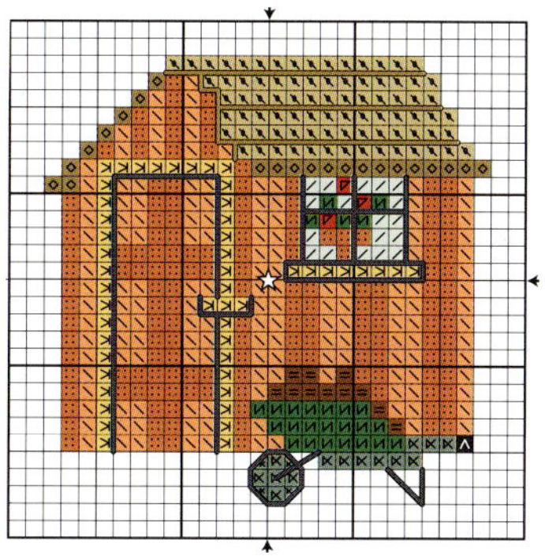

DMC		Rückstich
	817	
300	928	611
301	977	3799
422	986	
611	3799	☆ Mittelpunkt
613	926	

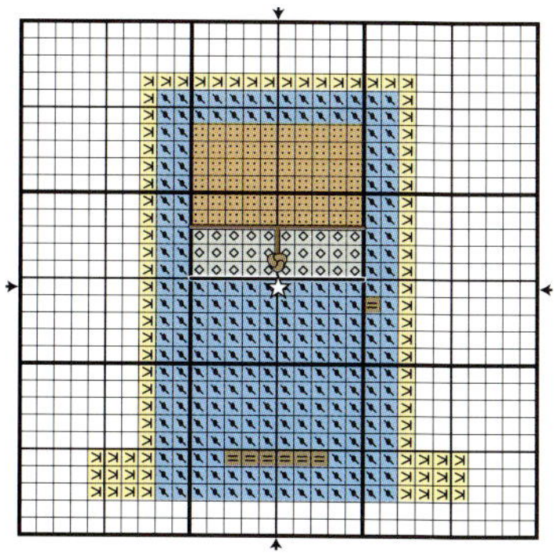

DMC	Rückstich	
611	611	☆ Mittelpunkt
613	310	
677		
928	Knötchenstich	
932	611	

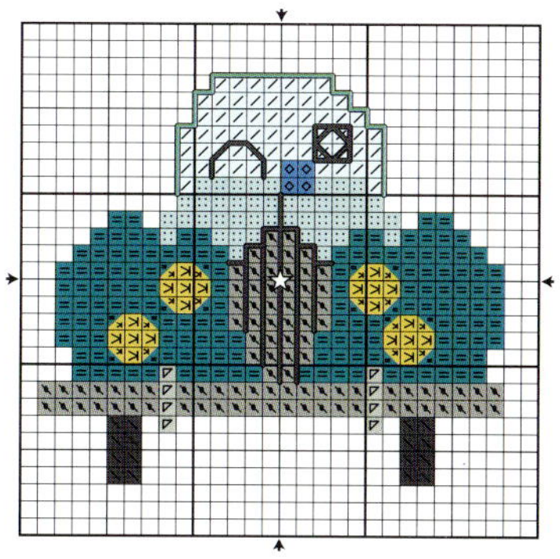

DMC		Rückstich
500	927	503
503	3756	3799
729	3799	
798		☆ Mittelpunkt
926		

Rollo

Noch interessanter wirkt dieses ungewöhnliche Rollo durch die breiten, von Dunkel- bis Hellblau reichenden Blockstreifen.

MATERIAL

Zweigart Stramin weiß/blau (Waste Canvas), 40 Stich/10 cm (Art. 510), 25 cm breit

Baumwollstoff, gestreift

Sticktwist in den in der Tabelle angeführten Farben

Sticknadel

Nahtband

Nähgarn

Heftgarn

Nähnadel

Stecknadeln

Schere

Aufbügelvlies (doppelseitig), in Größe des Rollos

Holzleiste in Fensterbreite, 2,5 x 5 cm

Vierkant-Holzlatte in Fensterbreite, 2,5 cm dick

Handsäge

Reißnägel

Ösenschrauben

Hammer

Bleistift

Lineal

Maßband

Messingringe

dünne Kordel

Klampe zum Aufwickeln der Kordel

Nähmaschine

STICKEN

Messen Sie Höhe und Breite des Fensters aus, und geben Sie beim Zuschneiden des Stoffes in der Breite 8 cm und bei der Höhe 15 cm zu. Erforderlich sind zwei Stoffbahnen in den ermittelten Maßen. Heften Sie bei einer Bahn 15 cm von der Unterkante entfernt das Stramingitter auf den Stoff. Markieren Sie die Mitte, nehmen Sie drei Fäden in die Nadel, und sticken Sie von der Mitte aus in beide Richtungen; den Abschluß bildet ein vollständiger Baum. Fransen Sie danach das Stramingitter aus, und ziehen Sie die Fäden einzeln heraus. Die fertige Stickerei vorsichtig von links dämpfen.

DMC	
(dunkelblau)	995
(grün)	700
(orange)	743
(braun)	105
(gelb)	307

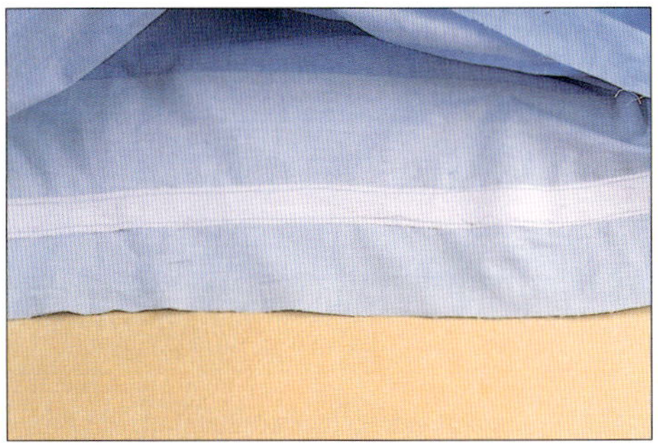

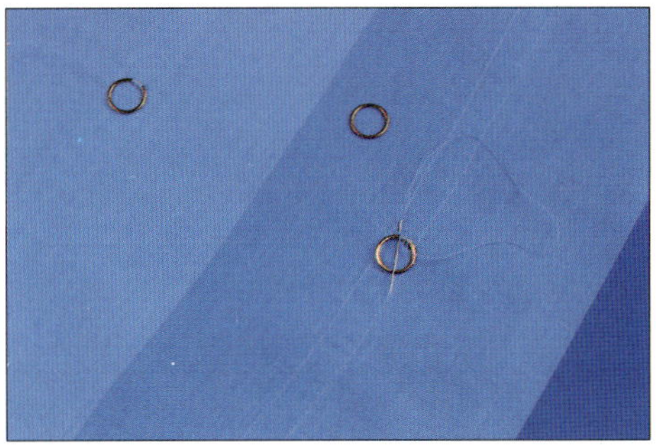

1 Fertigstellen: Auf der rechten Seite des Futterstoffes im Abstand von ca. 30 cm senkrechte Linien einzeichnen; die beiden äußeren Linien jeweils 8 cm von der Seitenkante markieren. Auf alle Markierungslinien Nahtband heften und beidseitig ansteppen. Auf die linke Seite des bestickten Teiles doppelseitiges Vlies bügeln. Das Schutzpapier abziehen, den Futterstoff mit der rechten Seite nach oben auf das Vlies legen, glattstreichen und beide Stofflagen zusammenbügeln.

2 Beide Seiten des Rollos 2,5 cm breit säumen und danach an der Unterkante entlang einen 4 cm breiten Saum steppen. Unmittelbar über dem Saum beginnend, an allen Bändern in Abständen von 15 cm Messingringe annähen und darauf achten, daß sich in horizontaler Richtung alle Ringe jeweils auf gleicher Höhe befinden.

3 Eine Kopfleiste in Fensterbreite zuschneiden, das Rollo mit Reißnägeln daran befestigen und in die Unterkante der Leiste Ösenschrauben in denselben Abständen wie die Messingringe einschrauben. Die letzte Öse auf der rechten Seite sollte groß genug sein, um alle Kordeln durchzufädeln.

DAS ROLLO MONTIEREN

Eine Kordel durch die große Öse und die erste Reihe von Ringen führen und am untersten Ring verknoten; mit den übrigen Reihen ebenso verfahren. Die Kordeln dicht unterhalb der großen Öse miteinander verknoten und zusammenflechten; das Ende verknoten und den Rest abschneiden. Die Latte in den unteren Saum schieben und die Saumöffnung an beiden Seiten mit Hohlstichen verschließen. Die Kopfleiste über dem Fenster anbringen und die Klampe zum Aufwickeln der Kordel auf passender Höhe anschrauben.

Kopfkissenbezug mit Monogramm

Monogramme verleihen Bettwäsche etwas Edles. Sticken Sie Ihre Initialen Ton in Ton oder in einer anderen Farbe in eine Ecke des Kopfkissenbezuges.

MATERIAL

Kopfkissenbezug

10 x 10 Zweigart Stramin weiß/blau (Waste Canvas), 40 Stich/10 cm (Art. 510)

Sticktwist in Weiß

Sticknadel

Rundrahmen

Heftgarn

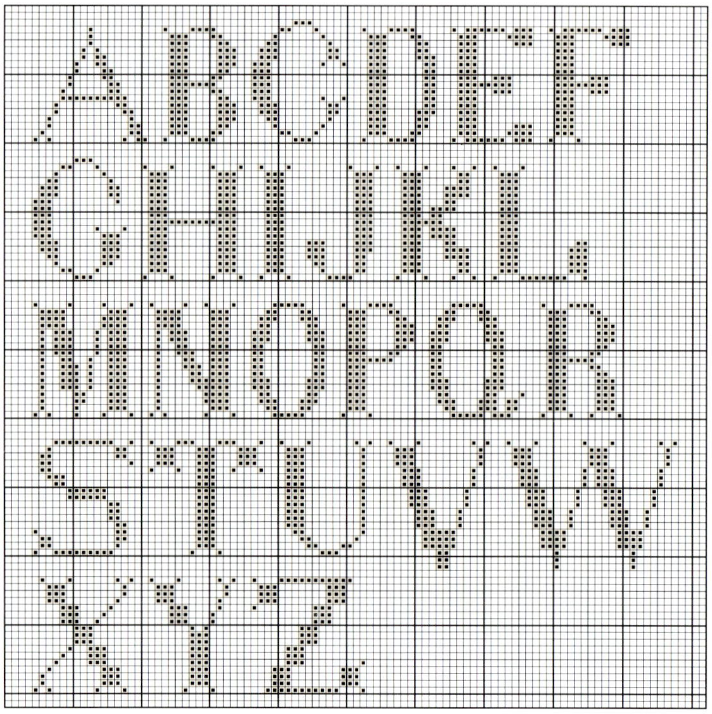

Anchor
■■ 342

STICKEN

Spannen Sie den Kissenbezug in den Stickrahmen, heften Sie den Waste Canvas an der gewünschten Stelle auf den Stoff, und nehmen Sie drei Fäden in die Nadel.

1 Nach dem Sticken das Stramingitter ausfransen, die Fäden einzeln herausziehen und die fertige Stickerei von links bügeln. Dasselbe Monogramm in die Ecke eines dazu passenden Leintuches oder Deckenbezuges sticken.

Miniaturbildchen

MODERNE MUSTER

Kleine Geschenke erhalten die Freundschaft – zum Beispiel ein reizend besticktes Miniaturbildchen in geschmackvollem Rahmen.

STICKEN

Spannen Sie das Stickleinen in den Rahmen, und arbeiten Sie die Kreuzstichbordüre einfädig über zwei Gewebefäden. Sticken Sie anschließend das Herz und die Rückstiche, und dämpfen Sie die fertige Stickerei vorsichtig von links.

1 Fertigstellen: Die Rückseite des Bilderrahmens entfernen, den Kartoneinsatz herausnehmen und die Wattierung aufkleben. Die Stickerei auf ein 8 x 8 cm großes Quadrat zurückschneiden, auf den wattierten Karton ziehen und auf der Rückseite festkleben.

2 Das Stickbildchen in den Rahmen einpassen, falls erforderlich einen zweiten Karton einschieben und die Rückseite wieder aufsetzen.

MATERIAL

15 x 15 cm Stickleinen, 140 Fäden/10 cm, weiß

Sticktwist in den in der Tabelle angeführten Farben

Sticknadel

Rundrahmen

Schere

Bilderrahmen mit 5 x 5 cm großer Öffnung, fertig bezogen

6 x 6 cm Wattierung

doppelseitiges Klebeband

Symbol	Anchor	Symbol	Rückstich
5 5	289	—	226
7 7	152		
8 8	133	☆	Mittelpunkt
↑ ↑	226		

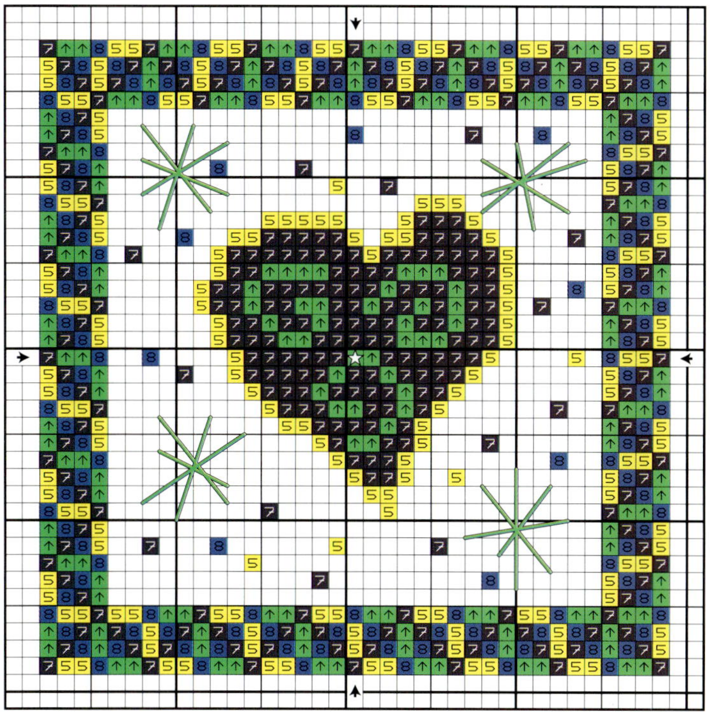

Kaffeewärmer

Eingepackt in eine originell bestickte, wattierte Hülle, bleibt der Kaffee in der Brasil-Kanne länger warm.

MATERIAL

20 x 36 cm Zweigart Stern Aida, 54 Stich/10 cm (Art. 3706), weiß

Sticktwist in den in der Tabelle angeführten Farben

Sticknadel

Spannrahmen

30 cm Stoff zum Abfüttern, blau mit weißem Muster

Nähgarn

Heftgarn

Nähnadel

Stecknadeln

Schere

15 x 28 cm Wattierung

Ahle oder Durchschubnadel

Nähmaschine

STICKEN

Markieren Sie auf dem Aida-Stoff die Mittellinien in beiden Richtungen mit Heftstichen, und nehmen Sie zum Sticken zwei Fäden in die Nadel. Abschließend die Rückstiche arbeiten und die fertige Stickerei vorsichtig von links dämpfen.

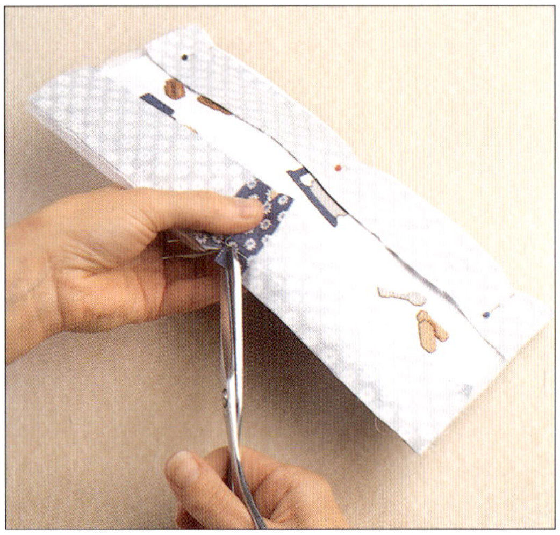

1 Fertigstellen: Stickerei und blauen Stoff in Größe der Wattierung zuschneiden, links auf links legen, die Wattierung zwischenfassen und heften. Aus dem blauen Stoff drei Streifen von je 6 x 38 cm zuschneiden. Einen davon rechts auf rechts an der Unterkante feststecken, die anderen beiden in der Mitte teilen. Die Nahtzugabe an der Oberkante in der Mitte V-förmig einschneiden. Zwei kurze Streifen an einem Ende 5 mm umkippen und an der Oberkante rechts auf rechts so auflegen, daß die eingeschlagenen Enden in der Mitte aneinanderstoßen. Die Streifen heften und mit 12 mm breiter Nahtzugabe aufsteppen.

Anchor			Rückstich
846	360	398	360
373	370	148	

2 Die Streifen an Ober- und Unterkante so umkippen, daß sie auf der Vorderseite eine 12 mm breite Blende bilden (siehe Abb.) und heften. Die Oberkanteneinfassung in der Mitte einknipsen, »V«-Kanten verschließen und die Blende an der Rückseite von Hand annähen.

3 Aus dem blauen Stoff zwei 30 cm lange Schrägstreifen zuschneiden und daraus Bändchen anfertigen. Die restlichen beiden kurzen Streifen rechts auf rechts auf die Schmalkanten des Kaffeewärmers heften, die Bändchen jeweils in der Mitte zwischenfassen und ansteppen. Die Streifenenden zurückschneiden und umkippen, die Streifen auf der Rückseite einschlagen und mit Hohlstichen festnähen.

MODERNE MUSTER

REGALBORTE

Sticken Sie die Schleifen der possierlichen Teddybären in verschiedenen Farben, und fertigen Sie passend zu dieser originellen Borte ein Sofakissen an.

MATERIAL

Zweigart Kreuzstichband, 100 mm, Farbe 19 (Art. 7195)

Sticktwist in den in der Tabelle angeführten Farben; für weitere Schleifchen die Nummern 4, 6, 108, 111, 217, 208, 293 und 297

Sticknadel

Nähgarn

Heftgarn

Nähnadel

Stecknadeln

Schere

Maßband

doppelseitiges Klebeband oder farbige Reißbrettstifte

STICKEN

Messen Sie die Länge des Regalbrettes aus, und geben Sie beim Stickband 5 cm für die seitlichen Säume zu. Jeder Bär ist ca. 8 cm breit. Legen Sie die Zwischenräume nach Belieben fest, und markieren Sie die Mitte jedes Bären mit einer Stecknadel. Heften Sie bei jeder Stecknadel eine senkrechte Orientierungslinie, markieren Sie die horizontale Mittellinie des Bandes gleichfalls durch Heftstiche, und ermitteln Sie auf diese Weise den Mittelpunkt jedes Bären. Nehmen Sie zwei Fäden in die Nadel, sticken Sie jedes Halsschleifchen in einer anderen Farbe, und arbeiten Sie die Rückstiche gleichfalls zweifädig. Die fertige Stickerei vorsichtig von links dämpfen.

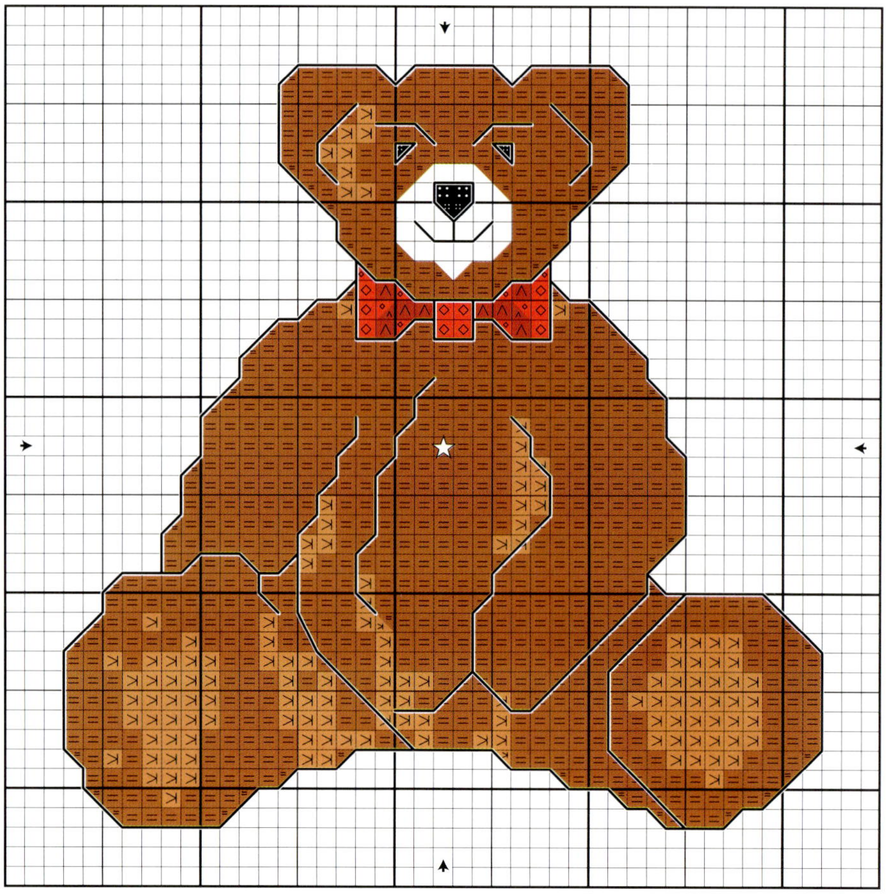

1 Fertigstellen: Die Borte an den Enden schmal einsäumen und mit farbigen Reißbrettstiften oder mit doppelseitigem Klebeband am Regalbrett befestigen.

STICK-TIP

Teilen Sie ein 40 x 40 cm großes Stück Zweigart Sudan-Stramin, 29 Stich/10 cm (Art. 699) in vier Quadrate auf, und sticken Sie mit Tapisseriewolle unter Berücksichtigung einer 5 cm breiten Außenkante einen Bären in die Mitte jedes Feldes. Den Hintergrund farblich zur Raumausstattung passend ausfüllen.

Anchor		Rückstich
370	38	— 403
403	42	
369		☆ Mittelpunkt

Kinderweste

Applizierte Blütenblätter und große, dekorative Einzelkreuzstiche verleihen derbem Drell oder Jeansstoff ein gefälliges Aussehen.

STICKEN

Setzen Sie mit einem verblassenden Markierstift an den Vorderkanten und dem unteren Rand der Weste entlang alle 1,5 cm einen Punkt, sticken Sie an diesen Stellen sechsfädig jeweils einen großen, rosafarbenen Kreuzstich, und führen Sie dabei die Nadel von einem zum anderen Stich zwischen den Stofflagen entlang. Den Faden auf der Rückseite mit zwei winzigen Rückstichen vernähen und abschneiden.

MATERIAL

Kinderweste

Sticktwist Anchor Nr. 254, 894 und 939

Sticknadel

Schere

Baumwollstoffreste

15 x 15 cm Aufbügelvlies (doppelseitig)

Markierstift (verblassend)

Lineal

vier kleine Vierlochknöpfe

1 Fertigstellen: Auf die Rückseite der Stoffreste doppelseitiges Vlies bügeln und 16 Blütenblätter ausschneiden. Das Schutzpapier vom Vlies abziehen, die Blütenblätter auf die Taschen und Rückseite der Weste bügeln und mit winzigen Stichen fixieren.

2 In der Mitte jeder Blüte einen Knopf mit blauem Sticktwist annähen. Mit hellgrünem Garn jeweils einen kleinen Kreuzstich in die vier Ecken der Brusttasche setzen, und an den Oberkanten der beiden anderen Taschen entlang eine Kreuzstichreihe sticken; abschließend einen blauen Stickfaden unter den Stichen durchziehen und vernähen.

MODERNE MUSTER

KINDERBEUTEL

Hübsch anzusehen und praktisch zum Aufbewahren von allerlei Krimskrams: ein Stoffbeutel mit origineller Applikation, der kleinen und größeren Mädchen gleichermaßen gefallen wird.

MATERIAL

28 x 100 cm Gingham-Karo, blau
Sticktwist Anchor Nr. 225, 311, 894 und 1028
Sticknadel
18 x 46 cm Drell, blau
5 x 25 cm Drell, pink
Nähgarn
Heftgarn
Stecknadeln
Schere
Aufbügelvlies (doppelseitig)
Knopf, Ø 1,5 cm
Nähmaschine

STICKEN

Schneiden Sie ein ca. 10 x 14 cm großes Stück Gingham-Karo zu. Schlagen Sie rundum 1 cm ein, bügeln Sie den Umschlag, und sticken Sie mit drei Fäden in der Nadel die Kreuzstichbordüre. Bügeln Sie doppelseitiges Vlies auf ein 5 x 5 cm großes Stück pinkfarbenen Drell, schneiden Sie drei Herzchen aus, und bügeln Sie auf das Gingham-Karo. Die Herzen mit winzigen Stichen fixieren und einen einzelnen blauen Kreuzstich in die Mitte setzen. Das fertig bestickte und applizierte Teil von links bügeln.

1 Fertigstellen: Den blauen Drell der Breite nach falten und wieder aufklappen. Die Gingham-Applikation auf die untere Hälfte der Oberseite stecken und ansteppen. Den Drell rechts auf rechts falten und an beiden Seiten zusammensteppen. Aus dem Gingham-Karo einen etwas kleineren Futterbeutel nähen, in den blauen Beutel schieben und beide Lagen an der Oberkante 2,5 cm breit säumen. Den pinkfarbenen Drellstreifen rechts auf rechts der Länge nach in der Mitte falten und zusammensteppen. Die Nahtzugabe zurückschneiden und breitbügeln, den Schlauch umdrehen und nochmals so bügeln, daß die Naht in der Mitte verläuft. Den Streifen zu einer Schlaufe legen, die Enden an der rückwärtigen Seite unter den Saum schieben, feststecken und heften. Den Saum knapp an der Kante entlang steppen, die Schlaufenbänder nach oben kippen und dicht an der Saumoberkante festnähen.

2 Einen 8 x 100 cm Gingham-Streifen zuschneiden und entlang der Mittellinie mit großen Einzelkreuzstichen besticken. Den Streifen der Länge nach rechts auf rechts falten und zusammensteppen. Die Nahtzugabe zurückschneiden und breitbügeln, den Schlauch umdrehen und nochmals so bügeln, daß die Naht in der Mitte verläuft. Das Band an beiden Enden 12 mm breit einschlagen, auf den seitlichen Nähten des Beutels feststecken, heften und ansteppen. Den Knopf an der Taschenvorderseite annähen, die Schlaufe zu einer Spitze legen und mit einem großen Kreuzstich zusammenhalten.

MODERNE MUSTER

WANDSCHMUCK FÜR DIE KÜCHE

Die Küche wird oftmals stiefmütterlich behandelt. Mit kleinen Dekorationen lassen sich ohne viel Aufwand hübsche Akzente setzen.

MATERIAL

15 x 30 cm Stickleinen, 112 Fäden/10 cm, cremefarben

Sticktwist in den in der Tabelle angeführten Farben

Sticknadel

Spannrahmen

Nähgarn

Heftgarn

Nähnadel

Stecknadeln

Schere

zwei Stücke Wattierung, je 11 x 11 cm

5 cm Zier- oder Nahtband, 15 mm breit

46 cm Draht mit aufgebogenen Enden

Lorbeerblätter und getrocknete Apfelscheiben

Nähmaschine

STICKEN

Schneiden Sie den Stoff der Breite nach durch, und markieren Sie auf einem der beiden Stücke die Mittellinien in beiden Richtungen mit Heftstichen. Arbeiten Sie den Kreuzstich zweifädig über zwei Gewebefäden, und nehmen Sie für die abschließenden Rückstiche einen Faden in die Nadel.

DMC		
3802	3815	
312	3823	
316	Rückstich	
435	3823	
743	☆ Mittelpunkt	

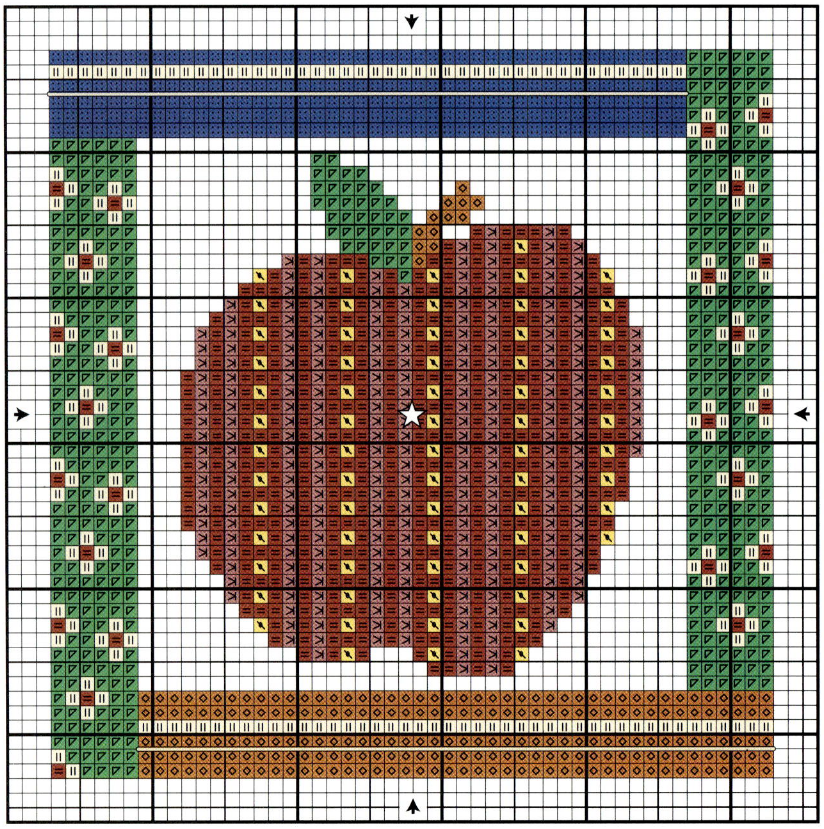

1 Fertigstellen: Beide Teile rechts auf rechts, zwei Gewebefäden von der Kreuzstichkante zusammensteppen; an der Unterkante 5 cm offen lassen. Nahtzugaben und Ecken zurückschneiden und die Hülle umdrehen. Wattierung hineinstopfen und die Öffnung mit Hohlstichen verschließen. Das Band an beiden Enden umkippen, im Abstand von 2 cm zum oberen Kissenrand feststecken (siehe Abbildung) und an beiden Längskanten überwendlich annähen.

2 Den Draht durch das Kissen schieben. Die Lorbeerblätter mit kleinen Löchern versehen und abwechselnd mit getrockneten Apfelscheiben auffädeln. Zum Auflockern des Kranzes einige Lorbeerblätter umbiegen und den Draht durch ein zweites Loch schieben. Die beiden oberen Kissenecken mit mehreren Stichen auf der Rückseite am Draht befestigen, den Draht zuhaken und den Kranz an die Wand hängen.

TOPFLAPPEN

Die Farben des dekorativen Fliesendesigns erinnern an reife Zitronen und tiefblaues Mittelmeer.

MATERIAL

15 x 15 cm Zweigart Stern Aida, 54 Stich/10 cm (Art. 3706), weiß

Sticktwist in den in der Tabelle angeführten Farben

Sticknadel

Spannrahmen

zwei Stücke Chintz, je 23 x 23 cm

Nähgarn

Heftgarn

Nähnadel

Stecknadeln

Schere

10 cm Kordel, marineblau

10 x 10 cm Wattierung

Nähmaschine

STICKEN

Markieren Sie auf dem Aida-Stoff die Mittellinien in beiden Richtungen mit Heftstichen, und nehmen Sie zum Sticken zwei Fäden in die Nadel. Die fertige Stickerei vorsichtig von links dämpfen.

1 Fertigstellen: Den Aida-Stoff auf 13 x 13 cm kürzen, die Ecken abschrägen und den Stoff rundum 12 mm einschlagen. Die Stickerei auf die Mitte eines der beiden Chintzstücke stecken, heften und ansteppen. Die Kordel doppelt nehmen und – mit der Schlaufe nach innen weisend – an einer Ecke annähen.

DMC		
307	☆	Mittelpunkt
322		
336		

2 Beide Teile rechts auf rechts zusammennähen und eine Öffnung lassen. Nahtzugaben und Ecken zurückschneiden und die Hülle umdrehen.

3 Die Wattierung hineinschieben und in der Mitte der Hülle feststecken. – Rund um die Wattierung eine Naht heften (siehe Abbildung), steppen und die Öffnung mit Hohlstichen verschließen.

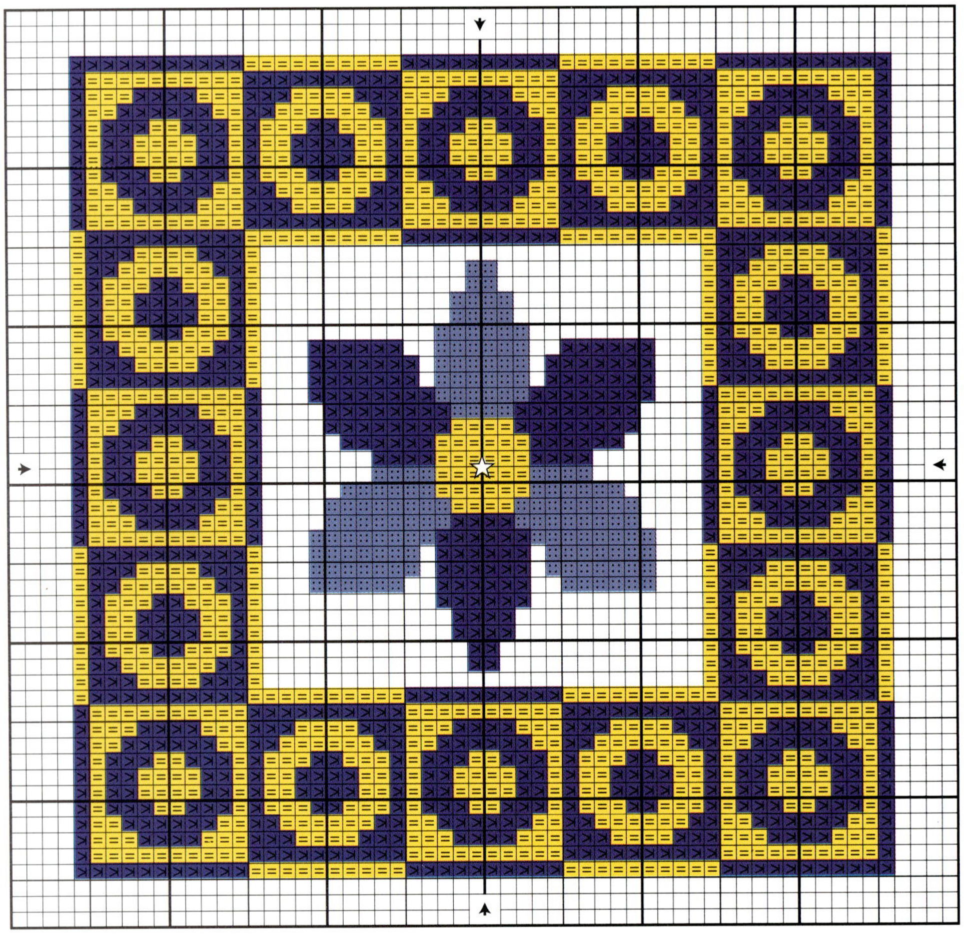

RUCKSACK

Der Rucksack ist ungemein vielseitig und zum Einkaufen ebenso praktisch wie zum Wandern. Nähen Sie die Zebra-Stickerei auf einen bereits vorhandenen Rucksack, oder fertigen Sie – den Anleitungen auf dieser Seite folgend – einen an.

MATERIAL

20 x 25 cm Zweigart Fein-Aida, 70 Stich/10 cm (Art. 3793), weiß

Sticktwist in den in der Tabelle angeführten Farben

Sticknadel

Spannrahmen

1,5 m Segeltuch, 110 cm breit, hochrot

Nähgarn

Heftgarn

Nähnadel

Stecknadeln

Schere

14 x 18 cm Aufbügelvlies (doppelseitig)

Transparentpapier

Bleistift

Baumwollkordel, weiß

zehn große Metall-Ösen + Ösenzange

vier große »D«-Ringe

Knopf

Nähmaschine

STICKEN

Markieren Sie auf dem Aida-Stoff die Mittellinien in beiden Richtungen mit Heftstichen, nehmen Sie für die Kreuzstichbordüre zwei Fäden in die Nadel, und sticken Sie anschließend das Zebra. Die fertige Stickerei vorsichtig von links dämpfen.

1 Fertigstellen: Je zwei Rechtecke (48 x 62 cm und 30 x 48 cm) zuschneiden und paarweise aufeinanderlegen. Die Längsseiten des kleineren Rechtecks mit den Schmalseiten des größeren mit je 1 cm Nahtzugabe zusammennähen. Den Stoffschlauch an der Oberkante 5 mm und dann 3 cm einschlagen, festnähen und ihn so legen, daß sich das kleine Rechteck in der Mitte befindet (siehe Abbildung). Zwei 5 x 15 cm lange Streifen schneiden, an den Längskanten 12 mm einschlagen, längsseits falten und rundum steppen. Über jede Lasche zwei »D«-Ringe schieben, den Streifen in der Mitte falten, mit nach innen weisenden Ringen an der Unterkante feststecken und 1 cm breit abheften.

2 Rucksackboden zuschneiden, an die Unterkante des Beutels heften, Ecken einknipsen und steppen. Die Rucksackklappe zweimal zuschneiden, Teile zusammenstecken und an der Rundung steppen. Nahtzugaben kürzen, Rundungen einknipsen, die Klappe umdrehen und bügeln. Zwei 5 x 60 cm lange Streifen schneiden, an einer Schmalkante umkippen und die Träger wie die Laschen für die Ringe anfertigen. Die unversäuberten Trägerenden auf die Rückseite des Rucksacks heften, die gerade Kante der Klappe über die Träger stecken, quer über die Klappe steppen; die Klappe nach oben kippen und mit einer schmalen Vierecknaht nochmals ansteppen.

3 Die Position der Ösen an der Rucksackoberkante markieren und die Ösen den Herstellerangaben folgend einstanzen. Die Baumwollkordel durchziehen, 5 cm von den Enden entfernt verknoten und die Enden zu Quasten aufdrieseln. In die Rucksackklappe ein Knopfloch arbeiten und den Knopf annähen.

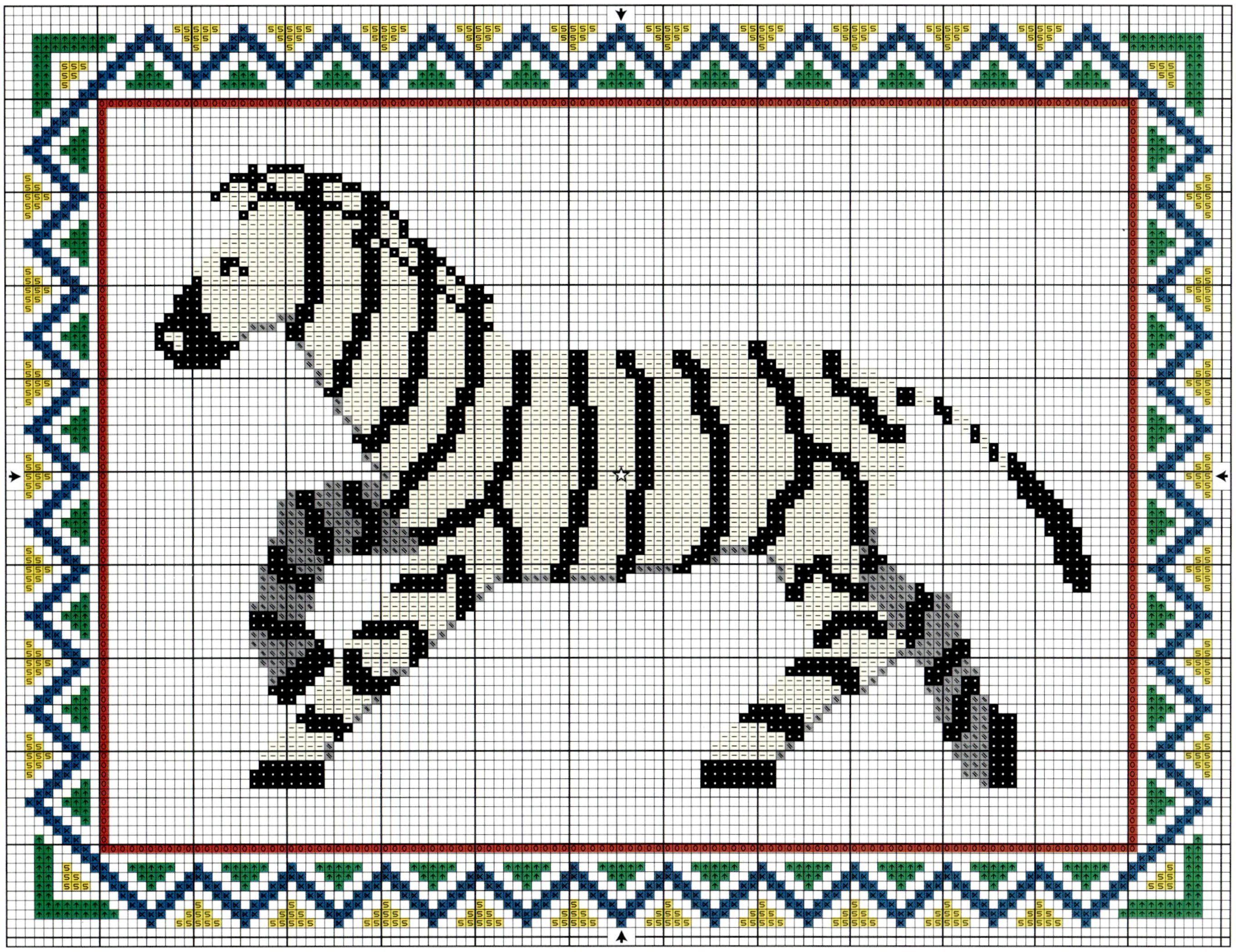

Anchor	
403	22
399	189
weiß	
297	☆ Mittelpunkt
410	

MONTIEREN

Auf die Rückseite der Stickerei doppelseitiges Vlies bügeln. Das Schutzpapier abziehen, die Stickerei auf der Rucksackvorderseite feststecken und von links bügeln. Das Stickbild eine Reihe von der Kreuzstichbordüre entfernt mit Rückstichen und mit Farbe Nr. 22 zusätzlich annähen, die Rundumzugabe auf 1,5 cm kürzen und den Stoff ausfransen.

WEIHNACHTLICHES STICKBILD

Die feine, festliche Stickerei bildet den geschmackvollen Hintergrund für ein weihnachtliches Schmuckkränzchen, das man alljährlich erneuern kann.

MATERIAL

30 x 30 cm Zweigart Lurex Aida, 54 Stich/10 cm, Farbe 118, (Art. 3287)

Sticktwist und Goldfaden wie in der Tabelle angeführt

Sticknadel

Rundrahmen

2 m Zierband, grün, 3 mm breit

robustes Nähgarn

Heftgarn

Nähnadel

Stecknadeln

Karton zum Aufziehen

Allzweckkleber oder Klebestift

Ranken von Wildem Wein oder Clematis

kleine Mohnkapseln, Stern-Anis und Zypressenzapfen

Goldwachs

Bilderrahmen

STICKEN

Markieren Sie auf dem Lurex Aida die Mittellinien in beiden Richtungen mit Heftstichen. Verarbeiten Sie den Goldfaden, wie er vom Röllchen kommt, und nehmen Sie beim Sticktwist zwei Fäden und einen Beilauffaden in die Nadel. Legen Sie das Zierband rautenförmig über die Stickerei, heften Sie es an beiden Enden gut fest, und sticken Sie an den Stellen, an denen die Bändchen einander überkreuzen, einen Hochkant-Kreuzstich mit Goldfaden. Die fertige Stickerei beschweren, um sie rechtwinklig auszurichten.

1 Fertigstellen: Mehrere lange Ranken zurechtschneiden, zu einem Kranz von 15 cm Durchmesser winden und diesen mit einer weiteren Ranke umwickeln, damit er gut zusammenhält. Die Enden in den Windungen verschwinden lassen.

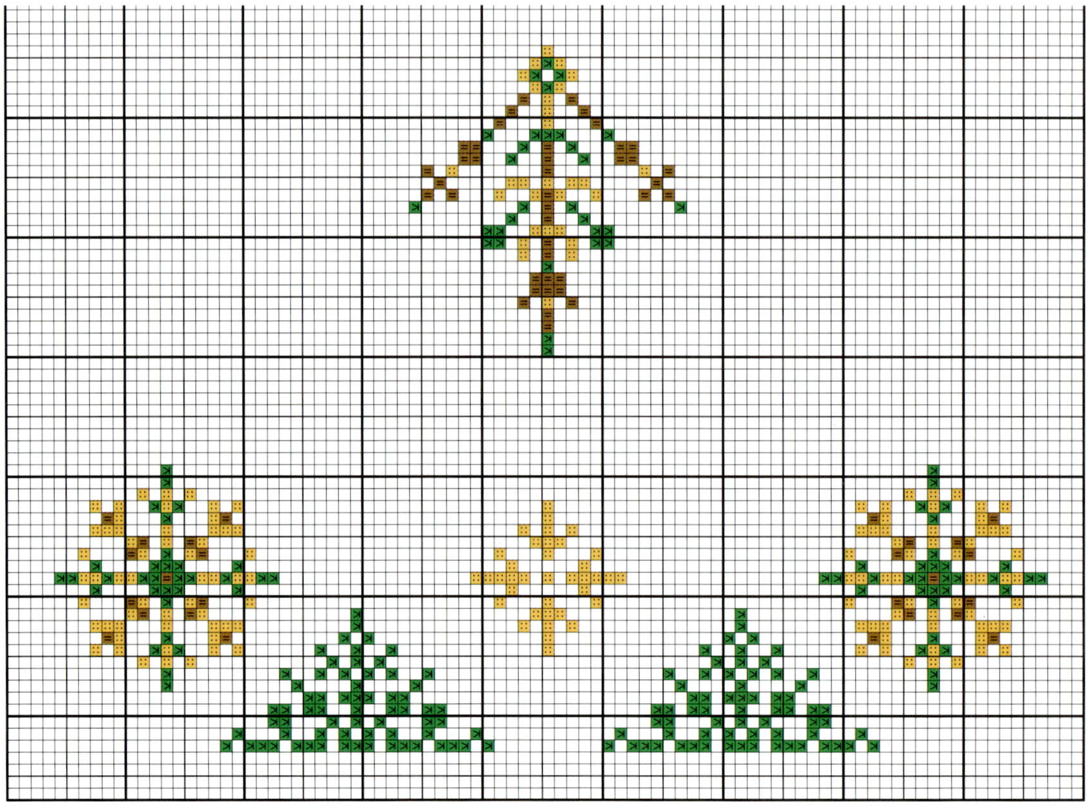

feiner Goldfaden in zwei Tönen

Metall-Beilauffaden + Anchor Nr. 923

2 Mit den Fingern etwas Goldwachs auftragen, einreiben und den Kranz nach dem Antrocknen des Wachses mit einem weichen Tuch ganz vorsichtig polieren.

3 Die getrockneten Samenkapseln und Zapfen auf dem Kranz verteilen, ankleben und nach Belieben noch einige Ranken zufügen. Sobald der Klebstoff trocken ist, das Pflanzenmaterial behutsam mit Goldwachs einreiben.

MONTIEREN

Die Stickerei auf den Karton aufziehen. Den Kranz in die Mitte legen und an mehreren Stellen mit Nähgarnschlaufen fixieren. Zu diesem Zweck mit der Nadel durch den Karton stoßen, das Garn um eine Ranke legen, dicht an der Einstichstelle wieder nach hinten durchstechen und den Faden verknoten. Abschließend das weihnachtliche Ensemble in den Bilderrahmen einpassen.

Eierschränkchen

Eier halten sich bei Raumtemperatur wesentlich besser als im Kühlschrank. Ideal geeignet für die Aufbewahrung ist dieses Schränkchen mit der brütenden Glucke in der Türfüllung.

MATERIAL

25 x 25 cm Zweigart Brittney 112 Fäden/10 cm (Art. 3270), rosé-beige

Sticktwist + Blumengarn in den in der Tabelle angeführten Farben

Sticknadel

Rundrahmen

robustes Nähgarn

Heftgarn

Nähnadel

15 x 15 cm Karton zum Aufziehen

Eierschränkchen mit 15 x 15 cm großer Türöffnung

Farbe zum Streichen: Dunkelblau, Creme, Terrakotta

Pinsel

Gummihandschuhe

Stahlwolle, mittelstark

15 x 15 cm Hartfaserplatte

Reißbrettstifte

Hammer

STICKEN

Wildblumengarn ist ein wechselnd eingefärbtes oder teilgefärbtes, dem Nordin-Garn in Schwere und Aussehen ziemlich ähnliches Stickgarn. Teilen Sie das terrakottafarbene Garn, und zupfen Sie die ganz dunkelblauen Fäden heraus. Sticken Sie den Hennenkörper in wechselnd eingefärbtem Wildblumengarn und die Flügelkonturen und Details am Kopf in Blau.

Markieren Sie auf dem Stickleinen die Mittellinien in beiden Richtungen mit Heftstichen. Nehmen Sie vom Wildblumengarn einen Faden in die Nadel, arbeiten Sie die übrigen Kreuzstiche zweifädig mit Sticktwist, und beenden Sie die Arbeit mit den Rückstichen. Die fertige Stickerei vorsichtig von links dämpfen.

	DMC
– –	weiß
I I	3031
2 2	841 + 842
3 3	841
H H	816
	»Wildblume«
= =	Terrakotta/dunkelblau
✱ ✱	Gewürzfarbe
⊐ ⊐	Terrakotta/ohne dunkelblauen Faden
	Rückstich
——	841
☆	Mittelpunkt

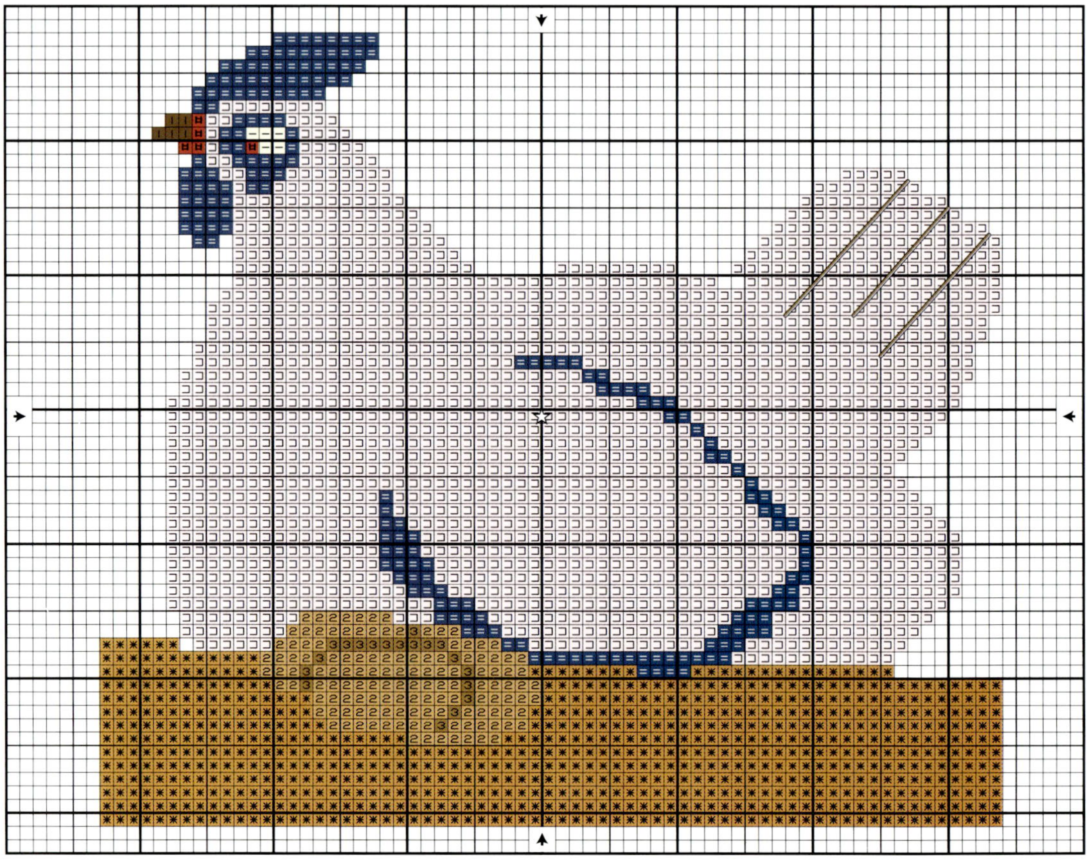

MONTIEREN

Die Stickerei auf den Karton aufziehen und in den Türrahmen einpassen. Die Rückseite mit der Hartfaserplatte abdecken und diese mit Reißnägeln befestigen.

1 Fertigstellen: Das Eierschränkchen blau streichen und gut trocknen lassen. Anschließend eine cremefarbene Schicht auftragen und diese gegebenenfalls passend zum Stickleinen mit etwas Terrakotta abtönen.

2 Gummihandschuhe überstreifen und mit Stahlwolle das Schränkchen so bearbeiten, daß etwas blaue Farbe durchschimmert und das Holz abgenutzt und alt wirkt. Holz- und Farbstaub abbürsten und das Schränkchen mit einem angefeuchteten Tuch abwischen.

MODERNE MUSTER

GESCHENKSÄCKCHEN

Mit dem handgestickten Monogramm wird das luxuriöse Beutelchen zum extravaganten, sehr persönlichen Behältnis für ein ganz besonderes Geschenk.

MATERIAL

zwei Stücke Organza, metalldurchwirkt, je 15 x 25 cm

zwei Stücke Seide, mittelschwer, burgunderrot, je 15 x 25 cm

5 x 5 cm Zweigart Stramin weiß/blau (Waste Canvas), 56 Stich/10 cm (Art. 510)

Sticktwist und Effektgarn in den in der Tabelle angeführten Farben

Sticknadel

Nähgarn

Heftgarn

Nähnadel

Stecknadeln

Schere

46 cm Kordel, marineblau

zwei Quasten, marineblau

Ahle oder Durchschubnadel

Nähmaschine

1 Fertigstellen: Jeweils eine Schmalseite der beiden Organza-Teile 5 cm breit nach links einschlagen und an beiden Seiten von der Oberkante aus 4 cm nach unten steppen. Mit den Seidenstoffteilen ebenso verfahren, aber vor dem seitlichen Absteppen den Saum 1 cm einschlagen. Die Ecken zurückschneiden und den Saum umdrehen. Jeweils ein Seiden- und Organzateil links auf links legen und den Saum im Abstand von 1 cm zweimal absteppen, so daß ein Durchzugtunnel entsteht. Das Stramingitter 6 cm von den ungesäumten Kanten entfernt in der rechten unteren Ecke auf die Stofflage heften.

2 Das Monogramm zweifädig mit Effektgarn sticken und für die Rückstiche zwei Fäden Sticktwist in die Nadel nehmen. Nach Abschluß der Arbeit die Straminfäden einzeln herausziehen und die Stickerei vorsichtig von links dämpfen. Beide Beutelteile rechts auf rechts an den drei Seiten zusammensteppen. Dicht an der Stichlinie die Kanten mit Zickzackstich versäubern und die Nahtzugabe zurückschneiden.

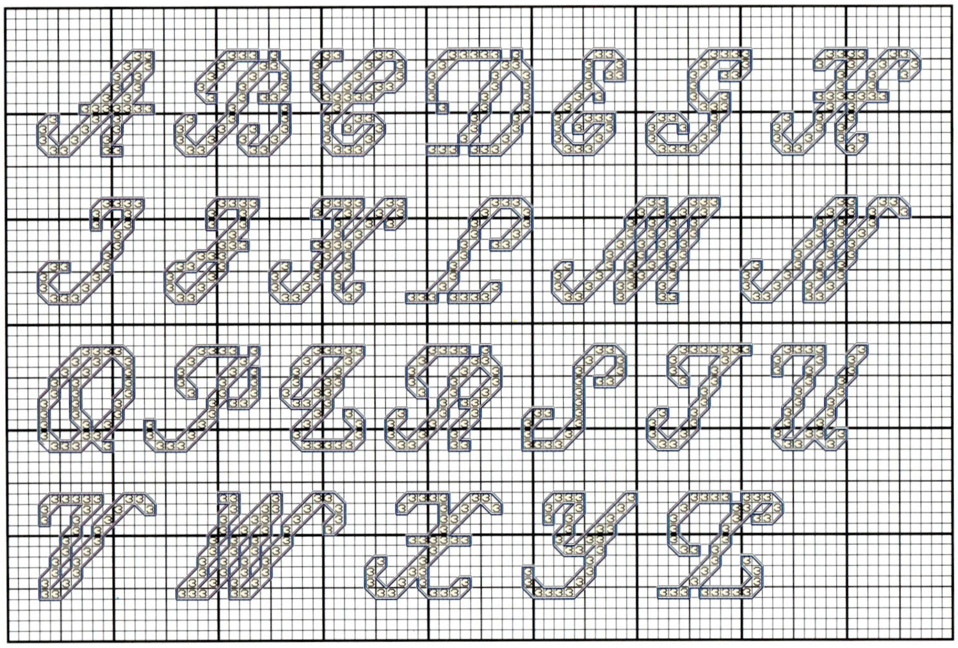

	Anchor Effektgarn		Rückstich
33	1034	—	150

3 Das Beutelchen umdrehen und die Kordel einziehen. Eine Quaste als Verschluß über beide Kordeln und die zweite Quaste über ein Kordelende schieben. Die beiden Enden überlappen, zusammennähen und an der Kordel vorsichtig ziehen, bis die Nahtstelle im Durchzugtunnel verschwindet.

DW

WEIHNACHTSSCHMUCK

Ungewöhnlich und leicht anzufertigen: eine Weihnachtsdekoration für den Kaminsims, die Bücherbordkante oder den Christbaum.

MATERIAL

5 x 15 cm Monostramin, 88 Stich/10 cm

Effektgarn + Goldfaden in den in der Tabelle angeführten Farben

Sticknadel

Stecknadeln

Schere

Lineal

Sprayfarbe, Gold

Büttenpapier, weiß und burgunderrot

Papierschnur

Allzweckkleber

Locher

STICKEN

Schneiden Sie den Stramin in drei Teile, besprühen Sie ihn beidseitig mit Goldfarbe, und lassen Sie die Farbe trocknen. Sticken Sie in die Mitte jedes Quadrates ein anderes Motiv, nehmen Sie dazu zwei Fäden in die Nadel, und verarbeiten Sie den Goldfaden, wie er vom Röllchen kommt.

Anchor Effektgarn		Kreinik Goldfaden	
3 3	1036	(Symbol)	221
4 4	844	(Linie)	221
(Linie)	844		

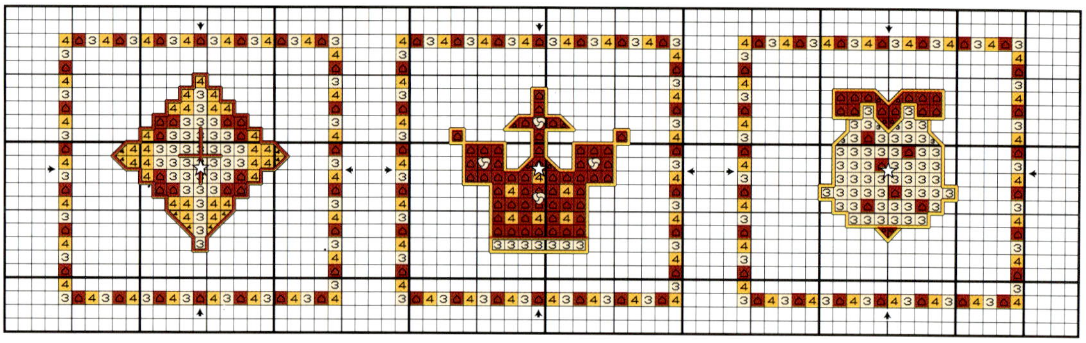

1 Fertigstellen: Aus dem burgunderroten Büttenpapier drei 7 x 7 cm große Quadrate schneiden und die Stickbildchen in der Mitte aufstecken. Die Bordüre zwei Gewebefäden vom Rand entfernt sticken und dabei durch beide Lagen stechen.

2 Das Lineal auf das weiße Büttenpapier pressen und drei 10 x 10 cm große Quadrate reißen. Papierschnur und weiße Quadrate leicht mit Goldfarbe besprühen. Die burgunderroten Teile mit den Stickbildchen auf die weißen Papiere kleben und an der Oberkante je zwei Löcher stanzen. Die Schnur durch die Löcher ziehen und die Dekoration aufhängen.

Stichwortverzeichnis